本书编写人员

王文革：第一章、第二章第四节、第五章第六节

党　颖：第二章（除第四节外）

梅晓龙：第三章

吴冰凌：第四章

殷雨晴：第五章（除第六节外）、第六章第四节

梁苏琴：第六章（除第四节外）、第七章、第八章

2012年上海市教委科研创新项目重点项目（2012S11835007）成果
2011年上海市浦江学者计划项目成果
上海市高校法学高原学科环境法建设项目
上海政法学院学术文库·环境资源法学丛书

LAND PROTECTION STUDIES

主　编　王文革
副主编　梁苏琴　党颖

土地保护法研究

中国法制出版社
CHINA LEGAL PUBLISHING HOUSE

主编简介

王文革，男，地理学学士，理学（环境科学、不动产管理）硕士，武汉大学环境资源法博士，华东政法大学经济法博士后，教授，高级工程师，经济师等。具有企业集团和省级政府部门的工作经历，具有美国、加拿大、澳大利亚、日本等海外研究经历，曾任上海政法学院经济法学院院长，现任上海市重点学科环境资源法学科负责人，上海市教委重点学科经济法学科带头人，上海085工程环境资源法重点学科专业带头人、上海政法学院环境资源与能源法研究中心主任，兼任国际组织IUCN生态系统管理专家组成员、环境法专家组成员，中国环境资源法研究会副会长，中华环保联合会法律专家委员会委员，《中国自然资源报》（原《中国国土资源报》）法律栏目专家，最高人民法院国土资源司法保护研究基地（上海政法学院）主任，全国人大环境资源立法研究基地（上海社会科学院）学术委员会副主任，《中国环境资源法评论》（中国环境资源法研究会会刊）副主编，浙江省湖州市中级人民法院环境资源审判专家，美国加州大学洛杉矶分校、加拿大英属哥伦比亚大学、澳大利亚邦德大学、日本青山学院大学、台湾政治大学、复旦大学、上海交通大学、华东政法大学、上海财经大学、上海社会科学院等国内外多所高校访问教授、客座教授或特邀研究员。

主要研究领域及成果：环境资源与能源法、房地产法、行政法、经济法等。先后在《中国环境科学》《环境保护》《中国土地科学》《法商研究》《政治与法律》《中国环境报》《中国国土资源报》《解放日报》《社会科学报》等刊物上发表学术论文100多篇；独著、主编、参编著作（教材）20多部；主持或参加国际合作、国家及省部级等科研项目30多项；主持或参加国家及地方立法起草30多件；承办重大环境资源法律案件100多件。

主要获奖：先后荣获全国宝钢优秀教师、上海浦江学者、上海市十大优秀中青年法学家、上海市曙光学者、第三届全国法学教材和科研成果奖、上海哲学社会科学优秀成果三等奖、上海高校优秀教学成果奖二等奖、上海高校优秀教材三等奖、国家环境保护部优秀科技成果奖、湖北省政府依法治理优秀成果奖、湖北省政府科技进步奖二等奖、河南省政府优秀调研成果奖二等奖、上海市哲学社会科学学术年会优秀论文、中国环境科学学会优秀论文、中国管理科学学会优秀论文等省级、部级奖励。

“环境资源法学丛书”
总 序

我校环境法学科在“十一五”期间被上海市教委列为重点学科，在上海市教委的资助下出版了系列学术著作和教材。在“十二五”开局之年，经专家评审，上海市教委批准，我校环境法学科被列入上海高等教育内涵建设“085”工程建设项目，建设周期五年，包括环境法重点学科建设项目和城市环境安全知识创新平台建设项目两个子项目。2012年，我校环境法学科被列入上海市高校一流学科（上海市重点学科）法学建设规划项目，建设周期五年。该学科以环境资源法理论和实践为总体建设方略，注重与相关学科的交叉与融合，下设环境保护法、自然资源法、能源法、海洋法、环境健康法、灾害防治法、循环经济法、国际环境法、房地产法、环境资源经济（金融）法、环境资源行政法、环境资源犯罪、环境社会学、生态哲学14个方向。根据总体建设方略，该学科在“十二五”期间，成果形式除课题和论文外，计划出版系列环境法专著和教材。期盼学术界同人和广大读者提出批评和建议，帮助我们把这套丛书出好。

王文革

2013年1月

目录
Contents

第一章　土地保护法基本理论

第一节　土地保护概述

一、土地的概念、特征及其分类

1. 土地的概念

关于土地的概念，不同学科对土地有不同的定义，具有代表性的定义包括以下几种。

地理学定义："土地是指地球陆地表层，它是自然历史的产物，是由土壤、植被、地表水及表层的岩石和地下水等诸要素组成的自然综合体"；1976 年，联合国发表的《土地评价纲要》对土地的定义是，"一片土地的地理学定义是指地球表面的一个特定地区，其特性包含着此地面以上和以下垂直的生物圈中一切比较稳定或周期循环的要素，如大气、土壤、水文、动植物密度，人类过去和现在活动及相互作用的结果，对人类和将来的土地利用都会产生深远影响"。

经济学定义：英国经济学家马歇尔指出，"土地是指大自然为了帮助人类，在陆地、海上、空气、光和热各方面所赠予的物质和力量"；美国经济学家伊利认为，"经济学家所使用的土地这个词，指的是自然的各种力量，或自然资源……经济学上的土地是侧重于大自然所赋予的东西"；澳大利亚的克里斯钦和斯图尔特进一步指出，

“土地一词是指地表及所有它对人类生存和成就有关的重要特征”，“必须考虑土地是地表的一个立体垂直剖面，从空中环境直到地下的地质层，并包括动植物群体及过去和现在与土地相联系的人类活动”。

管理学定义：原国家土地管理局1992年出版的《土地管理基础知识》中这样定义土地，“土地是地球表面上由土壤、岩石、气候、水文、地貌、植被等组成的自然综合体，它包括人类过去和现在的活动结果”；《土地基本术语》（GB/T 19231—2003）规定“土地是地球陆地表面具有一定范围的地段，包含垂直于它上下的生物圈的所有属性，是由近地表气候、地貌、表层地质、水文、土壤、动植物以及过去和现在人类活动的结果相互作用而形成的物质系统”。

土地和土壤不同，土壤是土地的构成部分中诸多自然因素的一种。土地与国土也不是同一概念，国土是指一个国家主权管辖的地域空间：领土、领空、领海，是一个国家主权范围内的所有地域空间的总称。土地资源与土地也有差别，一般来说，土地资源是指目前或可预见的未来能够产生价值的土地，是在一定的技术经济条件下，可以被人类利用的土地，它是土地的一部分，土地资源的范围随着科学技术的进步正在不断扩大，目前国内外都是泛用这两个名词，并不进行严格的区分。

2. 土地的特征

土地的特征是指作为人类的基本生产资料和生活资料的土地所固有的、区别于其他生产资料和生活资料的特殊属性。

土地有两种属性，土地既具有自然属性，也具有社会经济属性。土地的自然特性是土地的自然属性的反映，是土地本身所固有的，与人类利用土地并没有必然联系。土地的社会经济属性则是在人类利用土地过程中所产生的，在人类诞生以前，未对土地进行利用时，土地并无经济属性。因此，土地具有显著区别于其他资源的特性。

（1）土地是自然的产物。土地是大自然的产物，是自然恩赐于人类的，早在人类诞生前就已存在，而不像其他生产资料那样是劳动的产物。人能创造其他财富，却不能创造土地。应当指出的是，人虽然不能创造土地，但却能改良土地或破坏土地。

（2）土地位置的固定性。土地是不能移动的，具有位置的固定性。尽管从严格意义上讲，地球表层也存在因各种自然原因而产生的移动变化，但这不能从根本上改变土地位置的固定性的特性。土地位置的固定性，既给我们人类提供了利用各种土地的可能性和生存发展的基础，也限制了人类利用土地的区域性。

（3）土地区位的差异性。土地存在着区位差异。地球上任意两块不同位置的土地，无论是土壤的自然性质还是经济性质，都存在着差异。土地的这种差异性和土地位置的固定性，导致了土地价值和价格的差异、土地适用性和利用成本的差异。

（4）土地总量的有限性。土地总量是有限的，人类既不能增加也不能用其他物质代替土地，更不能创造土地。人所能做到的只是改变地形地貌，无法增加土地的总量。这一特性要求人类必须科学利用土地，努力提高土地的产出效益，以有限的土地创造更多的物质财富，满足人类日益增长的物质需求。

（5）土地利用的可持续性。土地与其他生产资料存在着一个显著差异，即只要按照自然规律，科学合理地利用土地，不断改良和增加地力，土地就可以被持续利用并不断提高产出率，而其他生产资料在使用过程中都会由新变旧，都会受到磨损，直到报废。当然，土地的持续利用是有一定条件的。如果人类不科学合理地开发利用土地，也会造成土地生态系统的破坏，使土壤肥力和土地生产能力下降，人类也会受到大自然的惩罚。

（6）土地经济供给的稀缺性。土地存在着差异性，且位置固定，数量有限，人们利用土地时又都要选择位置较优或土质较好的土地，因而会出现这类位置优或土质好的土地需求大于供给的现象，这种供不应求的现象即是土地经济供给的稀缺性。土地供给的稀缺，又会造成需求这类土地的各部门、各单位之间的竞争，并在土地所有、占有、使用上进行垄断，客观上又迫使人们节约土地、集约用地。

（7）土地报酬（收入）递减的可能性。土地经营中，一般情况下会随投入增加而报酬（收入）增大，但是当技术不变，在单位面积土地上投入物化劳动和活劳动达到一定程度时，边际报酬（收入）就会下降，平均报酬（收入）也会随之下降。这就要求人们在一定的技术、经济条件下，注意投资的适合度。

（8）土地利用方向变更的困难性。任何一块土地都可能有多种用途，可生产多种产品，但改变一块土地的原有用途，在一定条件下，则是相当困难的。不用说建筑用地变成农用地的困难，就是农业用地用途变更也是相当困难的。比如，农产品的价格因国内外供求关系等因素而形成明显升降时，农业生产者很难及时调整种植面积和产量。因为，不同的作物有不同的生产季节，要求不同的土质、气候条件，这些往往很难改变；不同作物需要的资金、技术装备的要求也不同，变更会受到生产单位的经济力量的影响；而不同的生产者的生产技术也会影响生产水平。这一特性要求人们在规划利用土地时，必须科学慎重地决策，选择最恰当的利用方向去利用土地。

3. 土地的分类

土地分类是根据土地的性状、地域和用途等方面存在的差异性，按照一定的规律，将土地归并成若干个不同的类别。

按照不同的目的和要求，有不同的分类。1998 年修订的《中华人民共和国土地管理法》将土地分为农用地、建设用地和未利用地三大类。该法定义："农用地是指直接用于农业生产的土地，包括耕地、林地、草地、农田水利用地、养殖水面等；建设用地是指建造建筑物、构筑物的土地，包括城乡住宅和公共设施用地、工矿用地、交通水利设施用地、旅游用地、军事设施用地等；未利用地是指农用地和建设用地以外的土地。"

为了更有效地管理土地，在上述三种分类的基础上，我国土地管理工作者又将土地作了更进一步的分类，其方法是按照《土地利用现状调查技术规程》中使用的土地利用现状体系，根据土地的用途、利用方式和覆盖特征等因素，将我国土地分为了 8 大类、46 小类。8 大类土地是：耕地、园地、林地、牧草地、居民点及工矿用地、交通用地、水域、未利用土地。

2017 年 11 月 1 日，由国土资源部组织修订的国家标准《土地利用现状分类》（GB/T 21010—2017），经国家质检总局、国家标准化管理委员会批准发布并实施。土地利用现状分类采用一级、二级两个层次的分类体系，共分 12 个一级类、73 个二级类。12 个一级类土地是：耕地、园地、林地、草地、商服用地、工矿仓储用地、住宅用地、公共管理与公共服务用地、特殊用地、交通运输用地、水域及水利设施用地、其他土地。

二、土地保护的含义

土地保护有广义和狭义之分。广义说认为，土地保护是人类为了满足自身的生存和发展对土地资源的需求，节约合理利用土地资源、恢复和改善土地资源的物质生产能力和承载能力、预防和治理土地资源的污染和破坏，所采取的措施和行动。狭义说认为，土地保护是指采取有针对性的措施对土地退化现象进行预防和治理。它包括防与治两个方面：防是指消除可能造成未退化土地发生土地退化现象和已退化土地继续发生退化的各种动力因素；治是对已退化土地所进行的建设性改造。土地退化现象大致可分为水土流失、荒漠化、盐碱化、土地污染、废弃地、地面沉降等类型。

土地保护内涵有一个发展演变的过程。起初，土地保护基本上是围绕着土地的生产能力而开展的，如保护土壤肥力。20 世纪美国西部开发中发生的土地急剧退化问题，使得水土保持成为土地保护中重要的内容。水土流失不但会造成局部土地质量的降低，而且会对其下游的土地造成水冲沙埋的危害。20 世纪 50 年代日本发现了因食用受镉污染的土壤生产出的稻米后出现的骨痛病，从而使土壤污染防治成为土地保护的主要内容。20 世纪 60 年代、70 年代以后，可持续发展的思想得以迅速发展，国际上一些土壤学家、土地保护和评价专家将可持续发展的概念引入到土地利用管理领域，提出了土地持续利用的概念，从而使土地保护不再单纯地针对土地退化采取保护措施，而是从可持续发展的角度，从土地利用是否符合生产性、稳定性、可行性和可接受性的原则出发，综合评判土地利用是否可持续。①

三、土地保护的具体内容

土地保护的内容包括土地数量保护和土地质量保护。土地数量是指土地总面积和各类土地及各具体地块的面积。土地数量保护是指对土地资源的保存，主要是针对农业用地和湿地等生态用地的保护，防止非农业用地的盲目扩张。土地质量是指土地作为某种用途时对该用途的适宜程度等。土地质量保护，通常是指通过采取预防措施来防治土地污染和破坏等土地退化现象的发生，从而满足人类的经济社会发展需求，保证土地的可持续利用，对于耕地而言，通常指维护土地的生产潜力和提高土地生产力水平。土地质量保护通常包括防治土地污染，维护草原植被，防止土地沙漠化、土地盐碱化及水土流失等土地退化现象等。②

四、土地保护的目标

土地保护的终极目标是实现土地资源的可持续利用。土地资源保护不是目的，不能为了保护土地而放弃对土地的利用，土地保护要在土地利用过程的基础上得到实现，单纯的土地保护是被动的，

---

① 黄贤金、张安录主编：《土地经济学》，中国农业大学出版社 2008 年版，第 218 ~224 页。

② 马海涛：《中国土地资源保护与可持续利用问题研究》，2005 年苏州大学硕士学位论文，第 11 页。

只有把土地资源的利用与保护有机结合起来，才能真正实现土地资源可持续利用的目标。

土地可持续利用是可持续发展思想应用于土地科学而产生的新名词。1990 年 2 月印度农业研究会、美国农业部和美国 Rodale 研究所在新德里举行的国际土地可持续利用系统研讨会上，首次正式提出土地可持续利用思想，从而确立了土地资源的利用目标和方向。1993 年，联合国粮农组织（FAO）颁布了《持续土地管理评价纲要》，提出的土地可持续利用的概念、基本原则、评价标准和评价程序成为指导全球研究的纲领性文件，在土地可持续利用研究上具有里程碑的意义。1999 年联合国粮农组织（FAO）与联合国环境规划署（UNEP）合作出版《可持续土地资源管理综合规划指南》，提出综合土地管理发展的本质以及一种建立在政府和公民相互合作关系基础上的土地资源可持续管理综合规划方法，将可持续发展的思想贯穿于整个规划过程，保证土地资源的可持续利用。1994 年 3 月中国编制了《中国 21 世纪议程》即“中国 21 世纪人口、环境与发展白皮书”，涉及与可持续发展相关的经济、社会问题，诸如人口、资源、环境及相应的政策、行动框架等，将土地资源的管理与可持续利用列为第 14 章“自然资源保护与可持续利用”的八大重要领域之一。

第二节　土地保护法的基本原则

我国土地保护法的基本原则是指对我国土地保护法律制度创新和完善起指导作用的基本准则。一般来讲，法律制度的创新和完善应遵守正当性、合理性、系统性和可实施性的原则。体现在土地保护法律制度的创新和完善领域，这四个原则可以具体化为如下原则。

一、土地、经济、环境综合决策原则

土地、经济、环境综合决策原则，又称综合效益最大化原则，是指在土地利用时，应当兼顾经济、社会与环境效益、内部与外部效益、近期与长远效益，从而实现土地利用综合效益最大化。总体效益最佳一般表现为在城市良好的生态环境条件下，土地整体功能最大，用地结构与布局合理，城市经济、社会效益最高。

经济、社会与环境效益是按土地利用效益的类别划分的。经济效益是指人们利用土地资源时所获得的有用经济成果。从使用价值来看，它表现为所取得的有用产品的数量；从价值形式来看，它表现为一定数量的并可用货币表示的国民生产总值、国民收入或纯收入。经济效益最大化就是要使有限的土地资源生产出尽可能多的符合社会需要的物品。社会效益是指在促进社会发展和社会进步、改善社会结构和维持社会稳定方面的效益。例如，建设文化、教育设施，对于提高人的素质、加强精神文明建设，有着十分重要的作用，虽然在短时期内不一定能取得很大的经济效益，但却能获得较大的社会效益。这种设施所需要的土地，还必须根据社会效益最大化原则予以保证。再如，一些国家设施、社会治安管理设施和行政管理设施所需要的用地，尽管不能为社会提供产品、增加收入，但建设这些设施对维护国家主权、保证社会稳定，是非常必要的。因而对这类土地的利用，能获得较大的社会效益。我们在利用土地资源时，千万不能只看经济效益而不看社会效益。生态环境效益是指人类在开发利用土地资源时对生态环境产生的有利或不利的作用。土地资源的利用方式是多种多样的，各种用途是互相联系、互相影响的。人们在利用土地的时候，不但要考虑经济效益和社会效益，而且还要看生态环境效益。土地资源合理利用的要求还包括对生态环境改善的要求。生态环境作为一种资源，必须加以保护。人们在开发、利用土地时，必须考虑生态环境效益。许多对环境有污染的项目，在不计算它对生态环境的损害所造成的损失时，可能会计算出很高的投资效果，但如果考虑它对生态环境所造成的损失或代价时，其投资效果就要重新评价了。生态环境对人们来说也有效用，人们可以像消费其他物品或劳务一样来享受良好的生态环境所带来的福利。如在现代化的都市里，清洁的空气、温暖的阳光、纯净的水和优美的风景，不仅能使人心旷神怡，而且有益于身体的健康。因此，在利用土地资源时，必须考虑保护生态环境，并以优先考虑生态环境效益为原则。①

内部效益和外部效益是按土地利用效益作用的范围来划分的。内部效益是指经济活动的主体（法人或自然人）所获得的效益。当一种活动的成本或效益自发地“外溢”并影响到其他人或其他厂商时，就会产生外部效益。确切地说，外部效益是一个人的行为对另一个人的利益或福利产生的效果，而这种效果并没有从货币或交易中反映出来。外部效益有多种形式，有些是积极的或正的效益，有些是消极的或负的效益。例如，一些发电厂、化工厂大量烧煤和石油，致使一些地区空气严重污染，有的地区甚至下酸雨，导致土地和湖泊积累了硫酸，湖水变酸，微生物被杀死。这是生产电力和化工产品的外部负效益。人们在利用土地时，不但要讲究内部效益，而且也要注意并讲究外部效益。

近期效益和远期效益是按照土地利用效益发生的时间来划分的。近期效益是指在利用土地的近期之内所能得到的效益，而远期效益是指在相当长的时期后（如五年或更长的时期）才能获得的效益。例如，国家在东北、华北、西北地区实施植树造林计划，不但能获得近期效益，更重要的是，它能获得远期效益，即它可以防风固沙、防止水土流失、改善生态环境等。因此，这是一项具有重大远期效

① 严金明：《中国土地利用规划》，经济管理出版社2001年版，第139～141页。

益的工程。再如，从农业生产长远效果来看，长期使用化肥不利于改良土壤结构，提高土地肥力，它对农业生产将会产生严重的后果。又如，在市场经济条件下，不可避免地会出现土地投机。这时土地投资者不是着眼于目前的使用价值，而是土地的预期收益。因此，我们在利用土地时，不但要看近期效益，而且也要看远期效益。①

总之，土地利用效益具有多层次性。正因如此，我们在分析和评价土地利用效益时，必须从各个方面对土地利用效益进行全面分析和综合考察，才能作出比较正确的评价。这些效益在有的建设项目中彼此呈正相关。例如，在适宜种桑树的山坡上投资开发种植桑树林，发展养蚕生产，不但可以取得良好的经济效益，同时还可以解决农民的就业问题，取得较好的社会效益，因而综合效益就很好。但有的土地资源利用项目各种效益可能互相矛盾。例如，投资建设技术落后、设备陈旧的小造纸厂、小化工厂、小冶炼厂，对空气和水土资源造成了严重的污染。因此，必须对各种效益全面估量，进行综合比较分析，按照综合效益最大化原则进行土地利用。只有这样，才能使土地资源得到充分合理的利用。

长期以来在计划经济体制下，我国为数众多的土地处于低效使用状态，使用者不去关心该土地的最佳用途是什么。在市场经济条件下，不同的土地使用方式带来的投资回报率有天壤之别，由土地投资决策失误所导致的重大损失屡见不鲜。土地利用中的综合效益最大化原则，对于我国由计划经济向市场经济转轨的房地产业尤为重要，因为许多在原有计划经济体制下合理使用的土地，在新的市场机制下变为低效利用或不合理使用。我们应当从动态的观点出发，对土地利用向最有效使用的方向调整，最大限度地实现土地的最高使用价值。

---

① 高映轸、潘家华、顾志明：《土地经济经济问题再认识》，南京出版社1996年版，第195~199页。

二、预防为主、防治结合、综合治理原则

（一）预防为主、防治结合、综合治理的含义

预防为主、防治结合、综合治理的原则（以下简称预防为主），通常认为包含三层含义：

第一，在环境问题上，要采取预防为主的要求，采取各种预防措施防止环境问题的产生或者恶化，做到防患于未然，尽量避免环境损害的产生。

第二，在环境污染问题产生后，要采取综合的措施加以治理；在环境被破坏后，要采取综合的措施进行恢复和建设，不能“头痛医头，脚痛医脚”。环境是一个整体，环境污染没有地域界限，一种环境介质被污染、破坏后会加剧其他环境介质的污染或破坏。如森林资源遭到破坏后会加剧水质的恶化和水土流失的严重化；固体废物不得到处理会污染大气和水。以前那种单打一的措施显然只是转移了污染，并没有真正消除或减少污染。

第三，在预防和治理的关系上，要坚持预防为主。预防为主并不意味着预防可以取代治理，或者治理并不重要，而只是强调在环境问题上，应优先考虑预防。预防是防止今后可能发生的环境损害的重要手段。对于那些已经发生的环境污染或者危害，则强调治理的重要作用，实行治理为主。因此，预防和治理分别有其适用领域，两者是相结合的关系。

环境问题的下列特点决定了在环境问题上应当实行预防为主的原则。首先，环境危害一旦发生，往往难以消除和恢复，甚至具有不可逆转性。如生物多样性一旦消失后，就永远消失了，没有办法补救。其次，治理环境问题所花费的费用非常巨大，如果等到环境问题产生后再采取措施，往往得不偿失。最后，环境问题的危害具有很强的潜伏性，即危害的产生与受污染的后果显现之间的间隔相

当长，如许多化学品致癌的潜伏期长达20年至30年，化学品的致病后果可能在几代之内也不会显现出来，承受环境风险后果的人就可能不是享受使用该化学品的受益人。人类难以及时发现和认识环境问题的长远影响，为代内公平和代际公平起见，必须防患于未然。

（二）预防为主原则的贯彻

贯彻预防为主、保护优先、防治结合、综合治理的原则，对于预防而言，最重要的是从源头上预防环境危害的发生；对于治理而言，采取的治理措施要直接针对环境危害产生的原因，通过由点带面的途径达到综合治理的效果。具体而言，可以采取下列措施贯彻该原则。

1. 全面规划、合理布局

很多环境污染或破坏的产生都是因为不合理的决策造成的，在城市工农业布局时，没有进行统筹安排，考虑保护环境的需要。如在江河的中上游建设污水处理厂、在城市上风向建设污染严重的工厂。因此，为预防环境危害的产生，除了实行坚持综合决策外，还应当全面规划、合理布局。《人类环境宣言》曾指出："为了实现更合理的资源管理从而改善环境，各国应该对他们的发展计划采取统一和协议的做法，以保证为了人民的利益，使发展同保护和改善人类环境的需要相一致"；"合理的计划是协调发展的需要和保护与改善环境的需要相一致的。"

全面规划要求以全国主体功能区规划为基础，制定各种规划，包括经济和社会发展规划、国土整治规划、专业性的环境规划等，在工农、城乡、生产生活等方面进行综合规划，做到统筹安排，在考虑经济效益的同时考虑环境效益。合理布局要求在安排工业生产、农业生产和资源开发时，除了方便生产和生活之外，还要考虑对环境的影响。如严禁在人口稠密区、城市上风向、水源保护区建立污染型工业。在对一个区域进行全面规划和合理布局时，必须按照该地区的环境功能进行。

2. 制定和完善预防性的环境法律制度

预防性的环境法律制度包括环境影响评价制度、许可制度、三同时制度、清洁生产制度和淘汰制度。它们是防止产生新的环境污染和破坏的重要保障。

环境影响评价制度是更具有预防性的法律制度，其要求在进行任何活动之前，必须在可行性阶段考虑对环境的影响，为在决策上选择对环境影响最小的方案提供依据，如果对环境的影响超过了法律的规定，则就会被禁止或者被要求采取相应的预防措施。

许可制度要求，在从事可能污染或破坏环境的活动之前，必须向有关部门申请并征得同意，否则便不能将相关的产品投入市场或进行该相关的活动。通过许可制度来预防环境危害的发生，通常表现为制定各种“黑名单”，许多事先被认定为是污染或破坏环境的行为、产品会遭到限制或者禁止，从而从源头上控制环境危害的发生。

三同时制度通过要求环境保护设施与主体工程的同时设计、同时施工和同时投产使用，保证不因为缺乏环境保护设施或者建成后不使用而产生污染，从而达到防止产生新的污染和破坏的目的。

清洁生产制度和淘汰制度是预防环境污染产生的制度。清洁生产要求从原材料的选取、加工等过程都考虑整个过程对环境的影响，坚持从“从摇篮到坟墓”整个生命周期的环境管理，将污染控制在源头上；而淘汰制度通过禁止或限制严重污染环境设备的使用，达到少产生或不产生环境污染的目的。

三、统一管理原则

（一）统一管理原则的含义

土地统一管理是指国家把全国土地作为一个整体，由统一的管理部门负责管理，采取统一的措施，制定统一的规划、计划和标准。

土地利用涉及城乡和各行业、各种用途的用地，必须坚持城乡土地统一管理的原则。

（二）土地统一管理原则的贯彻

1. 实行城乡统一的土地管理体制

1986 年，我国颁布了《土地管理法》，并成立了统一管理土地的部门，实行了城乡地政、全国土地的统一管理。1998 年，国家成立了国土资源部，进一步强化了土地管理的职能。要求在土地管理部门及其工作人员合理分工的基础上进行有效的密切合作，形成一个相互协作、协调统一的管理结构，发挥整体功能，实现土地管理目标。2018 年在国土资源部的基础上组建了自然资源部，进一步强化了土地资源的统一监管职能。

2. 以《全国国土规划纲要》为指导，统筹协调土地利用总体规划与相关专项规划的关系

《全国国土规划纲要（2016—2030 年）》已于 2017 年 1 月印发，《全国国土规划纲要》是统筹推进“五位一体”总体布局和协调推进“四个全面”战略布局，贯彻落实创新、协调、绿色、开放、共享的发展理念，促进人口资源环境相均衡、经济社会生态效益相统一的重大举措。《全国国土规划纲要》贯彻区域发展总体战略和主体功能区战略，推动“一带一路”建设、京津冀协同发展、长江经济带发展战略落实，对国土空间开发、资源环境保护、国土综合整治和保障体系建设等进行总体部署与统筹安排，对涉及国土空间开发、保护、整治的各类活动具有指导和管控作用，对相关国土空间专项规划具有引领和协调作用，是战略性、综合性、基础性规划。《全国国土规划纲要》范围涵盖我国国土面积（暂未含港澳台地区）。规划基期为 2015 年，中期目标年为 2020 年，远期目标年为 2030 年。应以该规划纲要为基础，正确处理好土地利用总体规划与城乡规划、产业规划、矿产资源规划、水资源规划、林业规划等专项规划之间

的关系，牢固树立土地利用总体规划的核心地位，打破部门分割限制，充分做好各规划间的衔接与对接。

3. 建立城乡统一的土地市场

加强城乡土地市场体系建设，实行国有建设用地和集体建设用地“统一市场”和“同地、同权、同价、同税”。

4. 建立城乡统一的地籍管理制度

地籍管理工作是土地管理的基础性工作。要解决土地管理城乡分治问题，就必须通过地籍管理数据中心的建设和推广，实现城乡土地图形数据和属性数据的统一。

四、混合调整原则

（一）混合调整原则的含义

按照调整主体的不同，大致可归为三大类：一类是市场调控机制，一类是政府调控机制，一类是社会调控机制。混合调整原则是指综合运用政府管制、市场调节、社会调整等不同法律手段对土地保护社会关系进行系统性调整。具体内涵体现为：一是法律机制的运作不再是以政府一元化的模式为前提，而是以包括政府在内的社会多元主体的参与为基础；二是多种法律手段的协同与配合，综合运用强制、指导、经济刺激、市场调节、社会参与等法律手段，对涉及土地保护社会关系的法律调整由强制的直接介入转变为直接的管制和间接的促进与引导相结合、由消极被动的救济与修复转向积极主动的引导和鼓励。

（二）混合调整原则的贯彻

政府管制、市场调节、社会调整等不同法律手段在解决土地保护问题上各有利弊和自己的功能空间。无论是市场机制、政府管制手段还是社会调整手段，在土地保护上都不是万能的，三种手段并不相互排斥，而是可以取长补短、相互配合使用的。土地保护制度的选择与创新应建立在既要防止“市场失灵”又要防止“政府失灵”，从而谋求市场机制、政府干预与社会调整的有机结合上。

要在土地保护领域贯彻混合调整原则，关键是合理确定三种机制各自的功能空间。在合理确定三种机制各自功能空间的基础上，要注重综合运用。这里以有效的土地资源利益分配机制为例。有效的资源利益分配机制是建立规划机制和市场机制并行的利益分配机制。（1）规划机制是根据国民经济和社会发展需要、资源供需现状及发展趋势、资源整治和环境保护等要求，通过编制各个层次和各种类型的规划，来对资源在时间上、空间上、部门间、产业间的占有、使用进行分配。它是国家宏观调控和产业政策的基础，指导一定时期内资源占有和使用的分配。当前要加大资源规划刚性约束，增强规划的法律地位，提高规划的科学性，充分发挥规划机制在资源利益分配尤其是代际间分配的宏观调控效能。（2）市场机制是价值规律发生作用的自发形式，是市场主体进行相互联系和相互制约的方式。在资源利益分配中，市场机制主要是以价格、利润和需求等经济信息为主，决定资源在各领域、产业及部门间的分配。要充分发挥市场机制在资源利益分配方面的调节作用，彻底改变资源无偿无限期的占有和使用，激活资源一级市场与二级市场，提高资源配置效率。我国资源在空间分布上不均衡，具有多用途性，并在开发利用中受技术经济条件的影响程度较大。如果运用单一的规划机制或市场机制来配置资源，不可避免地会出现一些极端现象，而规划机制与市场机制的并行，既可以弥补规划机制的信息不灵，市场不活等缺点，又可以防止市场机制配置资源的各种不良现象的出现，使资源的配置在完备的配置机制下运行。

五、土地有偿使用原则

（一）土地有偿使用原则的确立

土地有偿使用是建立社会主义市场经济体制的要求，党的十四届三中全会决定：把土地使用制度作为整个经济体制改革的重要组成部分。土地使用制度改革的目标是建立与社会主义市场经济体制相适应的土地市场体系，明晰产权关系，利用租、税、费等对收益分配进行合理有效的调节，进一步扩大土地有偿使用的范围。土地作为三大生产要素之一，能否进入市场、建立起土地市场体系，不仅关系到土地资源能否合理配置、土地资产能否充分发挥效益，而且直接关系到社会主义市场经济体系能否顺利建立。党的十四届五中全会提出了两个根本性转变，《国民经济和社会发展“九五”计划和2010年远景目标纲要》中提出：“规范和完善土地市场，逐步扩大土地有偿使用的范围，加强国家对土地利用总体规划和土地利用计划的管理，实行土地使用权有偿、有限期的出让制度。商业性用地使用权要公开出让。建立健全国家对土地使用权出让市场的垄断和管理制度，规范土地使用权转让行为。依法保护并合理开发土地……完善自然资源有偿使用制度和价格体系，逐步建立资源更新的经济补偿机制，加强土地管理。”这些政策对今后开展土地有偿利用、进一步深化使用制度改革提出了新的要求。

土地有偿使用的实质，就是马克思所说的：“土地所有者垄断土地，不管这土地是用于农业、用于建筑、用于铁路，还是其他某种生产目的就有可能以地租的名义取得剩余价值的一部分。”马克思、恩格斯在《共产党宣言》中也提出无产阶级在夺取政权后，变革全部生产方式的手段之一是“剥夺地产，把地租用于国家支出”，恩格斯在《论住宅问题》中更明确地指出：“消灭土地私有制并不要求消灭地租，而是要求把地租（虽然是改变过的形式）转交给社会，所以由劳动人民实际占有一切劳动工具，无论如何都不排除承租和出租的保存。”这说明在社会主义条件下，地租依然存在，土地使用者必须向土地所有者缴纳地租。我国实行社会主义土地公有制、土地所有权和使用权分离，拥有土地所有权的国家并不直接统一经营土地，而由以各种形式获得土地使用权的国营、集体企事业单位或个人经营使用。土地所有者和使用者，都有各自相对独立的经济利益。因此，在土地“两权”分离的情况下，土地所有权要在经济上得以实现，土地就必须有偿使用，这不仅符合马克思主义的经典论述，也完全符合社会主义市场经济的需要。

目前，我国土地的有偿使用制度已初步建立，并通过多项法律、法规不断规范化。1982 年以前，我国的土地法属于行政法，是关于保护土地、征用土地、划拨土地使用权等问题的法律，而调整有偿利用土地产权的财产关系的法律规范基本是空白的。1988 年修改土地管理法、1990 年国务院发布 55 号和 56 号令后，我国土地管理开始从资源型管理向资产型管理转变，土地使用权作为商品开始进入了市场。宪法第 10 条第 4 款规定：“任何组织或者个人不得侵占、买卖或者以其他形式非法转让土地。土地的使用权可以依照法律的规定转让。”土地管理法第 2 条第 5 款规定：“国家依法实行国有土地有偿使用制度……”随着我国社会主义市场经济体制的建立和完善，要求建立规范有序的土地市场体系，进一步扩大土地产权有偿利用的范围，进一步发挥土地的资产效益。

（二）土地有偿使用原则的贯彻

1. 实行土地有偿利用的税费制度

土地有偿利用的税费制度，主要是土地使用费/税、土地补偿费、排污费。

土地资源开发使用费/税。土地资源开发使用费/税是土地资源使用权人按照土地资源法的规定，向土地资源所有权人支付的开发使月土地资源费，如土地出让金，是针对土地资源的直接使用价值的。

土地资源补偿费。该费用以弥补、恢复、更新土地资源的减少、流失或破坏，如耕地开垦费、新菜地开发建设基金等。

排污费是为利用环境容量而支付的相应对价，是向环境排放污染物的单位或个体工商户按照排放污染物的种类、数量或浓度向国家缴纳一定的费用。

2. 实行生态效益补偿制度

土地资源有偿使用包括资源直接使用价值的有偿使用、间接使用价值的有偿使用。前面的使用费、补偿费或税，是针对直接使用价值而言的。生态效益补偿则是就土地资源的间接使用价值而言的。生态效益补偿费区别于土地资源使用费、补偿费等，是指生态功能的补偿，即通过制度创新实行生态保护外部性的内部化，让生态保护成果的受益者支付相应的费用，提高保护环境的行为的收益。如湿地生态效益补偿制度，使无偿使用湿地生态效益向有偿使用湿地生态效益转变。

3. 建立科学的土地价值核算制度

土地资源有偿使用制度包括两个层次：土地资源直接使用价值的有偿利用和土地资源间接使用价值的有偿利用。科学的土地资源有偿使用制度有赖于环境价值的核算和估价。如何来计算土地资源价值，目前还存在不少问题。这一问题若不解决，土地的有偿使用将面临许多困难。土地资源的价值包括直接使用价值、间接使用价值和选择价值。土地资源的直接使用价值因有市场价格而较容易估算，应加大土地间接使用价值和选择价值的核算和估价的研究力度和广度，使土地资源有偿使用税费的征收标准、征收数额更加科学，以真正实现土地的可持续利用。

六、集约利用原则

我国人多地少，耕地不足和城镇土地供给有限及利用不充分的现状，决定了今后城市建设必须走节约利用土地的道路，逐步实现土地利用方式由粗放型向节约型的转变，这也是经济增长方式转变的必然要求和重要环节。

实施土地节约利用，首先是优化土地利用结构。土地利用结构包括两个方面：一是土地利用的比例结构；二是土地利用的空间结构。从世界城市发展的历程看，第三产业随着城市的发展其比例越来越大，其城市用地结构的比例结构也应表现出同样的规律。城市的空间结构，主要是城市功能区的分布与组合，也就是商业、工业、住宅区等的分布与组合。以上这些都应按照产业发展趋势和市场经济的客观规律，调整土地利用结构，推动产业结构转换，逐步提高第三产业比例，促进城市经济效益的提高和改善城市生态环境。其实施手段是市、县土地利用总体规划。根据上级土地利用总体规划的指标和布局，划分土地利用区，确定土地用途，然后按照这个要求推进土地置换，实现土地资源在城市内部的合理配置，促进城市功能的完善、质量的提高。利用土地利用年度计划，控制建设用地总量和农用地特别是耕地的转用，开展土地整理包括城市商务中心区的建设和旧城改造，优化用地结构，提高城市建筑容积率①和经济效益，促进城市发展。缺乏上述条件，土地节约利用的目标——不断提高土地使用效率和经济效益就要落空。例如，盲目地加大土地开发强度，追求过高的容积率，就会造成环境质量大幅度下降；过大的人口密度有可能造成城市局部地区基础设施的压力，导致生产、生活效率的降低。从经济效益分析，城市用地布局的不合理，如商业区偏离居住区、工业区对居住区产生严重的环境污染，即使投入成本很高，土地不仅不会升值，反而要贬值。其

① 容积率是指城市用地的地块上允许修建的总建筑面积与地块面积之比。在合理的空间环境条件下，容积率越大，表示土地利用率越高；反之，容积率越小，表示土地利用率也越低。

次是城市规划范围内具体地块的高效利用。其内涵就是城市内具体某一宗地，在规划许可范围内，按照边际收益原理加以利用。根据报酬递减规律，土地利用存在着一个临界点，即边际收益等于边际成本时，经营者或开发商就不会再追加投入，因为新增加的投入得不偿失，达到这一临界点时的土地利用称之为节约利用。在实践中主要通过控制城市发展规模、确定土地最佳利用方向、进行土地功能置换、盘活存量土地、提高建筑容积率等手段，加大对土地的调控力度和组织协调职能。具体来讲：第一，规划每一块土地的用途和土地使用条件，合理高效使用土地。第二，严格把好农用地转用审批关，除一些特殊情况外，没有农用地转用计划指标的，一律不予批地。第三，积极推进土地有偿使用制度，加大招标的力度，减少协议出让土地。通过回收、再出让、出租、抵押、使用权入股等形式引导原划拨用于生产经营的土地逐步纳入有偿使用的范畴。第四，按照《闲置土地处置办法》，依法处理和充分利用闲置土地，提高土地利用率。第五，实行政府土地收购和定期公布地价制度，培育和规范土地市场，促进土地合理利用。第六，合理利用城市地下、地上空间。

这一原则要求土地利用由过去以增量供应为主转变为以存量土地供应为主，由过去以土地平面利用为主转变为平面与立体利用并重。并且在已经确定土地用途的情况下，将有限的资源配置给土地生产力利用率最大的使用者，并使其得到相应的良好区位，以充分发挥土地利用的效率。实践中应通过有效的土地优化配置机制，选择耗费最少、产出最大的用地者。

七、以规划为基础、用途管制为核心、总量控制并行原则

土地保护要坚持以土地利用规划为基础、以土地用途管制为核心、同时对建设用地实行总量控制的原则。

（一）以土地利用规划为基础

土地保护要求对有限的土地实行优化配置。土地利用总体规划能实现这一目标。土地利用总体规划是在一定区域内，根据国家社会经济可持续发展的要求和当地的自然、经济、社会条件，对土地的开发利用、治理、保护在空间上和时间上的总体安排和布局。土地利用总体规划不仅是国家实行土地利用管制的基础，更是各类土地利用的依据。土地利用总体规划统筹安排各类用地；逐级分解规划确定的各类用地控制指标，重点确定城市城镇用地规模控制指标，重点控制城市用地规模。在土地利用总体规划中，建设用地规模指标得以确定。

土地利用总体规划在编制时便遵循几个基本原则：严格保护基本农田、控制非农业建设占用农用地、提高土地利用率。可见，土地利用总体规划在贯彻土地“开源”的同时，也实行土地“节流”，土地利用方式由粗放向集约转变，以实现节约利用土地的要求。

土地利用五年计划是分阶段落实土地利用总体规划的中间环节，是指导编制年度用地计划的依据。土地利用年度计划将土地利用总体规划确定的建设用地指标予以分解，并加以落实，其目的在于严格控制新增建设用地规模，对农用地转用计划实行指令性管理和分类下达，提高土地集约利用水平，促进节约用地。

（二）以土地用途管制为核心

土地用途管制是指国家为了保证土地资源的合理利用，使经济、社会和环境协调发展，通过编制土地利用总体规划划定土地用途区域，确定土地使用限制条件，土地所有者、使用者严格按照国家确定的用途利用土地的法律规定。土地用途管制是我国整个土地管理的核心制度。在美国，私人土地如何利用，联邦政府和州政府一般是不加干预的。但当私有土地改变土地用途时，“必须考虑是否会对本州经济和当地环境产生不利影响，如不考虑这一原则，就要受到处罚”。①

（三）实行建设用地总量控制

我国是农业大国，土地利用上必须以保障粮食安全为根本，对建设用地使用总量控制。《土地管理法》第4条规定了建设用地总量控制制度：“国家编制土地利用总体规划，规定土地用途，将土地分为农用地、建设用地和未利用地。严格限制农用地转为建设用地，控制建设用地总量，对耕地实行特殊保护。”

2004年国务院通过《关于深化改革严格土地管理的决定》，明确规定：“严格控制建设用地增量，努力盘活土地存量，强化节约利用土地”“实行强化节约和集约用地政策。建设用地要严格控制增量，积极盘活存量，把节约用地放在首位，重点在盘活存量上下功夫。”2006年国务院颁发《关于加强土地调控有关问题的通知》再次明确对建设用地实行总量控制，并首次将未利用地纳入建设用地控制指标，将此前实施的控制农用地转用计划改变为控制农用地转用计划和控制新增建设用地计划的双重控制。同时，将新增建设用地控制指标（包括占用农用地和未利用地）纳入土地利用年度计划。

建设用地总量控制要求包括以下几个方面的内容。

第一，建设用地不得突破建设用地指标。《土地管理法》第22条第1款规定城市建设用地规模应当符合国家规定的标准。因此，城乡规划行政主管部门在审批建设项目用地申请时，要依据国家规定的建设用地指标，对建设用地面积进行严格审查，对超过国家规定用地指标的，不得发放建设用地规划许可证、建设工程规划许可证。

第二，建设用地要充分利用现有存量用地。建设用地的总量是

① 邹兆平主编：《外国与港台土地管理制度》，中国国际广播出版社1990年版，第3页。

一定的，这说明除了利用新增的建设用地之外，我们还必须充分利用现有存量用地，通过提高土地利用效率、收回闲置土地等方式，实现土地的节约利用。如《土地管理法》第 22 条第 1 款要求城市建设用地应当充分利用现有建设用地，不占或者尽量少占农用地。

第三，农用地转用的年度计划实行指令性管理。为了保障农用地尤其是耕地在国家的地位、控制建设用地的增长，国家对农用地转用不仅实行审批制度，更是对农用地转用的年度计划实行指令性管理，从严、从紧控制农用地转为建设用地的总量和速度，以实现对土地的节约利用。

八、外部性内化原则

外部性也称溢出效应、毗邻影响、外部关系等。外部性是指一个生产者或消费者的生产或消费活动对其他生产者或消费者所附带产生的成本或效益的情况。外部性有正负之分。正外部性是指一个生产者或消费者的生产或活动使其他社会成员无须付出代价而得到好处；负外部性则指一个生产者或消费者的生产或活动使其他社会成员蒙受损失而未给补偿。解决外部性问题的基本原则是外部性内部化。①

土地使用的外部性是指土地使用者使用土地所耗费的成本中的一部分或全部由他人承担，或者土地使用者使用土地所应获得的部分收益被他人获得。如果土地使用者的成本被他人承担，那么，这种外部性就是负外部性。例如，某土地使用者使用土地进行某种生产时，对相邻土地造成污染，但清除污染的费用并不由造成污染的土地使用者承担，而是由受污染的土地使用者承担，这样，本应由造成污染的土地使用者承担的土地使用成本，反而由被污染者（即未获得土地使用收益者）承担；如果土地使用者的收益被他人获得，那么这种外部性是正外部性。在这种情况下，土地使用者往往不考

① 单胜道、吴次芳：《外部地价论》，载《浙江大学学报》2000 年第 3 期。

虑某些效益或成本，就产生了土地资源使用的低效率。土地使用外部性按照外部效果产生的条件可分为：（1）土地使用权确定的即时外部性。一块土地或批租或有偿他用，当土地使用权人确定之际，土地的使用性质也被确定，即土地用途的事实选定。例如，一块城市绿地被批租为商业或其他用地，土地使用权的这种重新确认将导致城市生态环境的外部不经济性；一宗市中心土地如果被批租为商业用地，就排斥了金融等领域对这一地块使用的可能。土地使用权的这种重新确认造成了其他土地使用性质的不可能性，这也是一种土地使用的外部性，或叫土地使用的“机会成本”。（2）土地开发过程的外部性，包括开发过程的外部经济性和不经济性。开发过程的不经济性如上述的社会环境公害等。（3）土地使用过程的外部性。如建筑物的外表风格对大众的影响，建筑物过高，阻挡了毗邻建筑的部分采光、通风、接受无线电信号等形式的外部不经济，有些很难进行公正的赔偿。

解决土地外部性的基本原则是外部性内部化，即使受益的土地产权人分摊必要的外部成本，使受害的土地产权人得到合理的补偿。具体措施为：（1）完善税收。例如，土地在使用过程中由于周围环境（包括基础设施）的改善，提高了收益，产生了正的外部性，而开辟土地增值税就可以调节土地增值的再分配，使外部性有效内化。（2）明确土地产权。（3）政府补贴。如生态公益林林地无法产生可观的经济收益，要使生态公益林林地可持续使用，采取一定的政府补贴是十分必要的。（4）土地权属调整合并。当某一地块上的行为影响了另一地块时，可考虑将这两地块权属调整合并，使外部成本内化。（5）受益者付费。（6）政府管制。

九、可持续发展原则

在世界环境和发展委员会于1987年发表的《我们共同的未来》（*Our common future*）的报告中，可持续发展被定义为：“既满足当代人的需要，又不对后代人满足其需求的能力构成危害的发展。”① 该定义鲜明地表达了两个基本观点：一是人类要发展，尤其是穷人要发展。实现经济发展以保证当代人和后代人生活水平的提高；二是发展有限度，不能危及后代人的发展，即要保护和加强环境与资源基础以满足当代人和后代人的需要。赫尔曼·戴利（Herman Daly）于1991年指出可持续性由三个部分组成：一是使用可再生资源的速度不超过其再生速度；二是使用不可再生资源的速度不超过其可再生替代物的开发速度；三是污染物的排放速度不超过环境的自净容量。② 1992年联合国环境与发展大会通过的《里约宣言》和《21世纪议程》确认了可持续发展的四项原则：代际公平原则，即既满足当代人的需要，又不对后代人满足其需要的能力构成危害的发展；代内公平原则，即当代内所有人，不论其国籍、种族、性别、经济发展水平和文化等方面的差异，对于利用自然资源和享受清洁、良好的环境享有平等的权利；可持续利用原则，即以可持续的方式利用自然资源，以保持可再生资源在最佳再生能力前提下的利用，和不可再生资源不以使其耗尽的方式的利用；环境和发展一体化原则，即将环境保护和其他方面的发展有机地结合起来。③ 我国政府于1994年制订的《中国21世纪议程》第14章对自然资源保护与可持续利用作出了规定，指出“以较低的资源代价和社会代价取得高于世界经济发展平均水平，并保持可持续增长，是具有中国特色的可持续发展战略选择”，并对土地资源的管理和可持续利用作出具体规定。可持续发展战略与合理利用土地的基本国策相一致，已经成为我国土地法治建设必须遵循的原则。

---

① 世界环境与发展委员会：《我们共同的未来》，国家环保局外事办译，世界知识出版社1989年版，第19页。

② 转引自张坤民：《可持续发展论》，中国环境科学出版社1997年版，第19页。

③ 王曦：《国际环境法》，法律出版社1998年版，第104～112页。

将可持续发展原则运用于城市土地配置，是指用可持续的方式使用土地资源、发展经济、保护环境。即在城市土地配置上，要求在资源合理承载力的基础上，选择土地利用的资金集约度、技术集约度和负载人口集约度，按照城市发展的规律，动态地调整城市的用地结构与布局，在优化土地配置过程中，考虑大范围区域发展特点，在旧城改造、新区开发、产业转移中考虑其综合效益的改善问题，在发挥城市土地利用的经济效益的同时，考虑子孙后代利用该土地的潜在价值和生态、社会价值。通过不断调整、重组、优化城镇结构、功能，使其物质流、能量流和信息流得以永续利用和协调统一，并借助一定的经济、社会发展战略来具体体现和实施，以适度的城镇规模、合理的城镇容量和城镇结构来增强城镇功能，保持良好的城镇环境和促进人类社会的全面发展，从而既满足当代人日益提高的物质文明和精神文明需要，同时又为后代人创造具有良好发展条件的城镇基础。实现城市土地的可持续配置，必须要从外延空间的拓展转到有序、协调、高效的内涵式增长上来，要追求城镇发展的质量，而不能以牺牲环境为代价片面追求规模和速度。

随着土地制度改革和土地市场的开放，城市新开发的土地所占比重越来越大，土地功能置换速度也加快，城市用地面临多种选择。如果城市发展超越城市的社会环境承受能力，将会给城市带来灾难。只有使城市规模严格地限定在自然界承受力和能够支付环境污染与破坏治理能力的合力之内，才能保障城市的可持续发展。城市用地随规模增长而适当增加是符合发展规律的，但是一味地扩大用地规模（包括人均用地面积偏大、城市占地规模过大和用地增长速度远远超过人口增长速度三个方面）却不可取，而土地的粗放型利用方式（包括土地利用低效、土地闲置浪费和住宅问题的困惑三个方面）则更应不断得到转变。我国的人地矛盾特别尖锐，土地资源非常稀缺，城镇规模扩展是否适度和城镇土地的粗放利用方式的转变速度，不仅关系到城镇土地能否可持续利用，也关系到农业土地资源的可持续利用和整个国民经济是否能够可持续发展。

第三节 土地保护法现状、问题及改革取向

一、土地保护法律现状①

目前，我国保护土地资源的法律法规主要有：《中华人民共和国土地管理法》（1986 年颁布，经 1988 年修正、1998 年修订、2004 年修正）、《中华人民共和国土地管理法实施条例》（1991 年颁布，2014 年修订）、《中华人民共和国农村土地承包法》（2002 年颁布，2009 年修正）、《中华人民共和国水土保持法》（1991 年颁布，2010 年修订）、《中华人民共和国水土保持法实施条例》（1993 年颁布，2011 年修订）、《中华人民共和国防沙治沙法》（2001 年颁布）、《中华人民共和国城市房地产管理法》（1994 年颁布，2009 年修正）、《基本农田保护条例》（1998 年颁布，2011 年修订）、《中华人民共和国城镇国有土地使用权出让和转让暂行条例》（1990 年颁布）、《中华人民共和国土壤污染防治法》（2018 年颁布）、《地质灾害防治条例》（2003 年颁布）。此外，还有一系列关于土地管理的行政规章。我国的宪法、森林法、草原法中也对保护土地问题作了规定。

综观我国现行的土地保护法律法规，按土地保护内容不同可概括为以下方面：一是关于耕地保护方面的法律规定，《中华人民共和国土地管理法》《中华人民共和国农村土地承包法》《中华人民共和国土地管理法实施条例》《基本农田保护条例》《耕地占用税暂行条例》等法律法规都对耕地保护作了具体规定，如《中华人民共和国

① 孔祥斌主编：《土地资源利用与保护》，中国农业大学出版社 2010 年版，第 11 页。

土地管理法》第35条规定，各级人民政府应当采取措施，保护耕地，维护排灌工程设施，改良土壤，提高地力，防治土地荒漠化等。二是关于破坏土地的法律规定。《中华人民共和国土地管理法》第42条规定，因挖损、塌陷、压占等造成土地破坏，用地单位和个人应当按照国家有关规定负责复垦；没有条件复垦或者复垦不符合要求的，应当缴纳土地复垦费，专项用于土地复垦。三是关于节约使用土地的法律规定。《中华人民共和国土地管理法》第36条第1款规定，非农业建设必须节约使用土地，可以利用荒地的，不得占用耕地；可以利用劣地的，不得占用好地。《中华人民共和国矿产资源法》第32条中规定，开采矿产资源，应当节约用地。耕地、草原、林地因采矿受到破坏的，矿山企业应当因地制宜地采取复垦利用、植树种草或者其他利用措施。四是关于防治土地污染的法律规定。《中华人民共和国土壤污染防治法》对防治土地污染的原则、制度和措施作了系统规定。五是关于防治地质灾害的法律规定。《中华人民共和国环境保护法》第33条规定，各级人民政府应当加强对农业环境的保护，防治土壤污染、土地沙化、盐渍化、贫瘠化、沼泽化、地面沉降和防治植被破坏、水土流失、水体富营养化、水源枯竭、种源灭绝以及其他生态失调现象，推广植物病虫害的综合防治。六是关于保护土地植被和防沙治沙、防治水土流失的法律规定。《中华人民共和国草原法》第46条规定，禁止开垦草原。对水土流失严重、有沙化趋势、需要改善生态环境的已垦草原，应当有计划、有步骤地退耕还草；已造成沙化、盐碱化、石漠化的，应当限期治理。《中华人民共和国水土保持法》第17条第1款规定，地方各级人民政府应当加强对取土、挖砂、采石等活动的管理，预防和减轻水土流失。第18条第1款规定，水土流失严重、生态脆弱的地区，应当限制或者禁止可能造成水土流失的生产建设活动，严格保护植物、沙壳、结皮、地衣等。第20条第1款规定，禁止在25度以上陡坡地开垦种植农作物。在25度以上陡坡地种植经济林的，应当科学选择树种，合理确定规模，采取水土保持措施，防止造成水土流失。第21条规定，禁止毁林、毁草开垦和采集发菜。禁止在水土流失重点预防区和重点治理区铲草皮、挖树兜或者滥挖虫草、甘草、麻黄等。《中华人民共和国森林法》及其他相关的法律、法规对土地植被的保护也都作了类似的规定。七是关于重要设施用地的法律规定。国家对国家公园、自然保护区、风景名胜区、文物保护区域内的土地，湿地，蔬菜生产基地，国家铁路、公路用地和大中型水利、水电工程等重要设施用地等进行保护，制定了相应的法律法规。

二、土地保护法律存在问题

综观现行土地保护法律制度，其立法规定比较零散、不全面，其在土地保护法律制度设计理念和原则、土地保护政府管制、市场调节、社会调整等方面还存在一些明显的问题，主要表现如下：

（一）土地保护制度设计理念和原则存在的问题

1. 土地保护制度设计理念无法适应土地保护制度设计面临的挑战。我国现行土地保护制度设计理念仍停留在应付资源危机阶段，土地、经济、环境相协调的综合规划和决策体制尚未建立，这一理念无法适应土地保护制度设计面临的挑战。我国目前土地保护制度设计面临的主要挑战表现为：水土流失严重，土地荒漠化加剧，耕地退化、盐渍化和酸雨的发展突出，非农业建设用地大幅度增加、浪费严重，农用地锐减等问题。针对这一形势，土地保护立法理念和原则必须转变为以提高效益、减少污染、改善生活质量和改进公共关系为目标，建立土地、经济、环境相协调的综合规划和决策体制。

2. 现行立法规定带有较明显的计划经济时代的特征，没有反映出市场经济条件下的管理理念，缺乏强制与激励相结合及政府、市场与社会调节相结合的有效机制，忽略了政府的合理定位问题，从而影响了土地保护目标的实现。

3. 制度设计不协调、不系统，缺乏统筹。主要表现为：在耕地保护、湿地生态补偿、污染场地修复等主要领域制度缺失或不完善。

（二）土地保护政府管制制度存在问题

1. 现行土地保护政府管制制度带有较明显的计划经济时代的特征，没有反映出市场经济条件下的管理理念。

（1）土地规划制度不完善。第一，现行的规划体系中，规划的种类及层级多，且各自的功能、地位及衔接关系不清，从而无法发挥土地利用总体规划在土地利用上的总体指导和协调功能。例如，土地利用总体规划与城市总体规划及其他专项规划不衔接，制约了城市土地立体的综合开发与利用和容积率的提高。根据现行土地管理法的规定，城市总体规划，必须与土地利用总体规划衔接；但在实际生活中，二者很难协调。城市规划编制、审批通过在前，土地利用总体规划编制、修订在后，造成协调工作的被动。①② 第二，规划自身体系与内容不完善。第三，现行的分区规划的制订及实施透明度不够，分区规划无法得到民众的认同与支持，从而使其实施效力大打折扣。第四，现行的分区规划中，有许多分区界线的划定未完全以街道或建筑物为原则，造成一宗土地或一栋建筑物可能跨越不同的使用分区，产生土地使用及管理上的问题。

（2）土地供应计划制度不完善。第一，供应计划流于形式，供应计划基本上没有约束力。第二，土地供应计划不公开，失去计划的调控作用。第三，土地供应计划偏重于农用地转为非农用地的数量，而忽视了存量土地供应。第四，土地供应计划难以真正达到预期目的。土地利用总体规划、年度建设用地计划和城市规划分别是

---

① 张玉民：《浅议城市总体规划与土地利用总体规划间的协调》，载《科技情报开发与经济》2002 年第 3 期。

② 杨广军：《城市规划区内土地管理存在问题》，载《中国土地科学》2001 年第 5 期。

由土地管理部门和规划部门主持制定的，而每年土地出让的实际操作者也是这两个部门。那么就可能出现这种情况：当计划数与实际出让数不一致时，修改计划就可使之一致起来。①

（3）土地储备制度不完善，没用达到制度设计的目的。合理的土地储备制度应达到以下目标：严格控制新增建设用地，盘活存量和消化利用闲置土地，优化土地资源配置，建立以土地供给引导和制约需求的新机制，保证城市土地资产的保值增值，促进土地资源的可持续利用。

2. 土地保护政府管制制度基本表现为行政强制实施的特征，20世纪90年代后，正逐步转向行政强制实施与经济刺激相结合，但行政指导机制和行政合同机制只是个别特例。

3. 土地保护制度设计不协调、不系统，缺乏统筹。主要表现在土地保护制度改革的阶段性目标和总体目标的关系、直接土地保护与间接土地保护的关系、集中土地保护与分散土地保护的关系、重点管理与分类管理的关系上。

4. 在认识水平不太高、方法不完善、信息不充足的情况下，还容易出现“政府失灵”，产生不利于土地保护的后果。

（三）土地保护市场调节制度存在的问题

我国传统的土地保护法律制度忽略了市场调控机制的作用，即使利用了一定的经济刺激也依赖于行政实施，因此中国土地保护法的整体内容仍带有计划经济色彩。这些现状与立法背景有一定联系。中国土地保护法律体系中的大量法律、法规和规章都产生在计划经济或由计划经济向市场经济转轨的时期，在这样的背景下，土地保护立法难以实现对市场机制的灵活运用。随着市场经济体制的建立，

① 郑拴虎：《完善土地计划管理、实现城市可持续发展》，载《中国土地科学》1996年第3期。

其弊端日益显露，主要表现为：缺少土地保护交易市场，缺乏价格信号，土地开发、利用和配置的经济合理性缺乏依据，计划存在一定的盲目性；缺乏市场流动性，难以实现土地的优化配置，难以提高土地的使用效率；缺乏市场激励，难以有效地调动土地保护的积极性。此外，在认识水平不太高、方法不完善、信息不充足的情况下，还容易出现“市场失灵”，产生不利于土地保护的后果，尤其是市场化的生态补偿机制缺失。

（四）土地保护社会调整制度存在的问题

土地保护社会调整制度主要指公众参与制度。公众参与是符合土地保护管理特点的富有成效的制度，在国际社会和各国的理论与实践中具有十分重要的地位和作用。许多的国际法文件如《世界人权宣言》《公民政治权利公约》《环境与发展宣言》《21 世纪议程》等都对公众参与提供了国际法依据，公众参与作为实现可持续发展的重要手段之一已成为世界各国的共识。许多国家的土地保护法规也对公众参与作了具体而明确的规定 。我国在以往的立法中，关于公众参与也作出了一些规定。但是，公众参与制度并未真正建立，现行立法存在的问题也是明显的。主要问题如下：

（1）公众参与主体地位不明确，公众参与土地保护所享有的权利和承担的义务不明确，此外有些部门假借对公众专业知识的担忧，堂而皇之地漠视公众意见，公众的监督权受到蔑视，导致公众参与被动性强、参与度不足、效果差。公众参与度不足体现在：各种团体和部分公众参与身份没有明确界定，主动参与缺乏进入渠道和信息支持。

（2）公众参与形式单一。当前的公众参与形式单一，从参与的内容来看，主要是参与宣传教育，对决策的参与重视不够；从参与的过程来看，主要侧重于事后的监督，事前的参与不够。即使是参加听证会或论证会，与会人员的社会阶层和人数，也由组织者自行决定，这常常引发对与会代表身份的质疑，削弱了会议的公正性。

其实，真正的公众参与，包括预案参与（指公众在土地保护政策、规划制定中和开发建设项目实施之前的参与）、过程参与（指公众对土地保护法律法规、政策、规划、计划及开发建设项目实施过程中的参与）、行为参与（指公众“从我做起”，自觉实施土地保护的参与）和末端参与。只有这四个参与有机结合、同时运作，才是完整的公众参与，才能通过公众参与实现土地保护管理目标。

（3）公众参与缺乏程序保障，公众参与成本过高。目前我国的公众参与多限于一些原则性的规定，没有做到从法律机制、经费保障和可操作程序上加以细致规定。

（4）社会团体特别是非政府组织的数量、规模、资金、影响仍然非常有限。这些组织中大部分还是自上而下的、由政府扶持的官办型民间组织，真正由民间人士发起成立的自下而上的草根型民间组织寥寥无几，而且每个组织的会员人数最多也不过几千人，民间组织的资金数量更是有限。这与发达国家非政府组织数量之多、规模之大和资金之雄厚都有很大的差距。受非政府组织数量、规模、资金的影响，非政府组织在土地保护中的作用就显得十分有限，表现在公众中知名度、认同度不够，对政府的决策影响不大，对企业等对土地保护有较大影响的主体没有太多的制约，在维护公众土地保护权益上没有起到应有的作用，在国际土地保护事务中几乎没有什么影响。①

（5）信息不对称，信息公开不充分。公众对土地保护不够重视的一个很重要的原因是信息不对称。一般公众无法获取足够的信息量。信息不公开，公众参与将是一句空话。目前国内在信息公开方面存在一定缺陷，政府机构和政府官员事实上对公共信息进行了一定垄断，并依靠它对决策权实现了垄断，从而使许多公共事务的处

① 李艳芳：《我国公众参与环境保护的局限性》，载《中国环境报》2004年3月5日。

理变成了在政府内部处理。此外，企业土地保护信息披露制度缺乏，也导致公众难以获取相关信息。

三、完善土地保护法的改革取向

今后，深化我国土地保护法律制度改革的总体取向是在土地、经济、环境综合决策的理念下，将土地保护政府调控机制、市场调节机制、社会调整机制三种机制有机结合起来，建立高效、科学、合理的土地保护制度体系。根据深化我国土地保护法律制度改革的总体取向和现行制度存在的问题，设计如下具体对策。

（一）转变制度设计理念和原则

土地保护制度设计理念从应付资源危机而实行节约和缩减，转变成以提高效益、减少污染、改善生活质量和改进公共关系为目标，确立制度设计应遵循的新原则主要包括：统筹兼顾原则，分类管理原则，重点管理原则，混合调整原则，土地、经济与环境综合决策原则，有偿使用原则，集约利用原则等。

（二）完善土地保护法律调整机制

首先，完善政府调整机制。主要措施包括：（1）完善土地保护管理体制。较为完善的土地保护管理体制应该包括：在各级政府设立土地保护管理机构并赋予相应的职能，基本建立起政府土地保护管理机构与相关政府部门之间的工作协调机制；具备土地利用管理、服务、监测与统计四位一体的能力。（2）改革政府管理方式。改变过去以行政强制为主的管理方式，实行行政强制、经济激励、行政指导、行政合同四种机制有机结合的管理模式。同时由强制性手段为主转向以经济激励手段为主。（3）合理界定政府土地保护职能和地位。土地保护具有公共事务的性质，政府必须起主导作用。应将政府在土地保护领域的主要职能定位在：制定土地税收等经济政策，强化市场信号；制定土地保护规划、法规和标准；提供信息服务，包括公众宣传、教育与培训等；资助和鼓励土地保护技术研究、开发和示范等。（4）改革现行土地保护政府管制制度，反映出市场经济条件下的管理理念。

其次，完善土地保护市场调节机制。主要措施包括：改革价格形成机制，建立有助于土地保护的价格体系；改革土地产权制度，建立有助于土地保护的产权体系；建立依靠市场调节手段的新制度，如节地配额交易制度等。

最后，完善土地保护社会调整机制。主要措施包括：合理界定社会调整功能空间，健全社会调整保障措施；加强中介机构建设，健全公众参与制度。制定有效的办法和措施，充分发挥各种中介机构的作用。组织开展土地保护技术服务，促进土地保护新技术、新工艺、新材料和新设备的推广应用。在发展中介机构过程中，既要确保其独立性，又要建立有效的监督机制，使其能够真正发挥服务职能。

（三）综合运用政府、市场、社会三种机制解决关键问题

针对我国土地保护面临的主要挑战，本书运用三种机制重点解决土地规划、土地储备、污染场地修复、地质灾害防治、湿地保护、耕地保护、土地盐渍化防治等问题。

第二章　土地利用规划制度

第一节　概　述

一、土地利用规划的概念、特点及意义

（一）土地利用规划的概念

人类社会的发展史就是一部土地利用史。土地利用规划是人类社会对土地有序利用的标志，体现了人类开始重视对土地的可持续利用，即以土地用途、功能定位等为核心的可持续利用。现代意义上的土地利用是“人们为了达到经济和社会发展目的，采用一定的技术措施对土地资源进行利用以满足自身需要的过程，它是对某一国家、地区、单位之土地，在社会需要的不同方面，在国民经济各个不同部门和各个不同项目上的分配和使用”。

联合国粮农组织《土地利用规划指南》认为：“土地利用规划是指对自然、社会和经济因素的系统评价，以此来鼓励和帮助土地利用者选择提高其生产力、可持续利用和满足社会需要的最佳途径。”加拿大《土地利用规划规程》认为：“土地利用规划是土地利用的空间安排和影响土地利用的政府行为的拟议过程。”

综上，土地利用规划是作为公共利益代表的国家，对土地资源在未来一定时期的利用作出的导向性安排，其目的是满足不同行业、主体对土地的需求，实现对土地的可持续利用。

（二）土地利用规划的特点

1. 公共性

公共性指代表社会公共利益的国家，借助规划对土地的整体利用、未来利用等作出安排。主要表现在以下两个方面：（1）土地利用规划必须是政府意志的体现，政府必须对土地利用行为进行干预，世界各国普遍通过土地利用规划干预土地利用行为；（2）规划具有严肃性，土地利用规划必须从整体上进行设计，下一层级的规划必须服从上一层级的规划，不得突破。

2. 法定性

土地利用规划的法定性主要包括规划主体法定性、职权法定性、程序法定性和内容具有法律效力几个方面。为制约规划主体的裁量权，土地利用规划最起码要求有组织法上的根据，规划的编制、实施必须遵循法治的轨道，一经确定，不得任意修改。此外，规划的修改也必须经过严格的法定程序，不能任意进行。

3. 目标多重性

规划目标有社会经济与生态环境的目标，有个人、地区或国家的目标，各目标所代表的利益群体不同，对于规划的诉求亦不相同，因此编制规划时应当考虑各主体的目标与利益诉求，最终在规划编制与实施中实现土地的最优利用。

4. 动态性

动态性是指在规划实施过程中，应当依据实施的反馈进行修正，在实践中体现为规划的修改行为。这是由规划本身的不确定性决定的。规划作为长期的战略发展计划，具有明显的未来导向性，由于社会经济不断发生变化，在实施过程中保持一成不变是不可能的。规划必然要随社会经济的发展而不断发展完善。

（三）土地利用规划的意义

实践表明，各级土地利用规划的编制与实施，不仅为各级政府制订和实施土地利用年度计划提供依据，而且对农用地和建设用地的划分和管理为我国的粮食安全和建设发展提供了土地保障。总体而言，土地利用规划的编制和实施一定程度上增强了各级政府对土地利用的宏观调控能力，促进了我国有限土地资源的开发、利用、治理和保护。

二、土地利用规划法制的基本原则

法律的基本原则是指可以作为法律规则的基础或本源的综合性、稳定性原理和准则，是指导具体法律规则的规范原理和价值准则。土地利用规划法制的基本原则能够集中反映土地利用规划法规的本质，贯穿于整个土地利用规划法律规范体系，并且在土地利用规划法律规范体系中起主导作用。土地利用规范法制的基本原则在土地利用规划法律体系中具有根本准则的地位和属性。土地利用规划的法规、条例都是基本原则的具体体现。

（一）生态优先原则

20 世纪 70 年代初，我国在发展经济的进程中就已经确立了协调环境保护的政策，即“把防止污染，保护环境列入国民经济计划中”。1979 年环境保护法（试行）第一次规定“国务院和所属各部门、地方各级人民政府必须切实做好环境保护工作；在制定发展国民经济计划的时候，必须对环境的保护和改善统筹安排，并认真组织实施……”1989 年环境保护法再次确认该项原则：“国家制定的环境保护规划必须纳入国民经济和社会发展计划。国家采取有利于环境保护的经济、技术政策和措施，使环境保护工作同经济建设和社会发展相协调。”2015 年环境保护法将经济发展与环境保护相协调明确改为保护优先，规定“环境保护坚持保护优先、预防为主、综合治理、公众参与、损害担责的原则”。

与环境保护一脉相承，土地资源的开发、利用同样需要遵循生态优先原则。为此在土地利用规划过程中，我们必须把人口、资源、环境和社会经济发展统一起来考虑，通过土地空间布局的手段使生态优先原则得以贯彻落实，促进土地利用可持续发展。

（二）保护耕地、合理利用土地原则

保护耕地、合理利用土地原则是指在规划的编制、实施过程中要坚持合理利用土地。土地作为十分宝贵的资源和生产资料，其功能和作用具有不可替代性。我国人均耕地面积较小，耕地总体质量水平较差，不具备充足的后备资源。而且在我国的立法实践中，保护耕地是保护土地资源的重中之重。近些年来，许多地方的乱占耕地、违法批地、浪费土地等现象并未从根本上解决，耕地面积大幅减少，土地资产流失严重，不仅对粮食生产和农业发展造成严重的不良影响，而且不利于整个国民经济的发展和社会的稳定。

不是耕地越多、建设用地越少就是好的“土地利用规划”，严格控制建设用地的目的在于严格控制土地的浪费而非简单控制用地数量。因此在土地利用规划过程中要坚持保护耕地、合理利用土地原则。

（三）正当程序原则

正当程序即正当法律程序。土地利用规划权力属于政府权力的组成部分，因此把“权力装进制度的笼子里”表明行使权力需要依据制度和程序来保障相对人的合法权益。正当程序原则贯穿于土地利用规划运作的各个环节，有助于实现权力与权利的平衡。土地利用规划在编制规划、审批、修改、调整实施的每一个环节都要有严格的程序，而且权力机关也应当遵循严格的程序。正当程序原则的

核心在于公众参与，公众参与土地利用规划体现了土地利用规划的民主化、透明化和公正性。规划工作的民主化、公开化很大程度上能够决定规划的可行性和社会性。

（四）弹性规划原则

土地利用规划的弹性是指规划方案对风险的外来影响的适应能力。“风险的外来影响”一般指具有不确定性的市场因素，而弹性规划原则能够同市场经济中变化因素的不确定性、不可预见性及不可预测性相适应。土地利用规划的实质就是人们对区域未来土地利用状况的预测和安排，预测多建立在现有信息和曾经的经验上，因此出现误差是难以避免的。土地利用规划的弹性能够给该区域土地利用的预测以充分合理的弹性，给该区域未来的各种发展可能留有余地，使得某一区域能够适应社会经济发展的各种变化。

弹性规划可以使规划真正成为政府加强宏观调控的有效手段。虽然弹性规划原则意味着编制规划时为合理利用土地留有空间，但是绝不意味着规划可以随意变动。规划的实施必须是刚性的。

三、土地利用规划体系

土地利用规划体系是指由不同类型、不同层次和不同时序的土地利用规划所组成的既有区别又有联系的有机系统。目前，世界各国土地利用规划模式各不相同，联合国粮食与农业组织将土地利用规划分为国家、区域和地方三个层次。不同的层次上，规划的方法和内容有所不同，各层规划之间是连续的，而且越是低一层次，规划的内容越详细，越需要公众参与。

我国自 1987 年国务院批准原国家土地管理局《关于开展土地利用总体规划工作的报告》的通知下发后，全国大部分地区都进行了土地利用规划的编制工作，基本形成了一个以各级土地利用总体规划为主体的覆盖全国的土地利用规划体系。这一体系主要由以下几

类规划组成：①

1. 土地利用总体规划。土地利用总体规划是指在一定规划区域和时期内，根据当地自然和社会经济条件以及国民经济发展的需要，对土地资源的布局和利用结构进行的一种战略性计划，具有综合性、长期性、区域性和指导性特点。

土地利用总体规划由各级人民政府组织编制，它的核心是确定、调整和优化土地利用结构和用地布局。由于我国地域辽阔、各地区经济发展不平衡，国家不可能对各市、县的土地利用作出具体安排，与此同时，在全国整体的共同利益下，地方也存在着相对独立的经济利益，客观上需要由地方自主出台计划政策。因此，土地利用总体规划的编制和实施，要与我国现行的行政管理体制密切配合，以保证各级人民政府行使管理土地的职能。当前，根据土地利用总体规划所控制的区域范围及层次的不同，土地利用总体规划划分为国家、省、市、县（市）和乡（镇）五个层次的行政区域土地利用规划，以及各种自然区、经济区的土地利用规划，并相应编制了《全国土地利用总体规划纲要》《省级土地利用总体规划编制要点》和《县级土地利用总体规划编制要点》。

土地利用总体规划是土地管理的龙头，其核心是：（1）明确用地指标。以耕地保护为前提，节约、集约利用建设用地为目标，将包括生产、生活、生态用地在内的各类用地加以安排，对建设用地的规模和增长速度加以控制。《中华人民共和国土地管理法》第18条第2款规定，地方各级人民政府编制的土地利用总体规划中的耕地保有量不得低于上一级土地利用总体规划确定的控制指标，建设用地总量不得超过上一级土地利用总体规划确定的控制指标。（2）划分土地利用区，明确土地用途。《中华人民共和国土地管理法》第20条规定，县级土地利用总体规划应当划分土地利用区，明

① 王文革：《土地法学》，复旦大学出版社2011年版，第212～213页。

确土地用途，乡（镇）土地利用总体规划还应当确定每一块土地的用途，并予以公告。

2. 土地利用详细规划。土地利用详细规划是在土地利用总体规划的框架控制和指导下，详细规定各类用地的各项控制指标和规划管理要求，或直接对某一土地使用单位的土地利用作出的具体安排或规划设计。根据我国目前的土地使用情况，土地利用详细规划包括居民点用地规划、交通运输用地规划、水利工程用地规划、耕地规划、园地规划、林地规划、牧草地规划、水产用地规划等。

3. 土地利用专项规划。土地利用专项规划是在土地利用总体规划的控制和指导下，针对土地资源开发、利用、整治和保护过程中的某一专门问题而进行的规划。这类规划主要在于保护现有土地资源，开发提高土地的利用率和生产力。目前，在全国开展得最为普遍的是基本农田保护区规划、土地复垦规划、土地整治规划以及开发区用地规划等。

4. 土地利用年度计划。土地利用年度计划是指国家根据土地利用总体规划和国民经济发展计划，对年度内对各类用地数量的具体安排。根据行政级别，土地利用年度计划由国家、省、地、县四级计划指标所构成。国家级计划，即全国的土地利用计划，主要规定我国国民经济及其各部门的用地比例及规模，是制定下级用地计划的主要依据。当地方计划与国家计划发生矛盾时，地方计划应当服从国家计划，并首先保证国家计划的实现。省、地、县级计划，是国家计划在各地区的具体化。地方计划以全国计划中按地区分列的指标为基本依据，结合本地区的情况，因地制宜地对本地区的土地利用作出具体安排。

根据调控程度分为指令性计划和指导性计划：指令性计划是由国家统一制定的具有法律效力和强制性的计划。《中华人民共和国土地管理法实施条例》第 13 条第 2 款规定，土地利用年度计划应当包括农用地转用计划指标、耕地保有量计划指标和土地开发整理计划指标。这三项计划指标就是指令性计划指标，一经批准下达，必须严格执行。其中农用地转用计划指标为高限指标，要求严格控制，不得随意突破；耕地保有量计划指标和土地开发整理计划指标是低限指标，要求保证完成或超额完成。而指导性计划只规定一定幅度而不具有强制性，计划执行单位一般以指导性计划为依据，结合本部门、本地区实际条件安排计划，可以在一定程度上有所突破并报土地利用计划主管部门备案。国家主要通过经济政策、经济杠杆和经济法规进行指导和调节，必要时辅以行政手段。如城市土地出让计划、闲置土地利用计划、土地征用计划等都属于指导性计划指标。①

土地利用计划与土地利用规划的关系是：土地利用规划是对全部土地资源利用的战略性的长期计划；土地利用计划则是中期和年度的土地利用规划。具体而言二者关系如下：

1. 土地利用规划是土地利用计划编制与实施的依据

为实现土地利用目标，土地利用规划确定了一系列的土地利用控制指标体系，这些控制指标就是编制土地利用计划的直接依据，也是土地利用计划实施的重点。土地利用规划中一般有耕地减少量、耕地补充量、建设用地总量、农用地保有量等控制指标；土地利用计划中相应地应有农用地转用计划、生态退耕计划、土地开发整理补充耕地计划、耕地保有量计划等来保证规划控制指标按年度来落实。

2. 土地利用年度计划是土地利用规划的具体实施计划

土地利用规划的实施需要分年度进行，土地利用年度计划就是在土地利用规划的框架内，依据国民经济发展的具体情况，对土地利用进行年度的调节，以保障规划的贯彻落实。各级政府在审批农

① 国土资源部土地估价师资格考试委员会：《土地管理基础》，地质出版社2000年版，第99～102页。

用地转用、土地开发整理、生态退耕等项目时，除要求符合规划确定的布局外，还应符合土地利用年度计划的要求。土地利用计划起着调节器的作用，可以避免某种土地供应行为在个别年度上过于集中。

四、土地利用规划的任务及目标

（一）土地利用规划的任务

土地利用规划作为一项国家调控土地利用的措施，其任务可概括为以下三个方面：

1. 土地利用的宏观调控

为了加强对土地利用的宏观管理，必须建立一个土地利用宏观管理体系，如用地计划体系、土地信息系统等。土地利用规划则是土地利用宏观管理体系的重要基础，是土地利用宏观控制的主要依据。国家通过土地利用规划协调国民经济各部门的土地利用活动，从而建立适应经济、社会和市场发展需要的合理的土地利用结构，合理配置土地资源，有效地利用土地资源和杜绝土地资源的浪费。

2. 土地利用的合理布局

国家通过土地利用规划在时空上对各类用地进行合理布局，如对农业用地和建设用地以及自然保护区、风景旅游区等专项用地的布局，并对后备土地资源潜力进行综合分析研究，制定相应的配套政策，实施在利用土地的过程中同时保护土地的策略，引导土地资源的开发、利用、整治和保护，以保证充分、合理、科学、有效地利用有限的土地资源，防止对土地资源的盲目开发。

3. 土地利用的规范监督

依据土地管理法的规定，土地利用总体规划一经批准，必须严格执行。这表明土地利用规划具有法律效力，任何人、任何机关不得随意变更土地利用规划方案，各项用地审批必须依据规划，土地利用规划是监督各部门土地利用的重要依据，规划方案的修改也必须按照编制规划的法定程序进行。

（二）土地利用规划的目标

土地利用规划的目标就是要在规划期内实现的土地利用结构和各类用地的布局。具体来讲，土地利用规划的目标是在土地利用结构研究的基础上，根据国民经济发展的长期规划对土地资源的需求、土地资源的供给状况、土地的人口承载潜力和土地利用战略的研究现状，提出规划区域所应实现的土地利用目标。我国确定的土地利用规划的目标是：实施耕地总量动态平衡的战略思想；逐级落实三项指令指标，实现土地资源的可持续利用和管理；保证重点项目的用地需求；严格控制城市用地外延扩展；优先安排农用地；因地制宜发展园、林地，防止水土流失，改善生态环境；合理调整土地利用机构和布局，提高土地利用效率。

第二节　立法沿革

一、我国土地利用规划的历史进程

1. 1986 年以前的阶段

20 世纪 50 年代初，土地利用规划这一概念从苏联传入我国，当时被称为“土地整理”，50 年代后期改称为“土地规划”。从新中国成立至 1978 年，我国并不存在整体的、完善的土地利用规划，且当时的土地利用规划为比较单一的农业用地规划，例如，新中国成立之初的土地利用规划是为了发展农业生产，侧重的是国营农场；农业合作社阶段的土地利用规划目的在于从经济上和组织上巩固社会主义农业，创造最适宜的土地组织条件；在人民公社化期间，农业部土地利用局向全国发布“关于开展人民公社土地利用规划工作的通知”，人民公社土地规划内容比较广泛，是与农林牧副渔和工农商学兵全面相结合进行的；在1963年至1966年上半年期间，土地利用规划的任务是继续巩固人民公社经济，为实现农村技术改革创造土地组织条件。

我国从“文化大革命”到改革开放期间的土地利用规划基本上都是围绕荒地开发和基本农田建设的农业土地利用规划，主要是以编制农业的土地利用规划为重点，解决局部地区土地利用存在的问题。①

2. 1986—1996年的阶段

1986年，我国制定了土地管理法，成立了国家土地管理局，以加强土地的宏观管理，实现土地的合理利用。1986年土地管理法第15条规定，各级人民政府编制土地利用总体规划经上级人民政府批准执行。在这一背景下，我国开始进行第一轮全国土地利用规划（1986—2000年）的编制。第一轮全国土地利用规划编制的背景和目的同1986年土地管理法制定的背景和目的一致，即我国第一轮全国土地利用规划（1986—2000年）是以“我国经济建设加快发展过程中出现的建设用地规模扩张过快、耕地大量减少”为背景制定的。1993年2月国务院正式批准实施《1986—2000年全国土地利用总体规划纲要》。这是我国第一部土地利用总体规划。

在1996年年底，我国大部分省、自治区、直辖市完成了省级土地利用总体规划的编制工作。新中国第一批土地利用总体规划的实施，在协调各行业用地、保护耕地、合理开发利用后备土地资源等方面发挥了重要作用。

---

① 张占录、张正锋主编：《土地利用规划学》，中国人民大学出版社2006年版，第16～18页。

3. 1997—2006 年的阶段

1998 年，我国修订土地管理法，土地利用总体规划的法律地位得以确立，土地利用总体规划对城乡土地利用的整体调控作用得到强化。在 1998 年修订的土地管理法中，调整幅度最大的内容便是规划制度，在 86 个条款中，单独列出土地利用总体规划的条款共计 14 条，使得土地利用规划的编制实施以及法律地位都有较大提升。

20 世纪 90 年代末我国出现了大量的非农建设占用耕地这一情形，这一背景推动了土地管理法的修订，同样也推动开展了第二轮全国土地利用规划的修编。1997 年 7 月在全国范围内开展了第二轮土地利用总体规划的编制工作。这一轮土地利用总体规划修改是以非农建设大量占用耕地为背景，以实施贯彻中央 11 号文件，实施两个“冻结”政策为前提条件进行的，将耕地总量不减少作为战略目标，整个规划的部署、控制、土地开发与保护等都在围绕耕地数量做文章。① 1999 年 4 月，国务院正式批准并发布《1997—2010 年全国土地利用总体规划纲要》。这一阶段土地利用总体规划最大的特点便是按照耕地总量动态平衡等新要求编制规划。

《1997—2010 年全国土地利用总体规划纲要》的实施，对于促进耕地保护具有重要意义。全国大部分地区基本农田面积保持稳定，同时有效控制了非农建设占用耕地的行为，促进了节约、集约利用土地。

4. 2006 年后的阶段

2006 年我国开始了第三轮全国土地利用规划（2006—2020 年）的修编。城市化、工业化进程加快，人地矛盾日益加剧成为此次修编的重要原因，同时产业结构调整和生态环境建设也对土地资源管理提出了新挑战。因此修编的重点是“解决如何协调保护农用地与

① 冯广京、严金明：《土地利用总体规划修编的战略思路》，载《中国土地科学》2002 年第 2 期。

保障经济发展用地关系的问题”。2006 年，国务院没有批准国土资源部提交的《全国土地利用总体规划纲要（2006—2020 年）》，主要原因在于该纲要没有守住 18 亿亩耕地这一红线。《全国土地利用总体规划纲要（2006—2020 年）》在 2008 年才获得批准。

《全国土地利用总体规划纲要（2006—2020 年）》首次明确提出为了环境保护所需的土地规划。《全国土地利用总体规划纲要（2006—2020 年）》中的土地利用规划目标之一是土地生态保护和建设取得积极成效，提出“控制生产用地，保障生活用地，提高生态用地比例，促进城镇和谐发展”，并在第五章第一节“加强基础型生态用地保护”中提出：“规划期内，具有重要生态功能的耕地、园地、林地、牧草地、水域和部分未利用地占全国土地面积的比例保持在 75% 以上。”

二、土地利用规划立法现状

（一）土地利用规划的基本法律

土地利用规划基本法律是对土地利用规划关系进行综合性法律调整。第二次修订的土地管理法专章规定了“土地利用总体规划”，属于关于土地利用规划的基本法律规范，在土地利用规划法律体系中处于中心地位，也是其他土地利用规划法律、法规和规章的立法基础。此外，土地管理法分别在“耕地保护”“建设用地”“法律责任”的章节中设置了关于土地利用总体规划的执行条款。例如，第 34 条规定：“国家实行基本农田保护制度。下列耕地应当根据土地利用总体规划划入基本农田保护区，严格管理……”第 52 条规定：“建设项目可行性研究论证时，土地行政主管部门可以根据土地利用总体规划、土地利用年度计划和建设用地标准，对建设用地有关事项进行审查，并提出意见。”

（二）土地利用规划的其他法律

单一的基本法律无法整体覆盖广泛的土地利用规划关系，而必须有其他法律部门的积极配合，共同发挥作用。从表面形式来看，虽然这些法律规定隶属其他法律而没有划归土地利用规划法律部门，但从内在功能来看，它们与土地利用规划法律规范具有同一性或者互补性，应当属于土地利用规划法律体系的重要组成部分。例如，《中华人民共和国城乡规划法》第5条规定："城市总体规划、镇总体规划以及乡规划和村庄规划的编制，应当依据国民经济和社会发展规划，并与土地利用总体规划相衔接。"《中华人民共和国城市房地产管理法》第10条规定："土地使用权出让，必须符合土地利用总体规划、城市规划和年度建设用地计划。"《中华人民共和国草原法》第20条规定："草原保护、建设、利用规划应当与土地利用总体规划相衔接，与环境保护规划、水土保持规划、防沙治沙规划、水资源规划、林业长远规划、城市总体规划、村庄和集镇规划以及其他有关规划相协调。"

（三）土地利用规划的行政法规、部门规章

土地利用规划行政法规是由国务院制定并公布或者经国务院批准而由有关部门公布的土地利用规划规范性文件。行政法规一般具有较强的针对性、操作性，属于土地利用规划法律体系的有机组成。例如，1998年通过的《基本农田保护条例》的制定目的在于对基本农田实行特殊保护、促进农业生产和社会经济的可持续发展，其中基本农田保护区是指为对基本农田实行特殊保护而依据土地利用总体规划和依照法定程序确定的特定保护区域。第8条规定："各级人民政府在编制土地利用总体规划时，应当将基本农田保护作为规划的一项内容，明确基本农田保护的布局安排、数量指标和质量要求。县级和乡（镇）土地利用总体规划应当确定基本农田保护区。"《中

华人民共和国土地管理法实施条例》落实土地管理法的相关条款，进一步明确了土地利用总体规划的编制、土地分类、批准公告、规划修改、土地利用年度计划、规划执行以及规划责任等内容。

土地利用规划部门规章是由国务院国土资源主管部门或者国务院其他依照法律行使土地管理权力的部门制定的土地利用规划规范性文件。与行政法规相比，国土资源管理部门规章数量更多，操作性更强，涉及的问题更为具体。例如，2006 年第二次修订的《土地利用年度计划管理办法》贯彻加强土地管理和调控、严格实施土地用途管制、切实保护耕地、合理控制建设用地总量的基本思路，分别从计划的编制、执行、监督和考核等纲目具体规范计划年度内新增建设用地量、耕地保有量、土地开发整理补充耕地量。2017 年《土地利用总体规划管理办法》在总结《土地利用总体规划编制审查办法》（已被废止）的基础上，增加了土地利用总体规划的实施、修改、监督和罚则等部分，并对土地利用总体规划的地位、要求、编制方针、规划内容、审查、报批等进行了细化。

（四）土地利用规划的地方法规、规章

我国土地利用总体规划分为国、省、市、县、乡五级，这是由于我国地域广阔，各地的自然条件、地理环境差异较大且经济社会发展状况不均衡。各地对于自身的具体情况，在不与上位法抵触的前提之下，制定关于土地利用规划的地方法规、规章。

（五）土地利用规划的技术规范

技术规范是关于土地利用规划编制、保证土地利用规划有效实施的准则、标准。技术规范受到法律的确认即成为技术性法规。技术规范属于土地利用规划的行业标准，具有法律的基本属性，与其他土地利用规划法律、法规相互结合，不仅是判断土地利用规划是否具有科学性、合理性的法定依据，而且是实现土地利用规划管理

目标必不可少的重要工具。

我国目前关于土地利用规划技术规范主要包括《土地开发整理规划编制规程》《省级土地开发整理规划编制要点》等。

第三节　土地利用规划的主要内容

一、土地利用总体规划

（一）具体内容

土地利用总体规划内容包括：土地利用现状分析、土地利用潜力分析、土地利用需求量预测、土地利用结构优化布局、土地利用规划效益预测等。土地利用总体规划的核心是确定或调整土地利用结构和用地布局。

土地利用总体规划内容的实质是对有限的土地资源在国民经济部门间的合理配置，即土地资源部门间的时空分配（数量、质量、区位），具体借助于土地利用结构加以实现。时间、空间、用途和数量是构成土地资源配置的四项要素。土地资源配置状态具体借助于土地利用结构和布局加以反映和表现。土地利用结构是指国民经济各部门占地的比重及其相互关系的综合。土地利用结构可视为土地利用类型按照一定的构成方式所组成的集合。一定的经济结构和生产结构可以通过相应的土地利用结构得到反映。产业结构的调整，在土地利用领域中就是土地利用关系和结构的调整。土地利用结构是客观存在的事物，无时不在，关键在于其结构的合理性。依据系统论的观点，结构决定功能。只有合理的土地利用结构，才能够保证在一定地域内土地利用系统的良性循环、优化结构、合理配置、强化功能，以较少的消耗或投入取得较高的效益或产出。

由于土地资源的总量是一定的，不同用途的土地之间必然存在竞争性。因此土地利用总体规划必须解决在各种竞争性用途之间合理分配土地资源和提高土地资源的利用效率这两个问题。使有限的土地资源利用促进国民经济发展和其他社会目标的实现是土地利用结构和土地资源合理配置的重要任务。

依据《土地利用总体规划管理办法》，土地利用总体规划包括编制、审查、实施、修改四个部分。

（二）编制

1. 编制原则

根据土地管理法第 19 条的规定，土地利用总体规划按照下列原则编制：

第一，严格保护基本农田，控制非农业建设占用农用地。除国家重点建设的基础设施、能源、交通等对国民经济具有重大影响的项目外，确实无法避开农用地的，经依法批准，才能够占用农用地。

第二，提高土地利用率。土地利用总体规划的编制必须充分考虑利用现有的土地，尤其是要充分利用现有的建设用地，避免规模的扩张。建设用地内能够避开农用地的，要尽量不用公用地或者尽量少用农用地，以保护基本农田不减少。

第三，统筹安排各类、各区域用地。土地利用总体规划对农用地、建设用地及建设用地中不同类别用地进行统筹安排，对不同区域的土地应当合理利用、统筹规划。

第四，保护和改善生态环境，保障土地的可持续利用。在制定土地利用总体规划时，应当把保护环境和改善环境作为非常重要的内容，只有环境得到了切实的保护和改善，土地的可持续利用才有保障。

第五，占用耕地与开发复垦耕地相平衡。随着我国经济的不断发展，基础设施和工业建设必然会占用一部分耕地，而我国的耕地资源又十分宝贵，在这种情况下，为了保证我国耕地总量不减少，就必须保持占用耕地与开发复垦地相平衡，如此才能达到这一要求。

第六，编制土地利用总体规划应当坚持政府组织、专家领衔、部门协助、公众参与的工作原则。随着我国民主政治生活的不断推进，公民越来越多地参与到政治生活中。而且基于土地利用不可逆这一特性，专家和公众参与规划编制有利于确保土地利用总体规划的科学性和民主性，保障公众对土地利用的知情权。

2. 具体编制规范

下一级总体规划应当依据上一级土地利用总体规划编制。地方各级人民政府编制的土地利用总体规划中的建设用地总量不得超过上一级土地利用总体规划确定的控制指标，耕地保有量不得低于上一级土地利用总体规划确定的控制指标。省、自治区、直辖市人民政府编制的土地利用总体规划，应当确保本行政区域内耕地总量不减少。

土地利用总体规划由同级政府编制并报上级政府批准。全国土地利用总体规划，由国务院国土资源主管部门会同国务院有关部门编制，报经国务院批准。省、自治区、直辖市的土地利用总体规划，由省、自治区、直辖市人民政府组织本级国土资源主管部门和其他有关部门编制，报经国务院批准。省、自治区人民政府所在地的市、人口在100万以上的城市以及国务院指定的城市的土地利用总体规划，由各该市人民政府组织本级国土资源主管部门和其他有关部门编制，经省、自治区人民政府审查同意后，报国务院批准。其他土地利用总体规划，由有关人民政府组织本级国土资源主管部门和其他有关部门编制，逐级上报省、自治区、直辖市人民政府批准。其中，乡（镇）土地利用总体规划由乡（镇）人民政府编制，逐级上报省、自治区、直辖市人民政府或者省、自治区、直辖市人民政府授权的设区的市、自治州人民政府批准。

《土地利用总体规划管理办法》规定了相关的编制规范。土地利用总体规划大纲包括规划背景、土地利用现状与评价、指导思想和原则、土地利用战略定位和目标、土地利用规模、结构与总体布局、规划实施措施。

在土地利用总体规划的编制中，《土地利用总体规划管理办法》还设置了保障公众权益的措施。对于直接涉及公民、法人和其他组织合法利益的规划内容，应当采取公告、听证或者其他方式听取公众的意见。采取公告方式听取意见的，公告时间不得少于30日。采取听证方式听取意见的，按照《国土资源听证规定》的程序进行。征询、听取和采纳公众意见的情况应当作为规划报送审查材料一并上报。

土地利用总体规划编制内容具体包括以下几个方面：现行规划实施情况评估；规划背景；土地利用现状与评价；土地供需形势分析；土地利用战略；确定规划主要目标（包括耕地保有量、基本农田保护面积、建设用地规模和土地整理复垦开发安排等）；土地利用结构、布局和节约集约用地的规划方案；土地利用的差别化政策；规划实施的责任和保障措施；规划图件和图则；规划说明以及与相关规划协调衔接的情况。乡（镇）土地利用总体规划可以依据实际情况，对上述内容加以简化。

依据《土地利用总体规划管理办法》，不同层级的土地利用总体规划具有不同特点。省级土地利用总体规划应当对以下内容做出重点安排：国家级土地利用任务的落实情况；重大土地利用问题的解决方案；各区域土地利用的主要方向；对市级土地利用的调控；土地利用重大专项安排；规划实施的机制创新。市级土地利用总体规划应当对以下内容做出重点安排：省级土地利用任务的落实；土地利用规模、结构、布局和时序安排；土地利用功能分区及其分区管制规则；中心城区土地利用控制；对县级土地利用的调控；基本农田集中划定区域；重点工程安排；规划实施的责任落实。县级土地利用总体规划应当对以下内容做出重点安排：市级土地利用任务的落实；土地利用规模、结构、布局和时序安排；土地利用管制分区及其管制规则；中心城区土地利用控制；对乡（镇）土地利用的调控；基本农田保护区的划定；城镇村用地扩展边界的划定；土地整治的规模、范围和重点区域的确定。乡（镇）土地利用总体规划应当对以下内容做出重点安排：耕地、基本农田地块的落实；县级规划中土地用途分区、布局与边界的落实；地块土地用途的确定；镇和农村居民点用地扩展边界的划定；土地整治项目的安排。

土地利用总体规划图件包括：土地利用总体规划图；土地利用总体规划附图，附图包括规划现状图、专题规划图和其他图件等。

（三）审查

1. 审查内容

依据《土地利用总体规划管理办法》第25条、第26条的规定，我国目前土地利用总体规划审查分为两部分，土地利用总体规划大纲和土地利用总体规划均需进行审查报批。

省、市、县土地利用总体规划大纲经本级人民政府同意后，逐级上报规划审批机关同级的国土资源主管部门审核。土地利用总体规划大纲未通过审核的，有关国土资源主管部门应当根据审核意见修改土地利用总体规划大纲，按照规定程序重新上报审核。国土资源主管部门应当对土地利用总体规划大纲的指导思想、战略定位、基础数据、规划目标、土地利用结构与空间布局等内容进行审查。

土地利用总体规划大纲审查通过后，有关国土资源主管部门应当依据审查通过的土地利用总体规划大纲编制土地利用总体规划。

土地利用总体规划按照下级规划服从上级规划的原则，依法自上而下审查报批。审查时应当提交以下材料：规划文本及说明；规划图件；专题研究报告；规划数据库；征求意见及论证情况、土地利用总体规划大纲审核意见及修改落实情况等其他材料。

2. 审查程序

依据《土地利用总体规划管理办法》第28条的规定，有关国土资源主管部门应当自收到人民政府转来的下级土地利用总体规划之日起5个工作日内，送其他有关部门和单位征求意见；自收到其他有关部门和单位的意见之日起30日内，完成规划审查工作。在土地利用总体规划的审查过程中若有较大分歧，有关国土资源主管部门应当组织其他有关部门和单位进行协调。因特殊情况，确需延长规划审查期限的，经本部门主要负责人批准，可以延长30日。

国土资源主管部门对土地利用总体规划审查主要依据现行法律法规、规章及相关规范；国家有关土地利用和管理的方针和政策；上级土地利用总体规划；土地利用相关规划以及其他可以依据的基础调查资料等。

土地利用总体规划审查的重点内容包括：现行规划实施评价；土地利用现状与评价；规划目标；土地利用规模、结构、布局和时序；土地利用主要指标分解情况；规划衔接协调论证情况和公众参与情况；规划实施保障措施；规划图件、数据库成果。

国土资源主管部门应当依据审查情况和相关部门意见，提出明确的审查结论，提请有批准权的政府审批。

（四）实施

土地利用总体规划的实施是实现土地用途管制的重要方法。土地利用总体规划的实施凭借县、乡级具有约束力的规划，并通过规模边界控制、土地用途分区制度实施。

规模边界控制是指建设用地与其他用地的界限必须清晰。土地利用总体规划划定的城乡建设用地管制边界和管制区域，必须严格执行，未经依法批准，不得擅自突破。城市总体规划、村庄和集镇规划，应当与土地利用总体规划相衔接，城市总体规划、村庄和集镇规划中建设用地规模不得超过土地利用总体规划确定的城市和村庄、集镇建设用地规模。市、县在不改变允许建设区规模、不突破城乡建设用地扩展边界和有条件建设区的前提下，可以制定城乡建设用地规模边界调整方案，经土地利用总体规划审批机关同级的国土资源主管部门同意后，调整允许建设区和有条件建设区的空间布局。

土地利用总体规划实施评估应当包括以下内容：耕地和基本农田保护落实情况；节约集约用地落实情况；建设用地规模、结构及空间布局实施情况；生态用地保护落实情况；土地利用重大工程与重点建设项目实施情况；规划实施措施执行情况；规划背景重大变化情况；评估结论。

土地用途区分是指土地利用总体规划应当将土地划分为农用地、建设用地和未利用地。县级和乡（镇）土地利用总体规划应当根据需要，划定基本农田保护区、土地开垦区、建设用地区和禁止开垦区等；其中，乡（镇）土地利用总体规划还应当根据土地使用条件，确定每一块土地的用途。乡（镇）土地利用总体规划经依法批准后，乡镇人民政府应当在本行政区域内予以公告，公告应当包括规划目标、规划期限、规划范围及地块用途批准机关和批准日期等内容。

在实务中，是否符合土地利用总体规划是判断土地利用行为合法与违法的标准之一，并影响土地违法行为的后续处理结果。如对于买卖或者以其他形式非法转让土地或未经批准非法占用土地行为的、对于违反土地利用总体规划擅自将农用地改为建设用地的，限期拆除在非法转让的土地上新建的建筑物和其他设施，恢复土地原状；对于符合土地利用总体规划的，没收在非法转让的土地上新建的建筑物和其他设施。

（五）修改

修改土地利用总体规划的，由原编制机关根据国务院或者省、自治区、直辖市人民政府的批准文件修改。为确保规划的法定性和严肃性，仅发生下列情形时可以对原规划进行修改：国家或者省级重大战略实施、重大政策调整、经济社会发展条件发生重大变化；

经国务院或者省级人民政府及其投资主管部门批准的能源、交通、水利、矿山、军事设施等建设项目；重大自然灾害抢险避灾、灾后恢复重建行政区划调整；重要民生项目建设；法律、行政法规规定的其他情形。

申请修改土地利用总体规划，应当报送下列材料：规划修改方案主要内容（包括规划修改的原因、依据、主要内容、方案评价和措施建议）；规划修改方案主要表格（包括土地利用结构调整情况表、规划指标调整情况表、建设用地空间管制分区变化情况表）；规划修改方案主要图件（包括土地利用总体规划修改图、土地利用总体规划修改前后对比图、土地利用分区调整图、建设用地空间管制分区调整图）；规划修改方案数据库成果；规划修改征求意见情况、修改说明等其他材料。属于评估后修改的，还需要同时报送规划实施评估报告。

土地利用总体规划修改应当重点审查下列内容：是否必要；是否符合法律、法规和本办法规定的适用范围；是否符合国家战略和土地利用管理政策，是否符合保护耕地、节约集约用地和改善生态环境的要求；主要指标安排是否合理、可行，与上级规划是否衔接，涉及增加规划指标的，增加的途径是否落实；是否与相关规划协调；实施措施是否落实了土地用途管制的要求。

（六）土地利用总体规划与城市规划、村庄集镇规划的关系

土地利用总体规划与城市规划、村庄集镇规划的关系主要体现在“城市建设用地规模应当符合国家规定的标准，充分利用现有建设用地，不占或者尽量少占农用地”的规定上。城市规划、村庄集镇规划应当与土地利用总体规划相衔接，城市规划、村庄集镇规划中的建设用地规模不得超过土地利用总体规划确定的城市和村庄集镇建设用地规模。在城市规划区、村庄集镇规划区内，城市和村庄集镇建设用地应当符合城市规划、村庄集镇规划。

土地利用总体规划与城市规划在内容上有相同点，也有不同点。其相同点为：土地利用总体规划和城市规划都以国民经济和社会发展规划为基础，以改革部门的发展规划为依据安排各类用地，并通过制定一系列的实施措施，合理调整用地布局，优化用地结构，以达到节约用地、合理用地的目的，促进社会经济的可持续发展。其不同点为：第一，两者侧重解决的问题不同。土地利用总体规划除了要分析城镇用地的综合平衡、优化调整和合理配置之外，更注重区域的自然性，强调保护自然资源和环境资源，追求整体环境的稳定性、物种的多样性和规划区域的可持续发展，是以一种指标定量调控为基础，并积极向空间发展的地域规划。城市规划除了要分析城镇用地的规模外，更重要的是对城市内部各类用地进行优化调整和合理配置，是一种以定性、定位为基础的物质、社会、经济相结合的整体空间规划。第二，二者的追求效果不同。土地利用总体规划偏重于规划的结果，是一种指令性目标；而城市规划偏重于规划的过程性，它的结果只是一种预测，强调的是为达到目标而进行的调控过程。

二、土地利用年度计划

（一）编制

1. 编制原则

依据《土地利用年度计划管理办法》第 3 条的规定，土地利月年度计划管理的原则是：严格执行土地利用总体规划安排，合理控制建设用地的总量和强度，切实保护耕地特别是基本农田，保护和改善生态环境，保障土地的可持续利用；运用土地政策参与宏观调控，创新计划管理方式，以土地供应引导需求，促进土地利用结构优化和经济增长方式转变，提高土地节约集约利用水平；坚持绿色发展，实行耕地保护数量、质量、生态并重，确保建设占用耕地与补充耕地相平衡，提高补充耕地质量；严格执行国家区域政策、产业政策和供地政策，优先安排社会民生建设用地，保障国家重点建设项目和基础设施项目用地；坚持协调发展，统筹区域、城乡建设用地，促进国土空间开发格局优化，统筹存量与新增建设用地，促进存量用地盘活利用，严格控制农村集体建设用地规模；尊重群众意愿，维护群众土地合法权益，保障群众共享城镇化发展成果。

2. 土地计划指标制定

土地计划指标制定实行自下而上的建议收集与审批程序。县级以上地方人民政府国土资源管理部门会同有关部门，按照国家的统一部署，提出本地的土地利用年度计划建议，经同级人民政府审查后，报上一级人民政府国土资源管理部门。省、自治区、直辖市的土地利用年度计划建议，应当于每年 10 月 31 日前报国土资源部，同时抄送国家发展和改革委员会。计划单列市、新疆生产建设兵团的土地利用年度计划建议在相关省、自治区的计划建议中单列。国土资源主管部门会同国家发展和改革委员会，依照《土地利用年度计划管理办法》的有关规定，在省、自治区、直辖市和国务院有关部门提出的土地利用年度计划建议的基础上，提出全国土地利用年度计划总量控制指标建议。国土资源主管部门根据全国土地利用年度计划总量控制指标建议和省、自治区、直辖市提出的计划指标建议，编制全国土地利用年度计划草案，纳入年度国民经济和社会发展计划草案，上报国务院。经国务院审定后，下达各地参照执行。待全国人民代表大会审议通过国民经济和社会发展计划草案后，正式执行。

需要国务院及国家发展和改革等部门审批、核准和备案的重点建设项目拟在计划年度内使用土地，涉及新增建设用地的，由行业主管部门于上一年 9 月 25 日前，按项目向国土资源部提出计划建议，同时抄送项目拟使用土地所在地的省、自治区、直辖市国土资源管理部门以及发展和改革部门。

3. 土地计划指标执行

土地计划指标的执行采取自上而下的指标分解与执行程序。全国土地利用年度计划下达到省、自治区、直辖市以及计划单列市、新疆生产建设兵团。新增建设用地计划指标只下达城镇村（包括独立工矿区）和由省及省以下审批、核准和备案的独立选址建设项目用地。国务院及国家发展和改革等部门审批、核准和备案的独立选址重点建设项目，新增建设用地计划指标不下达地方，在建设项目用地审批时直接核销。县级以上地方人民政府国土资源主管部门可以将上级下达的土地利用年度计划指标分解，经同级人民政府同意后下达。省级人民政府国土资源主管部门应当将分解下达的土地利用年度计划报自然资源部备案。省级人民政府国土资源主管部门在分解下达计划指标时，对国务院批准土地利用总体规划的城市，应将中心城市的规划建设用地范围内新增的建设用地计划指标单独列出。省级人民政府国土资源管理部门在分解下达城镇村建设用地计划指标时，应当严格依据土地利用总体规划，按照城镇建设用地增加与农村建设用地减少相挂钩的原则，统筹城乡建设，合理安排城镇和农村建设用地，实现建设用地的总量控制。

（二）考核

1. 考核原则

土地利用年度计划考核坚持以下原则：（1）控制用地总量。以国家宏观调控要求为目标，对土地供应严加把控，对新增建设用地总量计划执行情况统筹考核。（2）突出耕地保护。从严控制农用地特别是耕地转为建设用地的规模，突出对新增建设占用耕地计划执行情况和补充耕地计划落实情况的考核。（3）促进节约集约。围绕盘活存量、促进土地利用方式转变和土地节约集约利用水平的提高进行考核。（4）依法依规用地。通过实际新增建设用地和实际补充耕地考核土地利用计划的执行，衡量依法依规批地和用地，有效实施土地利用规划和计划。（5）促进差别化管理，依据计划执行情况考核结果，区别对待批地用地、补充耕地、节约集约用地等不同情况，实行土地计划指标奖惩措施，奖优罚劣，切实发挥土地利用计划评估考核的引导作用。

2. 双向考核制度

土地利用年度计划执行情况考核，实行新增建设用地计划与土地整理复垦开发补充耕地双向计划考核。新增建设用地计划执行情况的考核，实行单向考核与综合考核相结合的模式。对纳入考核内容的各单项指标，按照超出或节余计划的实际数量计算占该项计划指标的比例，分别进行定量评价，以各单项考核结果按权重累计分值进行综合评价，确定综合考核结果。各单项指标在综合考核中的权重依据考核原则确定，并且依据国家土地管理目标和宏观调控要求适时调整。土地整理复垦开发补充耕地计划执行情况的考核，以省为单位依据当年实际补充耕地面积，以超计划完成耕地量为正值，未完成补充耕地计划量为负值，来确定考核结果。

第四节　国外土地规划制度借鉴

一、国外土地规划制度介绍

（一）美国土地规划制度

1. 美国的土地利用规划制度

美国是一个联邦制国家，每一个州自行制定本州的土地规划。美国的土地利用规划分为两个层次，即州土地利用规划和地方土地利用规划。州政府的土地利用目标细分为保护目标、开发目标和海岸目标。保护目标包括农田、林地、自然历史、环境、自然灾害和河道绿地等；开发目标包括经济发展、住房、公共设施和服务、交通和城市化；海岸目标包括入海口、海岸线、海滨与沙滩、海洋资源。州土地利用规划本身并不具有法律效力，更像是一种政策指导性文件，州政府通过规划制定政策目标，要求所属下级政府贯彻实施。州政府多要求地方政府制订包括土地使用计划、公共设施建设方案及成长政策等因素在内的地方土地利用规划。地方在制订土地利用规划时，必须将州政府所要求的管制策略考虑进去，否则，它将会被州级法院宣布为无效，也会失去州政府的财政援助。

2. 美国的土地使用分区管制

土地使用分区管制是美国地方政府执行土地利用计划与政策的主要工具，它是将一定范围内的土地划分成不同使用分区，并以使用分区来界定每一分区的范围及区位，在同一分区中有相同或相近的使用规则。土地作用分区的内容大致包括以下几个方面：

（1）土地使用分区。一般将土地及其建筑物分成住宅、商业、工业和农业四大类用地，使用分区划分后，土地按“分类使用”的原则规定其具体的用途。例如，住宅区为居民住宅而规划，原则上只建筑住宅和与住宅相关的配套设施，其他建筑不得有碍居住的宁静、安全和卫生；农业区上的建筑只能用于农业生产或与农业生产相关的设施建设；商业和工业区的使用也遵循同样的使用原则。土地使用分区的目的在于控制及引导土地的利用和开发，以避免土地利用中相互之间的不利影响。

（2）土地使用强度管制。土地使用强度管制的内容主要包括人口密度、容积率、建蔽率、建筑高度和建筑基地的最小面积等方面的管制。

（3）容积及其他管制。主要包括最小前院、后院、侧院、空地宽度、建筑景观、空间使用、外部环境、排他使用等方面的限制。

3. 美国的土地成长管理制度

它是在土地使用分区管制、土地用途管制以及土地的开发许可证等制度的基础上经过长期不断的改进和完善后形成的，同时它也保留了上述三种制度各自的优点。它以一种“平衡成长”的观点，结合整个经济的发展、公共设施、环境保护等方面的需求，引导城市发展，控制土地开发的区位、时序与公共设施水准的平衡，以保证城市协调发展。传统的分区管制以静态方式来管理土地，它无法消除因外部环境发展变化而带来的外部效应，而成长管理制度对此做了改进并不断发展完善，成为当前美国城市土地管理的主要手段之一。

（1）成长管理的目标。成长管理制度主要是以一种“平衡成长”的政策理念，来整合经济发展、公共设施、评价住房、环境保护及生活品质等方面的需求，旨在引导都市发展，减缓城市成长的压力，控制土地开发的区位、规模、速度、时序与公共设施服务水平相平衡，以达到维护生活品质与城市景观的目的。因此，成长管理是一个多目标综合发展策略。

（2）城市成长管理的主要政策措施。由于各个城市成长管理的目标不一样，其采取的政策措施也有差异。主要政策措施有四个方面：一是要求提供足够的公共设施；二是划定城市发展的边界线；三是分期分区发展；四是总量管制。

美国的土地成长管理制度的实施兼顾了土地利用的经济效率与社会公平，对土地开发、城市建设及社会环境的保护起到了重要的调控作用，该制度对改变我国城市发展的粗放化模式、有效控制耕地非农化具有一定的借鉴意义。①

（二）日本土地规划制度

1. 日本的土地利用规划和计划制度

日本的土地利用规划体系由国土综合开发规划、国土利用规划、土地利用基本规划和城市规划等部分构成。按层次分为全国

---

① 方凌霄：《美国的土地成长管理制度及其借鉴》，载《中国土地》1999年第3期。

规划，都、道、府、县规划和市、镇、村规划三级，每级规划都是对各自区域内国土利用合理组织所应采取的措施和设想。到目前为止，日本已完成了五次国土综合开发规划，根据各项公共事业的性质、建设地点以及计划的实施程度，对国土资源利用进行综合调整。

为了确保公共事业建设所需的土地，日本制定了完整的计划，以确保土地开发的顺利进行；为了缓和土地的供需矛盾，日本政府鼓励建设高层公共住宅；为了能充分利用土地，政府也鼓励合理开发地下空间，有效扩展城市容量，提高土地利用率。此外，日本还大力开发地下交通，发展地铁体系，以此扩展土地经济的供给能力。

2. 日本的土地用途地域制

它是具体化的土地利用规划，是日本土地利用管理中最现实和最有效的方法，同时也是城市规划的基础和核心，它以各种土地利用管理的政策法规为依据，结合土地交易许可制、土地交易申报制、交易监视区制等对土地利用进行全面有效的管理。①

3. 日本的空闲地政策

为了提高土地利用程度，防止投机性囤积，使土地发挥更大效用，日本建立了空闲地制度，以加强对空闲地的控制。

（1）空闲地的确认。凡满足以下情况的土地都认为是空闲地：城市区域以内，2000 平方米以上；城市区域以外、城市规划区域以内，5000 平方米以上；城市规划区以外，10000 平方米以上的未利用土地；土地所有者取得土地已超过 3 年，其土地未做任何使用，或者土地利用程度被认为非常低的土地。

（2）对空闲地的处理。一旦某一土地被确认为空闲地后，由地方政府向土地产权人发出空闲地通知，令其在规定时间内向地方政府提出对空闲地利用或处分的计划。地方政府根据上交的材料将进

① 傅华：《日本的土地用途地域制》，载《中国土地》1999 年第 4 期。

一步提出促进该土地利用的意见，或有权按一定的程序采取进一步的强制措施。

（三）英国土地规划制度

英国的土地管理分为四个层次：国家级、地区级、郡级、区级，其中区级是基础。国家级规划管理叫规划政策指南，提出全国性的土地利用方针政策，以白皮文件的形式下发。地区级规划管理叫区域规划指南，通过召开区域协调会议制定。区域规划指南包括本地区粗略的建房数、主要交通干线分布等。郡级规划管理叫结构规划，主要提出本郡土地利用的方针政策及发展的框架结构，它有各类用地指标和粗略的规划图，对区级规划管理有较强的指导作用。区级规划管理叫地方规划，是一种详细的发展和实施规划，是结构规划的具体化。根据结构规划制定出详细的发展指标和规划政策，并通过对土地的调查绘制精确的规划图。区级规划管理是审批规划许可的依据。

二、国外土地规划启示

美国的土地使用分区管制和日本的土地用途地域制均是贯彻落实城市土地利用规划、提高土地资源分配的合理性和科学性的较好方法；而美国的土地成长管理制度可以较好地控制城市用地扩张的节奏和强度，对保护耕地资源、指导新城区开发以及经济园区土地利用都有较为直接的指导意义；日本的空闲地政策可以很好地控制城市土地的闲置浪费和低效利用，是消除城市闲置土地的良好方法。

从美、日等发达国家土地利用管理政策实践中可以看到，健全完善的土地利用管理制度具有以下特点：

（1）完善的规划体系。

（2）完备的法律体系。

（3）多种管理制度结合实施。

（4）管理手段丰富多样。

第五节　我国土地规划制度的完善

一、土地利用规划公众参与制度

公众参与是指具有相同或不同利益基础的社会群体对政府有关公共事物的决策及其过程的介入和干预。我国曾经历了长期的计划经济时代，土地利用规划工作一直沿用苏联的规划制度，基本上都是政府部门独家运作，完全是一种政府行为。随着市场经济体制的建立，我国需要建立一种与政治、经济相匹配的土地利用规划制度，其中的重点是将规划工作由封闭走向开放，从单一的政府行为转向政府与人民群众互动的民主政治行为。

（一）公众参与规划的意义

“在人类社会的发展中，公民参与是国家走向政治民主和政治文明不可分割的部分，是公民进入公共领域生活、参与治理、对那些关系生活质量的公共政策施加影响的基本途径。”① 对于土地管理而言，公众参与不仅是一项需要认真贯彻的基本原则，而且也是不可或缺的基本制度。公众参与规划制度的建立对于保障公平、促进地区经济社会的健康发展具有重要意义，而且可以解决市场和政府所不能克服的公平与效率的关系问题，使公共决策尽可能做到既不损害效率，又不破坏真正的公平原则，并且对于提高规划的有效性和实施的可行性具有积极意义。

---

① 托马斯：《公共决策中的公民参与：公共管理者的新技能与新策略》，孙柏英等译，中国人民大学出版社 2005 年版，第 2 页。

土地的可持续利用是一个复杂的系统工程，不仅关系到公众自身的生活生存问题，而且还牵涉子孙后代的利益。因此，政府不仅应当关注通过土地利用发展经济建设，还应当关注公民基于土地利用的环境需求等问题。

（二）我国现行土地利用规划公众参与的运行方式

《土地利用总体规划管理办法》中规定编制土地利用总体规划应当坚持政府组织专家领衔、部门协作、公众参与的原则，但是在具体的土地利用总体规划中公众如何参与规划的编制和实施并未明确规定。

我国目前在土地利用规划的编制阶段主要采取两段式规划步骤：首先，在政府有土地利用总体规划的意向后，委托相应的编制单位根据一个地区的实际情况做好初步的土地利用总体规划后，再提交委托的土地利用规划方面的专家审查。然后依据专家的意见对规划方案进行调整后提交领导。领导在综合考虑具体实际情况后作出规划的决策，整个决策程序很少有听取公众意见的机会。其次，在土地利用总体规划的审批阶段，主要由相关专家和人大审议、评定，涉及利益影响的普通公众往往被排除在听取意见的人员之外。这种精英式的土地利用规划往往与社会现状脱节，缺乏可操作性。

（三）土地利用规划中公众参与存在的问题

虽然我国在土地利用规划的相关法规中规定了公众参与，但是这种公众参与还仅仅是一种形式上的公众参与，尚未具备各种制度上的支撑，而且缺乏立法的形式予以保证。公众参与的过程还没有通过程序化加以固定，缺少组织性也是我国现阶段公众参与土地利用规划的硬伤，只有通过一定的组织形式对单个公众的力量加以强化，才能够更好地促进我国公众参与的发展。十八大以来，公众参与已经成为我国未来在公共决策方面的发展方向。特别是《土地利用总体规划管理办法》中明确提出对于可能会产生重大影响的土地利用规划，应当听取公众的意见，保证公众参与的机会。

1. 公众参与缺乏法律保障

在法治社会，由于法律具有可预测性、稳定性等特点，法律作为公众办事的基本准则，依法办事成为值得信赖的选择方式，而缺乏法律保证的各种制度通常难以得到公众的支持和有效实施。与此相同，土地利用规划中公众参与制度也缺乏相应的法律保障，这一点成为影响公众切实有效地参与土地利用规划的重要障碍。公民基本的参与权没有法律保障，不仅不利于公众积极参与公共事务，而且成为政府部门逃脱公众参与的借口。

2. 公众参与土地利用规划的主体范围模糊

在我国的土地利用规划领域，无论是土地管理法还是城乡规划法，对于参与土地利用规划的主体范围均未做具体规定。公共利益代表的主体中，普通民众人数最多，但是各利益集团同样也是公众参与的重要组成部分，具有十分明显的作用和影响力。西方国家的公众参与实践表明，成效最为显著的公众参与是非营利机构、非政府组织的参与而非个人的直接参与。我国公众参与土地利用规划面临阻力最大的原因在于所参与的公众和被规划的土地之间的利益链条没有相应的组织和人员来维系，公众的利益诉求无法正确地反映在土地利用规划中，长期发展的结果便是公众失去了参与土地利用规划编制的积极性。

有学者认为，影响公众积极参与土地利用规划的主要因素有：（1）空间距离，生活在某个项目周围的人，其受到新规划所带来的生活不便的可能性更大，是受到规划影响最为明显的公众；（2）经济利益，新规划区功能的不同可能会对公众自身的工作和生活条件造成显著影响，这一点是影响公众参与土地利用规划积极性的最重要因素；（3）社会关注度，那些关注本地区传统文化和风俗习惯的人对该规划表现出强烈的关注度，他们认为在某一区域涌入大量规划建设者或建设项目，对于该地区的人口及人文素养可能会产生深远影响。①

我国土地利用规划中公众参与主体的相关规定并没有依照上述分类对公众参与主体进行筛选和划分，导致参与的公众与被规划土地之间的利益关系不明确，既影响了公众参与土地利用规划的积极性，也会降低土地利用规划方案的合理性及科学性。同时，公众主体范围的模糊也会对土地利用规划的执行效率造成不利影响。公众是与土地利用规划实施有直接利害关系的群体，因此和政府积极沟通、互动可以减少在执行过程中的阻力；相反，如果规划在编制和讨论过程中缺乏公众参与，执行过程中由于公众对规划欠缺理解或造成误解，就可能会出现执行效率大幅降低的现象。

3. 公众参与的信息渠道不畅

公众参与土地利用规划的目的是希望通过这种渠道对于土地利用总体规划表达自己的看法，实现自己作为规划利益和规划权利享有者的地位，是对自身利益的直接或间接的维护方式。因此信息公开是公众参与土地利用规划的重要保障，而信息公开的不对等则是土地利用规划公众参与制度的一大障碍。

在我国土地利用规划的编制、审批和实施过程中，除与公民、法人等有密切关系外，其他规划只有在规划审批后政府才进行公告，而且何为“密切联系”尚未统一规定，因此公众在知道规划内容时已经是心有余而力不足了。此外，规划公告的内容多为土地利用规划示意图和一些专用术语，在规划方面没有相关知识的人难以了解规划的具体内容，严重影响了公众参与的积极性。可见，我国公众在土地利用规划的编制和实施过程中难以获得对参与决策有用的信息，大部分公众无法有效参与到土地利用规划的过程中，长此以往，

① 罗小芳：《论环境公众参与法律制度的主体、范围与方式》，载《渭南师范学院学报》2006 年第 6 期。

公众的真实想法和好的建议政府也难以了解，公众的智慧就更无从发挥了。

如今，某些地方政府领导为了凸显政绩，常常突破土地利用总体规划的设计，盲目创建各项政绩工程，出现隐瞒上级和欺骗公众的恶劣现象。

4. 公众参与缺乏利益表达渠道

我国目前的公众参与方式多为论证会、听证会和调查问卷、市长热线等形式，参与方式较为单一且流于形式的可能性较大。

调查问卷通常交给相应的专业调查公司来实施，然而对于问卷的有效性和数据的真实性方面难以保障；此外，信访制度作为公众参与的辅助渠道，其具有较强的政治性色彩因而距离土地利用规划的规划和实施有一定的距离；市长热线、领导接待日等形式又因其没有完善的保障机制而大大削弱了应有的功效。听证会作为我国行政管理领域较为常见的公众参与形式之一，其召开基本属于政府的权限，普通公众根本没有召开听证会的权利，而一些需要利益博弈的重大决策过程，政府通常不会主动召开听证会，或是参加听证会的公众为某些特定的主体，最终听证会这一形式无法真正发挥其应有的作用。

5. 公众缺乏参与意识

受我国现阶段社会经济政治发展水平有限以及传统思想的影响，大多数的公众对于公众参与知之甚少，甚至对于自己应当享有的参与权利都不太了解。此外，我国公众受教育程度总体而言不是很高，对土地利用规划认识不清，尤其是在某些单位信息公开程度不够的情况下，公众了解何时参与、如何参与等基本参与信息就更加困难，这些都不利于公众积极参与土地利用规划。

此外，土地利用规划并不是仅仅针对单个个体的利益分配，而是一项具有专业知识和影响社会大多数公共利益的政治行为，因此公众参与规划需要花费时间成本和经济成本，而对于没有参与公共决策的公众而言，他们不需付出成本却可以直接享受规划的成果。基于这种搭便车的思想，多数公众会放弃参与规划，这些公众参与规划的积极性不高。

（四）完善公众参与土地利用规划

有效的公众参与应当具备以下条件：第一，相关的利益诉求主体在此机制中都可以表达和接受意见；第二，在公众参与的过程中要有严密、完善的组织，公众表达的任何一种意见都能够得到有效的回应；第三，在利益表达和参与的过程中所形成的意见，在有效的行动中甚至是在反对（如果有必要的话）主导型的权威体制中，随时可以找到一条“发泄”途径；第四，政府权威机构并不对公众进行过分的干预和渗透。因此，在公众参与制度中要完善参与的方法，扩大信息公开，保证公众参与的有效开展。

1. 完善公众参与土地利用规划的立法

即完善公众参与土地利用规划的知情权和参与权的立法规定。参与土地利用规划首先要保障其知情权，因为规划的知情权是参与权的前提和基础，因此通过立法来确认公众参与的知情权以及具体程序性规范不仅有利于公众参与土地利用有法可依，而且有利于提高公众的参与意识。此外，立法确认公众的参与权以及具体规范也有利于控制公权力和提高决策的科学性。

2. 扩大土地利用规划的信息公开

信息公开的方式通常有两种：一是行政机关或企业等义务主体主动的公开，二是依公众申请的公开。第二种方式在国外受到高度重视，立法对公众环境信息的申请获得做了详细规定。而我国目前对于土地利用规划的信息公开方式的立法规定以及实践操作都仅限于行政机关单方面公开的模式，没有公众申请获取土地利用规划信息的规定。我国环境信息法一方面应进一步完善行政机关或企业等义务主体的环境信息公开，明确承担公开义务的具体主体，确定公开的程序、具体形式和不公开的法律责任等；另一方面应赋予公众申请获取土地利用规划信息的权利，具体规定公众申请的程序、救济、收费、被申请者处理申请的程序、时间要求、驳回申请的程序和决定等内容，由此建立起行政机关主动公开与公众申请公开相结合的双向土地利用规划信息公开制度。

行政机关依职权主动公开的具体形式又包括：发布公告，利用报纸、电视、广播、互联网发布简报或消息或发布专题新闻，利用信息发布会散发项目概要小册子等书面材料，放置在政府阅览室供公众查阅、出版等。尤其要注重信息公开的效果，必须使得相关利益群体充分知晓具体信息，使得信息公开不仅仅停留于形式上，而是使公众获得实质性的信息公开。

3. 完善公众参与土地利用规划的方法

首先，完善专家论证参与制度。第一，完善专家遴选制度，保证专家独立。目前专家的遴选聘请程序形式多样。虽然专家遴选程序各异，但其相似之处在于"推荐或提名程序"多为行政机关的内部程序，这易使专家组成结构的独立性大打折扣。可以借鉴美国《咨询委员会法》的相关经验，建立完善的专家遴选机制，尤其强调专家构成的平衡性，观点和知识的多样性，考虑不同专家的利益立场，通过不同知识、观点的交锋、辩论，相互制约而达到合理性的目的。第二，明确专家论证责任，提高论证质量。专家论证不同于资产评估、验证、会计、法律服务等，其大多具有临时的性质，即使专家虚假论证，法律基本上也无可奈何。但是论证最终是借助于专业知识和科学精神使规划得到技术保证或取得公信的制度性措施，除了需要提高专家的职业道德之外，还必须强调法律责任对专家论证行为的制约，不仅能维护专业知识的权威，还能督促专家对国家、社会就规划土地利用事项负责。具体而言，法律应当对虚假论证进行惩罚：一方面惩罚组织方为专家提供方便，甚至指使其说假话的行为；另一方面惩罚那些得到好处就乱签名或者不认真论证就同意，最后造成政府决策失误的专家。①

其次，完善普通公众的听证参与。听证作为公众参与土地利用规划的核心内容，能使公众以最直接、最有效的方式参与到规划决策之中。近年来，土地利用规划管理法律一般都包含关于普通公众听证参与的规定，但其在操作层面不是十分明晰。明晰操作层面的具体问题主要有如下考虑：第一，听证代表组成具有广泛性。代表组成的合理与否直接决定听证会能否成功。一般而言，公民参与的比例与达成共识的难度成正比；专家、精英的参与则具有较强的参与性。目前，代表的数量、机构明显偏向专家，而且代表产生的方式、代表分布及名额确定的依据、代表的代表性标准等问题都不明朗。应当及时向社会公布代表的选取原则、要求、办法及其进展状况，以公开自愿为原则吸引广大公众的参与。而且应当提前公布选取的代表，并主动接受社会监督，以消除公众对代表的疑虑。第二，充分回应听证结果。回应参与结果与赋予参与机会同等重要，一个不必有任何回应的参与，仅仅满足形式上的参与要件，对参与者或开发者而言并没有实质意义。② 听证意见回应机制要求对于焦点问题和主要分歧意见，决策机关必须指明事实根据并说明理由，必要时在当事人的参与下查明事实真相，使听证结果具备足够的证据支持，并通过书面或者其他形式向社会公布，增强听证在土地利用规划中的效力。③

4. 提高公众参与土地利用规划的意识

我国相当一部分公众将政府视为社会的“大管家”，对政府形成了过分的信赖，但这同时又表明公众舍弃了作为一个现代社会理性

① 《专家不负责的“论证”要承担法律责任》，载《工人日报》2005 年 9 月 1 日。

② 叶俊荣：《环境政策与法律》，中国政法大学出版社 2003 年版，第 204 页。

③ 胡耘通：《生态维度下土地规划管理及其法制考量》，经济管理出版社 2013 年版，第 192 页。

公民的个人权利和责任。

强化公众对社会的归属感和主人翁的责任感，培养公众参与社会公共事务的意识，进一步发挥参与公共事务的决策习惯。实践表明，通过参与公共管理事务，公众的民主意识会得到很大的加强。土地利用规划作为涉及众多利益的政治行为，一个地区乃至整个社会的发展和未来走向都有赖于规划设计的科学性和严格的执行性，所以一项合理的土地利用总体规划应扩大公众参与。

二、土地利用规划环境影响评价制度

环境影响评价是对人类活动赖以生存的环境产生或者可能产生的正面或负面反应和效果进行的综合评判。在法律意义上，环境影响评价是指国家制定规划、政策和法律或从事工程建设、开发行为，应当就其可能造成的环境资源影响进行分析、预测和评估，同时提出相应的预防或者减轻不良影响的对策和措施，并采取跟踪监测的方法与制度。①

《环境影响评价法》第 7 条第 1 款规定，国务院有关部门、设区的市级以上地方人民政府及其有关部门，对其组织编制的土地利用的有关规划，区域、流域、海域的建设、开发利用规划，应当在规划编制过程中组织进行环境影响评价，编写该规划有关环境影响的篇章或者说明。

我国的环境影响评价包括建设项目环境影响评价和规划环境影响评价。其中规划环境影响评价是指在规划的编制阶段，对规划实施可能造成的环境影响进行分析、预测和评价，并提出预防或者减轻不良环境影响的对策和措施的过程。

---

① 蔡守秋：《环境资源法学》，中国人民大学出版社 2003 年版，第 178 ~ 179 页。

（一）土地利用规划环境影响评价概念

土地利用规划环境影响评价是指土地利用规划中对土地发展战略、土地利用的目标和方针、土地利用方案、土地利用政策的实施可能对环境带来的影响进行预测、分析和评价，在土地利用和经济发展的综合决策中应当将环境因素纳入其中，并采取预防措施或其他补救措施来降低或避免不利影响，例如，对决策进行修正或寻求替代方案，尽可能降低或避免由于规划失误对环境造成不可逆的影响，从源头上减少土地利用规划产生的生态环境负效应。土地利用规划环境影响评价贯穿于土地利用规划决策的各个阶段，是协调环境与经济、社会发展关系的一种综合决策和科学规划手段。

（二）土地利用规划环境影响评价工作程序

土地利用规划环境影响评价的工作程序基本上分为三个阶段。第一阶段：准备阶段，包括进行资料搜集与分析工作，并确定规划环境影响预测、评价方法与指标体系。主要收集与国家生态建设和环境保护有关的法律法规，以及环保、林业、农业、水利等部门的有关资料。第二阶段：正式工作阶段，主要工作包括环境现状分析与评价，规划方案草拟并制订替代方案，环境影响预测和评价。第三阶段：编写报告书阶段，即编写报告书、篇章或说明。

（三）土地利用规划环境影响评价存在的问题

1. 土地利用规划环境影响评价（简称环评）方法理论不够成熟

实际应用中的土地利用规划环评在环境影响评价体系中也有介绍，但涉及评价的规划类型范围广。具体到土地利用规划，由于土地利用规划环评的技术人员对于土地利用相关理论知识储备不足，相关土地利用规划中的环境影响评价的方法和技术体系仍不够完善。尤其在土地利用专项规划中，对于规划类型的多样性、规划方案的系统性以及规划环境影响评价的不确定性和复杂性，缺少有效的理论评价基础和合适的评估技术系统支持。

此外，规划环境影响评价通常缺乏相应的替代方案，针对具体的土地利用规划环评中评价方法的选择也没有明确的说明，这些因素往往使得实际操作有一定的随意性和盲目性，后期对于土地利用规划环境影响评价效果的有效性和科学性可能会产生不利影响。

2. 评价主体的不确定性

与建设项目的环评不同，土地利用规划环评没有对评价主体作出明确的规定，目前多是由国家环境保护行政主管部门推荐的环评机构展开。评价主体在进行土地利用规划环评的过程中，无法参与高层次的规划决策环节，尤其是对于一些保密性要求较高的、不确定性较大的规划，环境影响评价部门更是与规划部门缺乏交流和沟通。

3. 土地利用规划环评法律责任错位

法律责任是“公正自身的保护机制。如果缺乏这种自身保护机制，公正将是不堪一击甚至不攻自破的。公正的对等性和互换性在惩罚性方面同样有效”。① 法律责任对于维护法律有效实施具有重要意义。《中华人民共和国环境影响评价法》第四章、《规划环境影响评价条例》第五章均对违反环境影响评价的行为规定了法律责任，但对于弄虚作假造成环境影响评价严重失实，以及违法审批对环境造成重大影响甚至是造成严重后果的违法者，法律责任承担的规定显然不够。《规划环境影响评价条例》虽然对于规划的编制机关、审批机关、审查小组召集部门的失职、渎职、违法行为规定了处分责任，但不仅不符合职责相称的法理原则，而且没有考虑违法的成本问题。从经济学的角度来看，有效抑制违法行为的关键途径之一，是降低守法成本而提高违法成本。在违法收益大于违法成本或是违

① 赵汀阳：《论可能生活》，三联书店1994年版，第145～146页。

法成本小于守法成本时，行为主体常常倾向于选择违法。

在土地利用规划的实务中，有些地方政府对于土地利用规划环评的理念认识不够，常常将环境影响评价制度视为一种外在的约束条件，难以主动接受。在已开展的土地利用规划环评实践中，多数的土地利用规划环评流于形式，大多数的土地利用规划只有在审批通过的时候，才发现缺少“规划环评”这一内容，才匆忙委托环评编制机构编写相应的规划环境影响报告书或环境影响篇章，使得规划环境影响评价从一开始就失去了其最基本的功能和意义。事实证明，如果没有相关监督小组的强有力的督促和严格的法律责任制度，评价单位和规划编制单位很难实现动态的融合，规划方案的调整很难及时反馈到评价过程中，而评价过程中的建设性意见也很难融入规划之中。

4. 土地利用规划环评的成果不能得到重视

社会经济的发展同环境保护之间始终存在矛盾，二者发生冲突时，人们在经济利益的面前通常以牺牲环境为代价。尤其是一些暂时的开发利用项目，它们可能要过很长一段时间才会产生环境问题，导致人们往往注重眼前的经济利益。而且对于已有的土地利用规划环评来说，评价机构介入时机的滞后性、评价程序的形式化，使得环评的成果根本得不到重视，规划建设后期的跟踪监测更是无从落实。

（四）完善土地利用规划环境影响评价制度

前文已经详细阐述了土地利用规划环评制度的现状，进一步规范土地利用规划环境影响评价工作，保障在规划源头上预防环境污染、生态破坏具有重要意义。

1. 增加替代方案

在环境影响评价中，其核心内容和重要保障恰恰是相应的替代方案，缺乏替代方案成为现行环境影响评价制度的重大缺陷。环境影响评价的实质不是寻求没有环境影响的建设项目、发展规划，而是旨在找出在何种情况下对环境、社会、经济等影响都较低的项目、规划方案。这就意味着必须在对某个具体规划做出承诺之前，对所有可能的替代方案的成本、效益进行更加细致、全面的审议。具体替代方案可分为两部分，即行动单位提出替代方案与审批主体主动选择替代方案或者提出可替代方案：前者指编制主体规划用地项目时，明确规划目的，在提出规划草案的同时全面考察，寻找实现目的的其他途径；后者指审批主体对多种方案的经济、社会和环境因素进行理性对比，选取最佳方案，使规划达到环境效益最大化，或者针对编制主体的建议行动等，提出以不同的方式实现该目的、完全代替建议行动的方案，或者认为实现目的条件尚不成熟，基于谨慎性原则而推迟建议行动。①

2. 强化法律责任

（1）厘清法律责任体系。规划环境影响评价主要由编制机关、审批机关、审查小组召集部门主导，处于责任体系的顶端，它们的责任属于主要责任，而规划环评的技术机构仅是履行合同义务，处于责任体系的末端，它的责任属于协从责任。目前我国法律责任体系顶端的主体采取“软弱”的行政处分，而对责任体系末端的技术机构采取罚款甚至追究刑事责任等手段，这无疑是“本末倒置”。因此，法律应当严厉制裁责任体系顶端主体，从源头上杜绝可能出现的弄虚作假行为，才能保证规划环评的真实可靠。

（2）完善法律责任种类。为了避免政府及职能部门掌握权力却不作为、出现“懒政”的情形，法律需要增加关于规划环评不作为的法律责任，防止权力与责任相互脱节，强化“职责本位”的理念。如果规划环境影响评价没有取得相应的实际效果，仍然会造成严重

---

① 胡耘通：《生态维度下土地规划管理及其法制考量》，经济管理出版社2013年版，第196页。

损害后果，相应主体也必须承担相应的责任。

3. 衔接程序规范

理论上，规划环境影响评价可以分为第三方评价和自我评价两种，前者指规划编制主体委托具体编制单位以外的单位进行环评，后者则是规划编制主体自己进行环评。第三方评价虽然可以解决专业性较强的规划环评的问题，但由于不能从规划编制的开始阶段就融入对环境因素影响的考虑，因此这种评价模式实际上体现了一种“末端管理”的思想。① 自我评价则能够较好地体现规划环评设立的初衷，因为其更容易融入规划编制、实施的整个过程。政府在提出编制土地利用规划之前，应当从保障土地的可持续利用角度出发，依据社会、经济发展状况和土地的自然特性，在时空上对土地利用合理分配、组织等问题进行前瞻性研究。由于政府编制土地利用规划往往基于经济效益等凸显政绩的角度考虑，对于土地退化、土壤污染等生态问题的关注较为薄弱，而一旦提出规划编制的申请并进行报告，则规划目标、范围已经基本确定，在内容、方案的后续编制过程中也难以变动。因此，环评机构应当介入规划编制之前的基础工作，与相关主体进行沟通、交流等互动，使规划编制、实施能够满足生态环境保护的特定需求。在具体的规划编制中，编制机关可以融合对生态环境保护的自我见解，在符合法律规定的前提下，减少可能造成生态风险的环节，并在形成规划草案后，再由专门的规划环评机构对其进行全面、系统的综合评价，既可以避免不必要的资源浪费，又可以提高规划环评的有效性，进而建立一套规划环评的混合程序。

总之，建立健全完善的土地利用规划环境影响评价制度，最终目标在于以“协调土地利用与生态环境建设”，来促成土地利用与经

---

① 赵艳博、林逢春：《中国规划环境影响评价发展现状与存在问题分析》，载《能源与环境》2008 年第 5 期。

济、社会、生态持续发展之间的友好关系。与之相伴的意义还在于：第一，通盘考量土地利用与生态环境的密切关系以及规划可能触及的生态环境问题，提升土地利用规划的科学性、合理性；第二，以“改善、协调、预防和减缓”生态危机为动力源泉，针对土地利用中可能出现的各种生态问题，提出一系列较为完善的规划建议方案，从源头上减少环境问题的发生。①

三、土地利用规划实施评价制度

为加强土地利用规划的可操作性，除了在编制规划时注重其科学性和可操作性之外，还应当由政府监督部门对执行情况进行监督、检查以及评价。对于土地利用规划实施评价一方面可以评价政府相关部门执行规划的情况，另一方面也可以成为规划调整和修编的重要依据。

（一）土地利用规划实施评价的概念

土地利用规划实施评价是指根据一定的标准，运用一定的方法，对土地利用规划执行的效果进行分析、比较后作出的一种综合价值判断。在土地利用规划的实施管理中，建立健全土地利用规划实施评价制度，不仅对土地利用规划的调整和修编有积极影响，而且可以帮助有关部门及时发现规划中存在的问题。

土地利用规划实施评价的内容主要包括以下三个方面：1. 土地利用规划结果评价，指对土地利用规划执行后的结果是否符合其目标及实现程度的评价。2. 土地利用规划效益评价，指对土地利用规划结果和土地利用规划投入之间的关系的评价。3. 土地利用规划效力评价，指土地利用规划执行后对规划对象及其环境所产生的影响

---

① 胡耘通：《生态维度下土地规划管理及其法制考量》，经济管理出版社2013年版，第198页。

的评价。土地利用规划付诸实践后，其结果对于规划对象及其环境将产生多重影响，这种影响可能对环境有利，也可能对环境造成负面影响；可能是直接影响，也可能是间接影响；有长期或短期影响等。这些共同构成了土地利用规划的综合效力。

（二）土地利用规划实施评价的主体

土地利用规划实施评价的主体通常可分为内部评价者和外部评价者两种。内部评价者主要是土地利用规划编制部门的评价者、规划执行部门、监督部门的评价者；外部评价者则主要是立法部门、司法部门、投资部门、金融部门、研究机构、新闻媒体部门、社会团体部门的评价者以及非执政党部门的评价者。

当前土地利用总体规划实施评价的主体多是当地国土资源主管部门或其委托的编制修编单位，这种组织模式降低了规划实施评价主体的独立性，影响了评价成果质量。因此，开展土地利用总体规划实施评价需要进一步明确规划实施评价的组织主体与执行主体，明确分工，并积极引入监督与咨询机制，强调政府各职能部门的协调配合，加强公众参与程度，广泛征询专家意见。同时，土地利用规划实施评价是一项专业性较强的工作，应加强对土地利用规划实施评价主体的资格审查与专业技术考核。

（三）土地利用规划实施评价的指标体系

土地利用规划实施评价的指标可以分为两类：一类是效果指标，另一类是执行指标。效果指标指的是在土地利用规划实施后，所产生的社会、经济和生态效益，同时也包括社会公众对土地利用规划的认知程度。效果指标可以从四个方面进行衡量：社会公众认知度、投入产出率、环境改善率、劳动生产提高率。执行指标是指在土地利用规划实施的过程中，关键指标的落实完成情况以及违反规划事件的频率、处置率。执行指标也可以分为三类：完成性指标、限制性指标、违反规划事件指标。

当前，中国土地利用规划实施评价制度的设计，主要是对规划实施结果的评价。随着规划实施评价工作的深入与完善，还应进一步加强对规划编制方法、内容与规划实施管理与执行过程的评价，根据评价对象的具体特点，科学合理地构建评价指标体系，明确必选指标与备选指标，促进评价工作的规范化。

近年来，我国各级各类土地利用规划虽然不断地被编制出来，但无论是规划的内容、方法，还是规划的实施效果都没有实质性的进步。规划部门对规划编制与规划实施相脱离的现象都能充分认知却无力加以改变，由于缺少制度化、程序化的对规划实践的反思，“规划师只能根据对本身社会处境的自我反应和普遍性的情绪来判断规划的有效抑或失效、成功抑或失败”。①

土地利用规划在实施的过程中、在区域发展的过程中究竟发挥了什么作用、这种作用的效果如何，直接影响并决定了土地利用规划在社会建设中的作用与地位，也决定了社会对土地利用规划的认识。而就土地利用规划自身来说，通过实施评价可以全面地检讨规划实施的结果和过程，有效地检测、监督既定规划的实施过程和实施效果，并在此基础上形成相关信息的反馈，从而为规划的内容和政策的设计以及规划运作制度的架构提出修正、调整的建议，使土地利用规划的运作过程进入良性循环。因此，在现代土地利用规划运作体系中，规划实施评价应作为一个重要的、不可或缺的组成部分。

四、土地规划救济制度

规划在我国既是国家强化土地宏观调控的手段，也是权利人微观利用土地的指南。土地利用规划具有长期性、法定性、公权力性

---

① 张兵：《规划实效论》，中国人民大学出版社2007年版，第30～39页。

等重要特性。具体的土地利用规划行为必须接受规划制度的限制，规划必须纳入法治化轨道，规划法治化主要体现在规划的编制、审批、实施及修改均应具有合法性，不得随意突破。规划是确定土地利用行为合法性的前提之一，规划锁定了土地的用途及具体的使用方式及强度。但我国规划的法治性仍有所欠缺，主要的表现是：第一，因土地利用规划与编制不直接对相对人产生法律后果，相对人或社会公众缺乏参与规划活动的动力。第二，土地利用规划仅是一种准抽象行政行为与准内部行政行为，导致规划侵权时无相应的权利救济机制。

为体现规划的法治性，必须建立规划救济措施。具体包含三个方面：第一，程序性保护。当规划行政机关在法定规划期内变更已经生效的土地利用规划的时候，该机关至少应当给已经产生合法预期的相对人提供最起码的程序保障，必须遵循规划变更的法定程序。行政机关如果没有履行这些程序（如不能陈述规划改变的原因或者没有给当事人提出异议或听证的机会），将会导致其后来作出的改变决定被法院撤销。第二，实体性保护。支持规划相对人或短期土地利用规划的预期利益，确认其土地利用规划执行请求权、计划存续请求权等。第三，补偿性保护。要求行政机关在变更规划的同时，必须对相对人的合法预期给予适当补偿或过渡机会。①

五、土地规划体系协调制度

规划体系行政权内部配置问题主要体现在中央规划权与地方规划权的冲突及部门规划权之间的冲突上。中央土地利用规划权与地方土地利用规划权的冲突以及上、下级行政区土地利用规划权之间的冲突，如五级土地利用总体规划体系内部不协调，就是指各级规划级别与详略程度难以协调，全国、省级、市级等宏观规划过细，

① 高富平：《土地法学》，高等教育出版社2016年版，第282页。

县级、乡（镇）微观规划过粗，致使土地利用规划的实效不强，功能无法切实显现。部门规划权之间的冲突普遍存在。土地利用规划未能有效协调城乡建设规划，导致土地利用规划制度未能担负起对建设用地的控制责任。在规划的实施与监督过程中，规划实施的保障机制不足。

世界上的很多国家，如美国，都采用这样一种制度，即在国家级制订总的政策规划，在低一级的地区或城市制订较为详细的或者更具有明确的法律效力的规划。不同于地区和城市的规划，国家规划从法律角度来制订，而且它们在实质内容上、影响投资和土地利用决策的方式上理应不同。如在加拿大，联邦政府没有管理规划的职能，规划完全由省以下各级政府管理。从 1996 年安大略省规划法案修改的情况看，省政府越来越多地将规划的制定和审批的权力下放给各城市政府，而将其职责定位于制定规划的总体政策，对地方制定规划进行指导。省政府制定的规划政策十分简单，仅有 11 页，但城市总体规划方案的内容十分详细，往往是很厚的一本书并附有分类很细的规划图。很多国家包括美国也是如此，因为这些国家认为，由各城市自己决定城市土地未来的开发和利用是更为经济和有效的方式。

我国是五级规划体系，国家、省、市、县（市）、乡（镇）都有土地利用总体规划。从总体上说，这与我国的实际情况是相符的，但从降低决策成本和更好地发挥各级规划作用的角度来看，我们必须对各级规划的地位和作用进行正确的定位。借鉴国外的经验，国家和省的土地利用规划应作为宏观性、战略性的规划。国家规划明确国家宏观战略与目标，提出土地利用规划的原则性问题；省级规划根据国家规划目标与各省实际提出具体的规划条例，国家给予各省一定的自主权。市、县、乡的规划则应该是非常详细的、可操作的、能够真正实现用途管制的具体的控制性规划。其中市级规划应注重协调性，具有上下沟通的作用，不仅与省内的其他地（市）相协调，更重要的是协调地（市）内各市县的土地利用；县、乡级规划同是操作层面的规划，但应区分其作用和规划手段，县级规划在一定程度上仍然是结构规划，确定各类土地的结构及利用方向，乡级层面的土地利用规划则应着重分区管制，具体到各个地块的用途管制。①

① 王文革：《土地法学》，复旦大学出版社2011年版，第247～248页。

第三章　土地储备制度

第一节　我国土地储备制度的概述

美国著名经济学家诺斯说过："制度安排变迁的诱因是期望取得最大的潜在利润"，当现有的制度无法满足潜在的对利润的需要时，旧的制度就会发生变革，新的制度会被创设。土地是区域经济发展的最重要因素之一。良好的土地管理可以改善目前的土地利用行为，增加当地社会的活力并为经济发展提供支持。如何创设一个能够与时俱进地最大化利用土地资源的制度是一项长久的挑战。

一、我国土地储备制度的起源

以《中华人民共和国土地管理法》（以下简称《土地管理法》）在 1986 年的出台作为分界点，我国的土地利用制度的变迁状况可以分为两个阶段。

1986 年之前，由于受到我国长期实行的计划经济体制的影响，我国城市土地利用也受到高度集中、高度计划且缺乏市场参与的僵化土地使用制度的制约。虽然这种高度集中的城市土地使用制度在计划经济时代为我国城市的基础设施建设乃至国家工业化做出了巨大的贡献，但它的弊端也是非常明显的。具体而言，我国当时的城市土地利用制度存在三大问题：第一，土地使用是无偿的且使用权不能自由流转，这相当于否定了土地的商品属性。第二，土地使用是无期限的，有违市场经济的价值规律。第三，土地主要通过划拨等手段取得，因此土地资源的配置缺乏效率和公平。这三大问题导致作为生产要素之一的土地无法与技术、人力资源和资金有效地结合。因此，这种城市土地供应制度对土地的利用是粗放、低效且缺乏可持续性的，严重制约了我国城市经济的进一步建设和发展。

1986 年后，新出台的土地管理法将土地的使用权和所有权分离，并且允许以市场交易的方式进行土地使用权的流转。在此基础上，土地管理法确立了我国城市土地有偿使用制度。所谓有偿土地使用制度是指在土地所有权国有的基础上，土地使用权可以依法有偿出让、租赁、作价出资或者入股的土地使用制度。对于土地管理法规定范围内的国有土地使用权，国家可以以无偿划拨的方式出让。这些变革在很大程度上促进了我国土地的有效利用，但一部法律的出台在短时间内并不能彻底解决众多的历史遗留问题。

从计划经济时期开始，中国土地公有制就并非等同于土地的所有权完全属于政府或者国家，而是有着双重含义，即中国的城镇土地为国有而农村土地为集体所有。与此同时，国家所有的城市土地往往被不同的政府机构和企事业单位所占有。因此，这样的土地所有权现状导致了土地供应的混乱。具体而言，出现了“多头供地”、供应方式不规范等问题。例如，部分国有企业在补缴土地出让金时将其划拨所得的土地转换成土地使用权。房产开发商通过囤地的方式供应土地。城镇在其所有的建设用地上建造厂房土地然后以出租的方式供应土地。

这些乱象导致我国的土地供应和利用的现状同土地规划不匹配。一些城市土地的过度供应甚至引起了土地供应量失控和其他一系列连锁反应。例如，上海在 20 世纪 90 年代出现了商品房空置率和市场价格的上升。同时房屋动迁造成的拆迁补偿纠纷也带来了很多社会矛盾。

一个有效的土地储备制度正是应对这些问题的良方。土地储备制度首先使得政府能够垄断一级土地供应市场，其次能够使得二级土地交易市场的土地使用权的交易价格更加透明化和市场化，最终使得政府能够对土地市场进行有效管制，并通过这个制度使土地资源能够被更加有效地利用。于是，我国的土地储备制度应运而生。

二、我国土地储备制度的定义

土地储备制度是我国土地利用制度的最为重要的组成部分。我国并没有针对土地储备制度制定统一的法律，仅仅是在土地管理法和城乡规划法等法律以及国土资源部、财政部、中国人民银行联合制定的《土地储备管理办法》规定的基本框架下，各地通过出台一系列地方性规范、行政法规甚至是通知，由此构建了具有中国特色的土地储备制度系统。

因此，我国各地在各自的土地储备立法对于土地储备制度的定义也不尽相同。例如，《上海市土地储备办法》第 3 条规定："本办法所称的土地储备，是指市、区（县）政府委托土地储备机构，依据土地利用总体规划、城市规划和土地储备计划，对依法征收、收回、收购或者围垦的土地，先通过实施征地补偿安置、房屋拆迁补偿安置或者必要的基础性建设等予以存储，再按照土地供应计划交付供地的行为。"《重庆市国有土地储备整治管理办法》第 3 条规定："本办法所称土地储备，是指经市或区县（自治县、市）人民政府为加强对地产市场的宏观调控，规范城市土地管理，根据土地利用总体规划和城市规划，将依法征用的农村集体土地或依法收回、收购、没收、置换的土地予以储存的行为。"因此必须结合各地的具体法律法规，才能理解我国土地储备制度的基本面貌。

总的来说，土地储备是指各级人民政府依照法定程序在批准权限范围内，对通过收回、收购、征用或其他方式取得土地使用权的土地，进行储存或前期开发整理，并向社会提供各类建设用地的行为。

三、我国城市土地储备制度的内容

土地储备作为我国针对土地市场的一种宏观调控手段，是一项系统工程。这项系统工程的顺利运行离不开坚实的法律制度和完善的操作流程的支撑。

（一）土地储备的基础法律制度

土地征收制度和国有土地使用权有偿转让制度是我国土地储备制度的法律基础。这些基础法律制度给予了土地储备机构实施土地储备政策的工具。没有这两项制度，我国的土地储备制度不可能顺利运行。

1. 国有土地的有偿使用

我国城市土地为国家所有。为了实现城市土地资源的市场化配置，我国在城市土地国有的基础上构建了国有土地有偿使用的制度。国有土地有偿使用的本质是将国有土地的发展权在一定期限内让渡给符合条件的社会团体。我国的《土地管理法实施条例》第 29 条规定："国有土地有偿使用的方式包括：（一）国有土地使用权出让；（二）国有土地租赁；（三）国有土地使用权作价出资或者入股。"

国有土地有偿使用制度不光为我国土地储备的征购和供地提供了可行的法律依据。同时，国有土地有偿使用制度也为土地储备活动设立了制度性的约束，例如，没有法定原因，国有土地使用权的行使不能受到国有土地储备主体的随意干涉。这样可以避免在土地储备活动过程中相对方的合法权益受到公权力的侵害。

2. 国有土地使用权监管

政府不仅要代为行使国有土地使用权，同时也对国有土地资源的利用负有监督和管理的职责。这部分职责主要分为土地用途的管制和土地市场交易价格的管制这两个方面。

在土地用途管制方面，根据《城市房地产管理法》第 26 条的规定，政府对于国有土地使用权人不依法定使用用途和期限行使土地使用权的，政府有权收回其土地使用权。变更国有土地使用权的用途，必须报批当地政府和城市规划部门或者必须是基于公共利益，才可以通过征收的方式予以实施。

根据《城市房地产管理法》第 33 条和第 34 条的规定，土地价格管制是指国有土地使用权的出让与流转的对价必须符合法定标准，即土地出让和流转所支付的对价应参照国务院规定的基准地价。《关于加强国有土地资产管理的通知》中更是作了进一步的规定，即国有土地使用权转让申报土地转让价格比标定地价低 20% 以上的，市、县人民政府可行使优先购买权，从而避免国有土地资源的非法流失。

（二）土地储备的具体流程

我国的土地储备活动和外国土地储备制度一样，主要包括征购、储备和供地三个环节。

1. 土地征购环节

征购环节是土地储备机构取得土地的过程。我国土地储备机构取得土地的方式既可能基于强制征收，也可能基于双方协商而达成合意的方式。

土地储备活动的标的土地的来源主要有两个：一是对新增城市用地进行征用；二是存量城市土地的收购、置换、回收。在收购的过程中，土地储备机构的主要职责是对收储地块实地踏查，进行收储成本核算，并在最后根据土地储备活动中双方制定的协议来支付土地收购补偿款。

2. 土地储备环节

在储备环节，土地储备机构将收购集中起来的土地进行开发或再开发。土地开发是指土地储备开发的具体组织形式。土地储备机构通过对收储得来的土地进行拆迁、平整、归并整理和基础设施的配套建设（又称为“一级开发”），将原先不能直接出让和使用的

"毛地"改造成符合出让和出租标准的"熟地"。土地储备机构将已完成开发的"熟地"进行储备，等待进入下一个环节再出让。这个过程的实施主体一般是土地储备机构，土地储备机构往往通过授权委托或公开招标的方式让第三方企业或者机构直接实施这一系列土地储备活动。

3. 供地环节

供地环节又称为土地交易环节，即土地储备机构根据社会发展、城市规划和供地计划，有计划地将储备土地出让和出租，并获取收入。这些收入包括土地出让金和土地租金。在出让方式上，土地储备机构一般采用市场化程度较高的招标、拍卖和挂牌方式出让其收储的土地。

综上所述，我国土地储备机构的整个运作流程是一个将土地资源整合的过程，其本质是一个土地中介，把收储得来的土地进行统一的征地、拆迁、安置、补偿，并进行适当的市政配套设施建设，使该区域范围内的土地达到"三通一平""五通一平"或"七通一平"的建设条件（熟地），再对熟地进行有偿出让或转让。

（三）我国城市土地储备制度的基本功能

我国的土地储备制度的基本功能主要包括三个方面：首先，城市土地储备制度有利于保护耕地。过去我国的城市土地的供应有赖于对城市周边农用地的征用。通过土地储备制度的实施，我国城市中那些被不合理利用、不合法利用、超期利用甚至未利用的土地资源能够被重新整合并合理配置，从而避免对农用地的粗放侵蚀；其次，土地储备制度是政府优化城市土地资源配置的重要宏观调控工具。政府通过土地储备制度，可以达成控制一级土地市场的效果，并根据计划合理地开发和供应土地；最后，城市土地储备制度能为政府带来财政收入。通过收储土地的出让和出租得到的土地出让金和租金成为政府重要的财政收入来源。

（四）我国土地储备制度的实践运作模式

在《土地储备管理办法》颁布前的相当长的一段时间里，国家并没有针对我国的土地储备制度出台具体针对土地储备制度的法律，并且各地的社会、经济和地理状况各不相同，因此各城市土地储备模式差异较大。尽管目前为止，中国各城市土地储备运作模式有诸多不同特点，但各地的土地储备活动都是在政府推动下进行的，所以可以概括为我国土地储备活动均是由政府主导的，只是各有侧重。在此前提下，我国各地的土地储备制度模式可以分为杭州模式，上海、重庆、厦门模式和武汉模式。本文将上述三种模式进行横向对比，做如下分析和比较：

杭州模式更侧重政府在土地储备活动中的主导地位。杭州土地储备模式的特点是：收购土地的范围由政府的行政规章规定。在行政法规规定范围内的土地统一由储备机构根据计划进行收购、储备、开发，土地管理部门根据用地需求用招标、拍卖的方式对储备土地实行统一出让，规定范围内的划拨土地使用者不能像过去一样通过补办出让手续的方法自行转让土地使用权。杭州模式的重心在于将土地储备作为一种政府对土地市场的宏观调控手段，而将其市场经营行为的性质置于次要地位。

上海、重庆、厦门的土地储备模式更为偏重市场主导。这一模式的特点是：这些地区的土地储备机构根据自己的收购计划和市政府的要求，通过与被收购单位进行平等协商的方式，来确定土地的收购价格或约定被收购土地收益如何进行分配。然后，按照双方约定，由土地储备机构支付土地收购金，并按法律规定办理土地过户手续。储备机构取得土地后，由其负责对收储得到的土地进行拆迁、平整和相关基础设施配套建设等准备工作。对于可以转让的储备土地则由土地管理部门出让给新的用地者。上海、重庆、厦门模式的重心在于通过土地储备来实现土地的保值、增值，并尽最大可能追求土地资产价值的最大化。

武汉模式则兼具了以上两种模式各自的特征，即一方面在土地储备活动中体现政府一贯的政策方针，但另一方面绝不把政府放在绝对主导地位上。具体而言，一方面武汉市的土地储备机构——武汉市土地储备中心在制定土地储备计划之后，都会报经市规划和国土资源部门批准，但这些政府部门并不直接参与计划制定过程；另一方面虽然武汉的土地储备制度关注市场的导向作用，但并没有把市场机制作为唯一参照。例如，土地储备中心在收购土地时，会与土地使用者协商收储的条件，但土地的使用者并没有权利拒绝收储。

上述几种我国的土地收购储备制度的运作模式都是根据各地自身条件的要求并为解决某些具体问题而建立的，因而在实际运作过程中，可操作性与运行效果也不同。

第二节　我国土地储备制度存在的问题

我国的土地储备制度实际上是在借鉴西方国家土地储备相关制度的基础上发展起来的。从 1996 年设立的上海土地发展中心开始，我国的土地储备机构经历了从无到有再到逐步规范的过程，目前全国已经有 2000 多个土地储备机构，对土地储备的制度设计和法律规范也同样是逐步地发展和完善的，但我们不得不承认我国的土地储备制度依然存在严重的缺陷。

一、我国土地储备制度的法律保障不健全

（一）缺乏高位阶的法律、法规

我国现行的《土地储备管理办法》是由原国土资源部、财政部、中国人民银行、中国银行业监督管理委员会联合制定的。同时，我

国各地又出台了各自的土地储备管理制度，其中有些属于地方政府出台的地方政府规章，如《上海市土地储备管理办法》《山东省国有土地储备办法》《昆明市土地储备管理办法》等。有些文件则属于地方性法规，如《包头市土地储备条例》和《西安市土地储备条例》。虽然这些法规和规章在很大程度上对各地的土地储备活动进行了规范，但是部门规章、地方性法规和地方政府规章的效力层级较低，并不能从总体上指导和规范各地的储备活动。这些部门规章和地方政府规章之间并无明确的层级效力高低之分。根据《中华人民共和国立法法》第95条的规定，这些地方性法规、规章就同一事项的规定不一致的，往往需要提请国务院提出意见或者作出裁决。如果地方人大和政府制定的土地储备相关的地方性法规和地方政府规章与《土地储备管理办法》存在不一致，会对土地储备过程中的法律适用造成混乱。

（二）土地储备制度缺乏配套立法

我国土地储备活动涉及多个环节，例如，征收、土地储备资金的融资、土地出让金等环节并没有统一操作模式。各地基本是结合各自的具体情况来制定储备制度的配套政策。

土地储备实践中，国家对由于缺乏配套制度而涌现的问题往往通过颁布新的部门规章甚至以通知形式出现的行政指令来予以解决。例如，对于土地储备过程中的融资问题，2012年和2016年就分别出台了《国土资源部、财政部、中国人民银行、中国银行业监督管理委员会关于加强土地储备与融资管理的通知》和《财政部、国土资源部、中国人民银行、银监会关于规范土地储备和资金管理等相关问题的通知》。土地储备立法的缺失，导致了土地储备政策和模式缺乏稳定性和可预期性。

二、我国土地储备制度设计存在缺陷

（一）土地储备长期缺乏完善的监督机制

总的来说，我国的土地储备活动缺乏完善的监督机制，这主要体现在两个方面。

第一，政府作为土地所有者，其对土地储备的主体和土地储备活动有监督的职能和义务。但在土地储备活动的过程中，政府应当对哪些责任主体进行监管、如何实施这种监督权，各地的土地储备机制对此大多没有涉及。具体而言，在国家层面，仅有原国家土地局1995年颁布的《土地监察暂行规定》（已失效）对此略有涉及，该规定提到“土地监察，是指土地管理部门依法对单位和个人执行和遵守国家土地法律、法规情况进行监督检查以及对土地违法者实施法律制裁的活动”。在土地储备活动中，有关政府部门应当如何实施这种土地储备监察权？对此，法律并没有作出相关的规定。

第二，除了政府自身对土地储备活动的监管缺乏之外，我国的土地储备也缺乏外部监督。例如，我国的土地储备过程缺少透明度和足够的信息公开，土地储备计划很少主动向公众公布。现有的机制也没有向公众提供固定的监督渠道。这种现状必然会造成一部分地方政府为追求自身利益，滥用行政权力而干预或者影响土地储备活动。例如，为了非法卖地换取财政收入和建设形象工程，而滥用优先购买权或者强制征用土地，从而损害了公众的切身利益。

（二）我国土地储备实施主体混乱

我国土地储备制度的实施主体也存在缺陷，具体表现为土地储备活动的实施主体混乱，主要体现在两个方面。

第一个方面是在土地储备机构的设置上。各地的土地储备机构的名称、法律性质和运作模式都不尽相同。因此，国家难以对土地储备机构出台统一的政策，这给土地储备活动的管理带来了困难。目前我国土地储备机构的设置主要有两种模式：第一种是土地储备中心，在一些地方也被称为“土地储备整理中心”或者“城市土地投资中心”。这些土地储备机构往往是隶属土地管理部门的事业单位或者下级机构。第二种是公司法人的形式，例如，厦门的土地储备机构被称为土地开发总公司，其实质上是政府出资设立的公司法人。尽管这两种机构在名义上都不以营利为目的，都是在代表政府实施土地储备计划，但在实际操作过程中，以企业法人方式设立的土地储备机构实施土地储备计划必然会有收益，并非理想中的非营利机构。

第二个方面是在实践过程中，土地储备活动各个环节的实施主体并不一定是以上提及的各类土地储备中心或者公司法人。例如，有些地区的城市建设投资公司（简称为城投公司）会参与到土地储备活动中。城投公司参与土地储备的方式一般有两种：第一种是政府直接将土地储备的职能赋予城市投资公司。例如，重庆市直接将土地储备功能赋予了城投公司。重庆市的土地储备主要由几大国有控股集团代表政府实施。第二种是城投公司受到政府委托，合作进行土地开发。无论以何种方式，城投公司都会参与到储备土地的一级开发中。城投公司一般是国有独资或者国有控股公司，它实质上是政府的融资平台。土地的一级开发的前期投入成本较高，其周期也较长。开发过程中存在一些不确定因素，如补偿成本增加、拆迁周期超出计划等，会导致项目的开发成本升高，甚至造成资金链断裂，最终对地方的政府融资活动造成负面影响。

（三）土地储备的融资渠道稀少且缺乏规范

通过上文的说明，储备土地必须经过征拆补偿的程序。可以说，土地储备机构的主要工作之一就是组织土地征拆补偿。这就决定了土地储备机构必须有资金。

我国实施土地储备的收购活动的资金主要有三个来源，即政府的财政拨款、银行的抵押借款和土地出让金。可以说，我国土地储备活动的融资渠道数量有限。这些现存的融资渠道均存在一定缺陷。首先，政府的财政拨款虽然无偿且低风险，但贷款的额度受到当地政府的财力所限。其次，银行的贷款利率较高且受金融政策和经济环境的影响较大，因此这种方式很容易造成土地储备融资的财务成本上升。最后，可用于土地收储的土地出让金数量有限，因为土地出让收益中的一部分必须用来维持土地储备机构的日常开支和土地的后期开发。

在土地储备活动的实际操作中，融资渠道带来的问题更为复杂。第一，土地征收的主体是地方政府，政府应委托土地储备机构行使土地征收职能。但政府可能由于资金或者预算等方面的问题，不能向土地储备机构拨付足够的土地储备启动资金，而转由地方介入垫付价款，让土地储备机构的部分职能名存实亡。第二，土地储备机构可以通过向银行抵押储备土地贷款，但土地储备贷款只能用于土地收储，不能挪作他用。这限制了地方政府的手脚，所以在实践过程中，地方政府往往会成立融资平台如设立城投公司，以架空土地储备机构。

第三节　国外土地储备制度借鉴

土地储备制度如何有效地发挥其作用，是由土地储备制度设立的目的、立法、主体、操作机制和融资方式决定的。灵活全面的立法、合理的政策目标和完善的主体设计是保证土地储备制度切实有效运行的要求和关键因素。美国、瑞典、荷兰、韩国的土地储备制度中各具特色的制度设计，在调控土地市场、维护公共利益的实践过程中发挥了各自的重要作用。

一、土地储备制度的目的比较

世界各国及各地区的自然环境、文化历史、社会经济状况和政治制度存在极大的差异。为了适应这种差异，各国建立土地储备制度的具体动机和土地储备制度所追求的具体目标也存在极大的不同。

（一）美国土地储备制度的目的

美国的土地储备制度是为了解决现实问题而诞生的制度。美国土地储备制度的目的是重新有效利用大量被遗弃和空置的不动产。大量的不动产被遗弃和空置在美国是广泛存在的现象，这个现象产生的背后有着深刻的社会和经济原因。

美国 20 世纪中期的大城市的城市规划和发展经历了两个显著的趋势变化。第一个变化是美国城市前所未有的大规模扩张，具体表现为城市近郊和远郊所占区域的不断扩大。第二个变化是城市中心城区的衰落，这具体表现在大量工业、居住和商业不动产被遗弃和空置。2008 年左右的美国经济危机期间，原先作为贷款抵押品的不动产被其所有人大量遗弃和空置，从而进一步加剧了这个现象。被遗弃和空置的不动产往往会带来一系列社会问题。

首先，被遗弃和空置的不动产会导致当地政府的税收收入下降。不动产被遗弃意味着所有人不再向不动产投入资源，如不动产的所有人会停止常规维护，不再偿还将该不动产作为抵押物的债务，又如拖欠该不动产的财产税等。同时，当地政府不得不从自身税收收入中拿出一部分资金以维护这些被空置和遗弃的不动产，从而使当地政府的财政状况受到了负面影响。

其次，被遗弃和空置的不动产会产生许多安全隐患。根据美国消防管理局的报告，美国的空置房屋每年发生超过 12000 次火灾，导致的损失高达7300万美元。① 另外，这些被空置和遗弃的不动产也容易成为违法犯罪活动的温床。1993年，针对得克萨斯州首府奥斯汀市的59处空置不动产的一项调查报告显示，这些房屋中34%的房屋被用于非法活动。②

为了缓解这些负面社会效应，如何妥善处置这些空置的和被遗弃的不动产成为一项难题。20世纪70年代早期，土地银行作为“土地储存”（“land reserve”）制度的一种形式被提出，即土地银行作为政府机构参与到土地获取的环节中去，收储那些不被市场需要或者难以进入市场交易环节的不动产。在房地产市场过热的情况下，可用的不动产可能会被消费一空。此时，土地银行可以储备足够的公共空间，以备将来为公益之目的而使用。而在土地市场萧条时，往往会出现大量的被遗弃和空置的不动产。土地银行收储这些不动产并将这些负担转化为有用的资产。

经过了几十年的发展，美国土地储备目的发生了巨大变化，这主要体现在土地储备的目标范围变得更为狭窄。具体而言，美国土地银行的目标从起初的进行积极主动的“土地储存”活动，即在总体上控制土地的需求和供应，转变成了一种城市规划工具。制度的目的在于将被遗弃、空置和欠税的不动产重新利用。美国的第一批土地银行如圣路易斯土地银行（St. Louis Land Bank）、克利夫兰土地银行（Cleveland Land Bank）和亚特兰大土地银行的诞生，都是基于这一理念。

---

① Marty Ahrens，NFPA's“Vacant Building Fires”（美国国家防火协会“空置房屋火灾”报告），http：//www. nfpa. org/research/reports-and-statistics/fires-by-property-type/vacant-building-fires，April 2009.

② Setterfield. Mark，“Abandoned Buildings：Models for Legislative & Enforcement Reform”，Hartford，CT：Trinity College，Trinity Center for Neighborhoods，Research Project 23. P. 5.

（二）其他国家土地储备的目的比较

土地储备制度最早于荷兰实施。该制度在荷兰出现的原因是荷兰城市人口急速增加，并由此导致可利用土地的紧张。19世纪末，随着荷兰经济的发展，阿姆斯特丹、鹿特丹和海牙三大城市发展十分迅速，从而产生了许多社会问题，其中最大的问题是城市人口的急速膨胀。大量的劳动人口涌入像阿姆斯特丹这样的城市，并成为那里的常驻居民，由此造成了城市环境逐渐拥挤和城市规模的迅速扩大。城市中的居民急需充足的住房供应和良好的公共基础设施。

另外，荷兰本身的地理环境因素进一步激化了用地矛盾。荷兰作为一个低地国家，大部分国土低于海平面，可以直接利用的土地数量并不多。国家若想使用这些潜在的土地资源，必须采取人工改造措施将这些土地改造为适用的土地，如大规模的排水工程和填土工程。要成功实施这样的大规模工程，必须建立起一个有能力的公共部门负责这些改造计划的制定和实施。为了解决这两大难题，阿姆斯特丹市政府于1896年开始实施土地储备制度，政府负责收购农村土地，以便向城市中的劳动人口提供充足住房。

同荷兰相比，法国土地储备制度则产生较晚。法国的土地储备制度诞生于“二战”之后。“二战”期间，法国境内的居民住宅被大量毁坏，住房资源严重缺乏。一方面，在战争结束之后，前法国殖民地的居民纷纷涌入法国国内，同时法国的农村人口也大量迁徙到城市中，由此造成城市人口迅速增加；另一方面，人口增长不仅导致了城市土地的稀缺，也造成了地价的上升，投机者大量囤积土地、控制土地供给。法国政府为了缓解住房资源、压制不动产市场投机行为，计划设立一个新型的地产开发机制。在统一的调控下，法国政府开始土地配置和收购，从而逐渐形成了法国的土地储备制度。

另一个典型是韩国的土地储备制度。韩国的国土面积较为狭小，其中山地占国土总面积的比例就已经达到了60%以上，且韩国的人口共计已经达到了5042万。在人口密集且土地资源紧张的国情压迫之下，韩国在1974年通过了《韩国土地公社法》，开始实施土地储备制度。韩国土地储备制度是指由国家确定的公共机关（或由土地公社等国有企业）事先收购将来计划用于公用事业的土地，等到有需要时，再将其出售的制度，通过这种制度达到节约用地、满足公共事业对土地的需求和调整本国土地市场的供需平衡的政策目标。

综观这些国家的土地储备制度，实施土地储备制度的目的都在于缓解土地供应的紧张、解决用地矛盾。

二、土地储备制度的立法比较

各国土地储备制度不仅具体目的存在差异，制度立法也是各具特色。一方面，土地储备制度的相关立法必须受到本国的法律体系的制约。另一方面，不同国家和不同地区各具特色的土地储备立法为各自的土地储备制度的设立和运行提供了法律依据。

（一）美国的土地储备立法体系

美国的土地储备立法体系主要由两类法律文件构建而成：第一类是州层面针对土地储备制度的直接立法以及其他相关的财产法和税法法律条款。例如，密歇根州通过了一系列拍卖法改革和土地银行快车道法案（Land Bank Fast Track Authority Act）来指导设立本州内的土地银行；第二类法律文件主要包括地方政府之间签署的各类地方合作协议或者政府间合作协议，政府间合作协议签订的目的在于建立和运营土地银行。这些法律文件是美国土地银行体系建立的法律依据。

在实际操作中，一些土地银行则只需要政府间的合作协议就可以成立，而有些土地银行却需要州的土地储备立法授权才可设立。在很多情况下，土地银行的设立同时需要州层面的土地储备立法和地方政府间签署的合作协议。

这一特殊立法现象出现的背后有着深刻的原因。首先，美国的各州都有自己的宪法架构来分配州政府和地方政府之间的法定权力。因此，当地政府到底在多大程度上享有设立土地银行的权力是由本州的自治权和州宪法或者州立法机关的授权范围决定的。同时，土地银行只行使有限的权力。因此，州的土地储备立法有时并不是必要的，政府间签署的合作协议可以给予土地银行足够的授权。例如，在密歇根州土地银行法案通过之前，该州的杰纳西郡的土地银行前身——杰纳西郡土地再利用委员（Genesee County Land Reutilization Council，Inc）就已经基于地方间合作协议设立了。所以，该州只是在土地银行立法通过之后，由州政府和杰纳西郡政府签订了新的政府间合作协议，将之前的土地储备主体正式转型为杰纳西土地银行而已。

其次，政府间合作协议在美国土地储备立法中扮演了重要角色。在美国的大部分地区，财产税的评估和征收通常是由郡政府负责的。然而，某一特定地区的不动产可能会受到多个政府机构的税收管辖。例如，市政府对位于其市辖区范围内的不动产财产享有排他性的税收管辖权。同时，其他政府性机构，如地方教育局也有征税的权力。考虑到这些繁复重叠的管辖权可以或多或少地干涉被遗弃、空置和欠税不动产的财产税征收过程，通过政府机构之间签订政府间合作协议可以避免出现管辖争议并授予土地银行合适的权力。而某个郡的单一辖区设立土地银行就不需要政府间协议了，如圣路易斯的土地银行的设立并没有通过政府间的合作协议。

最后，在一个州内，州层面的土地储备立法会针对土地银行的设立事项向当地政府进行授权。这些授权的范围也不尽相同。在不同的授权条件之下，当地的政府机构对其设立的土地银行会采取不同的措施。佐治亚州的州法律给予了当地政府自主权以决定土地银行预算以及人员构成。结果，该州的亚特兰大土地银行有自己的员工，而同属于该州的梅肯土地银行却没有自己的员工，其运营全靠当地的住房部门的人员。

（二）韩国的土地储备立法体系

相比美国较为灵活的土地储备立法体系，韩国的土地储备立法体系非常细致，以至于土地储备活动的每个方面都做到了有法可依。首先，《韩国土地公社法》的第 9 条规定了土地公社的业务范围包括“土地的取得、开发、储备、管理、供应及出租”。其次，《关于国土规划及利用的法律》的第 122 条和第 123 条则规定了土地公社购得土地的法定特权，对“土地买卖许可区内”的土地享有“协商优先购买”权。再次，《韩国国有财产法》第 1 条、《韩国国有财产法实施令》第 33 条、《韩国国家均衡发展特别法》第 33 条和《韩国国家均衡发展特别法实施令》进一步规定了韩国的土地公社可以接受委托“管理和处理国有资产”，并有权对法定范围内的资产进行“出租、转让和出售”。最后，《有关指定和管理开发的限制区域的特别措施法》规定土地公社可以接受委托进行“开发限制区域土地的收购及管理”的业务。

三、土地储备制度的实施主体的比较

国外土地储备制度的实施主体的比较，可以从地理和时间两个维度入手。从地理维度比较，各国的土地储备机构呈现地域性的差别。从时间维度比较，特定国家或者地区的土地储备机构主体在不同时期呈现不同的面貌。这些差异具体表现在土地储备机构的法律性质、组织架构和权限范围等方面。

（一）美国土地储备制度的实施主体

美国土地储备制度的实施主体主要是土地银行。美国的土地银行一般是经政府授权而设立的非营利性法人主体。土地银行负责获取、持有和管理空置、被遗弃以及面临税务司法拍卖（tax foreclosure）的不动产，以便将它们转化为可有效促进当地社区发展的资产。一个地区的社会经济环境决定了当地是否存在土地银行。如果该地不存在大量的空置和被遗弃的存量不动产，那么就没有在该地区设立土地银行的必要。相反地，如果当地存在大量被遗弃和空置的不动产，那么设立土地银行就较为必要了。截至目前，为了应付空置和被遗弃的欠税拍卖不动产数量的快速增长，美国不少地区都设立了各自的土地银行。其中，最有代表性的五个土地银行为圣路易斯土地银行、克利夫兰土地银行、路易斯维尔土地银行、亚特兰大土地银行和弗林特土地银行。

如前文所述，尽管美国的土地银行有共同的历史和理论渊源，但这些土地银行的具体形式却是千差万别。从地理维度来看，美国各州都有各自的州宪法。不同的宪法导致不同州立法机构和地方政府之间的法定权力的分配存在差异。很多情况下，州立法并没有足够的权限来设立土地银行，而需要当地政府的立法或者州政府和当地政府签订政府间的合作协议加以配合。直接结果是各州设立土地银行的法律依据是不同的，而这也导致了土地银行会以不同的法律主体形式存在。一家土地银行既有可能是经法律授权的独立的一级政府机构，也有可能是非营利性的社会团体。从时间维度来看，不同历史时期，美国各州的经济和法律制度会发生巨大的变化，受这些因素的影响，美国土地银行的实施主体也在发生演变。

总体而言，美国土地银行的发展可以分为以下历史阶段：

第一个阶段，是指20世纪70年代至20世纪末。这段时期内美国先后诞生了圣路易斯土地银行、克利夫兰土地银行、路易斯维尔土地银行和亚特兰大土地银行等四家土地储备机构。其中，成立于1973年的圣路易斯土地银行是最早诞生的土地银行。不久之后，俄亥俄州也通过授权立法的形式设立了克利夫兰土地银行。十年之后，路易斯维尔和亚特兰大通过政府间合作协议设立了土地银行。这些土地银行的运营相当成功，它们大大促进了被遗弃和空置的不动产的重新利用，但它们也存在一定的缺陷：

首先，这些土地银行运营仅依靠当地政府的资助，并没有其他收入来源，且自身无法产生足够的资金支持其运营，导致这些土地银行的能力过于弱小。例如，在 20 世纪 80 年代到 90 年代期间，圣路易斯土地银行和克利夫兰土地银行每年仅能处理 500 个不动产地块，而路易斯维尔土地银行和亚特兰大土地银行仅能处理 100 个不动产地块。相对于每年亟待处理的高达 1000 ~ 2000 个地块的存量不动产，[①] 这些缺乏资金支持的土地银行效率非常低下。其次，当时各州的不动产拍卖程序过于落后和僵化。例如，在土地银行获取不动产所有权前，存在一个很长的赎回等待期。这段时间内，土地银行无法针对该地块开展土地储备活动，这使得土地银行无法有效率地处理不动产。最后，当时的政府间合作协议并没有明确土地银行的法律地位和权限，不论是强制的还是许可的。例如，克利夫兰土地银行和圣路易斯土地银行仅仅是作为本市的一项市政计划在运行，因而权力也非常有限，非常容易受到负责的政府机关的干涉。

第二阶段开始的标志是 2002 年密歇根州杰纳西郡土地银行（Genesee County Land Bank）的出现。这一阶段美国土地银行诞生的基础是新的社会条件和新的立法活动。

1999 年，密歇根州对财产税强制拍卖法（property tax foreclosure law）进行了系统性的改革。[②] 改革之后的新立法叫停了向第三方出售税收留置权（tax liens）或者税务证明的行为。税收留置权是一种法定的留置权，设立目的是担保税收的征收。如果财产的所有权人欠缴税款，税务机构有权留置欠缴税款人的财产（如银行账户、汽

---

① Frank S. Alexander. Land Banks and Land Banking, http://www.downtown-development.com/pdf/LB_ Book_ 2011_ F.pdf. June 2011, p. 19.

② See 1893 Mich. Pub. Act 206, as amended by 1999 Mich. Pub. Act 123; Mich. Comp. Laws § § 211.1 et seq.

车和不动产等），以保证税款的成功征收。根据新法，所有符合州和联邦法律规定的条件者都可以参加税务抵押不动产的司法拍卖。同时，新法也创造了“一揽子（bulk）”拍卖的方式，这使得郡所有的存量税务抵押不动产都可在司法拍卖中被一次性卖出，这项机制使得政府有机会获得所有的税务抵押不动产。

对财产税强制拍卖法进行了创新改革之后，为了适应新的法律规定，密歇根州当地政府摸索出了新的土地银行组织架构方案，以便能够很好地进行土地储备工作。基于杰纳西郡和弗林特市的政府间合作协议，密歇根州在 2002 年成立了杰纳西郡土地再利用委员会（Genesee County Land Reutilization Council ，Inc）。这是该州的第一个土地银行机构。杰纳西郡土地再利用委员会作为专门负责处理欠税拍卖不动产的跨区域法律主体，拥有比第一代土地银行更多的权力，同时这也令它成为全郡最大的土地所有者。

2004 年 1 月，密歇根州通过了土地银行快车道法案（Land Bank Fast Track Authority Act），这是当时最雄心勃勃的土地银行法。[①] 该土地银行法案签署之后，杰纳西郡土地再利用委员会（Genesee County Land Reutilization Council，Inc）转型为杰纳西郡土地银行（Genesee County Land Bank Authority）。

总的来说，2004 年的密歇根的立法改革使得第二代土地银行弥补了第一代土地银行存在的缺陷。首先，第二代土地银行拥有更多的资金来源，而不是仅仅依靠政府的资助。其次，第二代土地银行有能力更广泛和深入地介入和干涉不动产的拍卖过程。例如，密歇根州土地银行有能力获取所有的因欠税而被拍卖的不动产，而不是只局限于那些没有第三方买家的不动产。最后，这些不动产有明确和可供交易的产权，可以根据当地市场条件用于再使用和再开发。

在这一阶段，同时涌现的土地银行还包括俄亥俄州土地银行。

---

① See 2003 Mich. Pub. Act 258；Mich. Comp. Laws § 124. 751.

为了应对本地过高的不动产空置率和没收率，俄亥俄州的克利夫兰市和凯加霍郡迅速将第一代的克利夫兰土地银行改造成了一个更有效率的主体。2008 年，俄亥俄州议会（Ohio General Assembly）在总结克利夫兰土地再利用计划的优缺点和其他地区土地银行的实践经验的基础上，颁布了 Senate Bill 353 号法案。这个法案的出台将第一阶段诞生的克利夫兰土地银行迅速变成了凯加霍郡土地再利用集团（Cuyahoga County Land Reutilization Corporation）。2010 年，转型之后的凯加霍郡土地银行的运营很成功，这使得俄亥俄州议会决定将土地银行法的适用范围扩大到整个州。

类似于密歇根州授权土地银行处理欠税不动产的方式，俄亥俄州法律更注重于对现有制度的系统性改造。改造着手于土地银行和税务拍卖程序之间的特定关系而不是直接修改整个俄亥俄州的税务拍卖法律。该法案允许土地银行将拖欠财产税收所产生的利息和罚金现金流内部消化，从而成为自身的融资渠道。第二代土地银行的立法改革较为复杂，如密歇根州的改革修改了本州的土地银行法和其他四部不同的法律的相关条款。① 而俄亥俄州立法机关尽管将所有修正过的法条都放在了一部法律文件中，但是涉及改革而需要修正的本州法律条款超过 15 个。宾夕法尼亚州和纽约州都在 2011 年左右同时通过了土地银行法。② 如果不单独对这些法律条款进行梳

① See 2003 Mich. Pub. Act 259, Mich. Comp. Laws § § 125. 2652 and 125. 2663; 2003 Mich. Pub. Act 260 and 2003 Mich. Pub. Act 261, Mich. Comp. laws § § 211. 1021 and 211. 7gg; 2003 Mich. Pub. Act 262, Mich. Comp. Laws § 21. 144 (2) (f) .

② Kerry Curry. New York state enacts land bank law, http://www.housingwire.com/articles/13723-new-york-state-enacts-land-bank-law. July 29, 2011.

Rayla Bellis. Pennsylvania Governor signs Land Bank Act in to law, http://www.smartgrowthamerica.org/2012/11/02/pennsylvania-governor-signs-land-bank-act-in-to-law/, November 2, 2012.

理和理解，是不能看到这次革新的全貌的。美国土地储备制度的执行主体并不局限于独立的土地银行实体，同时也包括其他政府机构。在一些社区中，城市重建局能够履行一部分土地储备的功能。在另外一些社区里，土地银行功能由住房和社区开发部负责。但这种方式也存在一定的缺陷，这些政府机构主导之下的土地储备活动往往局限于几个特定的地理区域或者特定的土地储备项目，因此缺乏灵活性。

综上所述，对于无法进入公开市场自由交易的不动产，土地银行不仅仅局限于作为不动产的保管人，它更是作为政府的合伙人积极参与到这部分土地管理过程中。可以说，在将暂时丧失利用价值的不动产转化为有用资产的过程中，土地银行扮演了重要的角色。决定美国土地银行的功能和形式的因素主要包括两个方面：一是实施土地储备政策地区的社会经济条件变迁，二是该地区州政府和当地政府的权力分配。

（二）其他国家的土地储备实施主体

除了美国实行的土地银行制度之外，多数国家的土地储备活动也是在政府主导之下，由经法律授权或者政府机构委托的组织或者具体的政府机构实施的。

以瑞典为例，虽然土地储备制度的实施主体发生过一系列变化，但整个土地储备过程始终处于政府的主导之下，包括市议会财政委员会、农业委员会在内的政府机构都主导过土地储备活动。以斯德哥尔摩为例，当地的一家私人建筑公司在被政府收购之后，经过改造成了政府的土地储备公司，由该公司来负责土地储备活动的具体实施。这家公司的运营受斯德哥尔摩市议会下属的不动产委员会监督。不动产委员同时还负责制定土地储备的具体计划、确定储备土地的具体范围、筹措土地储备的资金并与土地所有者进行洽谈协商等活动。

而韩国的土地储备制度的实施主体是土地公社。经过《韩国土地公社法》《韩国土地公社发实施令》《韩国土地金库法》等法律的授权，这家机构的职能包括收购、管理、开发、供给土地以及发行土地债券等。土地公社由政府出资设立，是一家专门从事土地征购和储备的国有企业。可以说，韩国的土地储备主体和土地储备活动也受到政府的深刻影响。

在一些国家，土地储备活动主体即政府。土地储备活动是由政府直接执行或者参与的，例如，法国在 1958 年到 1974 年之间实施了六个土地储备项目。这些项目分别是 ZUP（1958 年）、ZAC（1968 年）、SAFER（1960—1962 年）、ZCP（1960—1961 年）、ZAD（1962 年）和区域议会土地储备（1973 年）。其中 ZCP 和 ZAD 都是由市政府和中央政府发起的，而 ZUP 由市政府和民间机构通过公私合作的方式实施，其具体的操作机构则是法国政府设立的专职机构——土地技术服务机构（Land Technical Service Agency）。

四、国外的土地储备制度实施内容的比较

尽管各国的土地储备制度并非完全一致，但大部分土地储备制度的运行过程却是基本一致的，即都可以分为土地或者不动产的征购、土地储备与开发、出让三个环节。在第一个环节，地方政府为了开发不动产或者土地，会以征收、购买、受赠或者其他法定方式获得土地或者其他不动产的所有权。在第二个环节，土地储备机构将购得、征收或者以其他手段获得的土地或者不动产储备起来，同时进行拆除、修理、平整或者改进等一系列开发工作。在最后一个环节，土地储备机构将之前开发成熟的土地或者不动产，以出售、拍卖、出租等方式，在不同的时间、以不同的数量投入不动产市场。

（一）美国土地储备制度的环节

为了达到再利用被遗弃或者空置的不动产的目的，美国的土地

储备制度必须有一个完善的流程。主要包括获得不动产、管理不动产和处分不动产，另外还包括融资环节。

1. 获得不动产

在这个环节，美国的土地银行拥有多种手段来获得不动产。比如说，圣路易斯土地银行和路易斯维尔土地银行自动被给予所有未能在税务拍卖中以法定最低竞拍价格卖出的不动产的所有权。密歇根州则采用了略微不同的做法，土地银行只是可以主动获得这类不动产，而不是被强制自动给予。

尽管大多数土地银行能够从税务司法拍卖中获得任何一种不动产的所有权，但能够从其他途径获得不动产所有权也是很关键的。主要有三种途径。

第一，土地银行能够获得当地政府所有的公有不动产，无论这些不动产是属于税务司法拍卖的范围还是仅仅属于政府所有的多余土地。圣路易斯土地银行和路易斯维尔土地银行就有权获得税务司法拍卖范围之外的政府所有的不动产。而亚特兰大和杰纳西郡的土地银行则可以获得所有除涉税司法拍卖范围外政府选择转让的土地。

第二，土地银行可以酌情获得私人自愿捐赠和转让的不动产。如俄亥俄州允许土地银行通过合同从私人手中受让土地，来替代以司法拍卖的方式获得不动产。

第三种获得不动产的途径是土地银行在获得法律授权的情况下，可以购买或者租赁市场上的不动产。这么做的原因是土地银行可以从私人手中获得足量、成片的集合土地以便将来开发利用。密歇根州就授予了本州内的土地银行这项权力。类似地，路易斯维土地银行和亚特兰大土地银行被赋予了可以为了集合开发而与私人所有者交换特定不动产的权力。

除了这三种途径之外，美国的土地银行也具有强制征收不动产的权力。早期美国土地储备制度的设立目的是控制城市扩张、抑制地价和城市规划。为了实现这些目标，让土地银行获得强制征用土地的权力是一种必然选择。但经过几十年的发展，美国土地储备的目标发生了巨大变化。美国土地银行的目标从起初的积极主动的“土地储存”，即在总体上控制土地的需求和供应，而转向为一种规划工具，即将被遗弃、空置和欠税的不动产重新利用起来。对于是否有必要给予土地银行强制征用权，美国仍然存在争议。

2. 管理不动产

在获得不动产之后，根据法律的规定，土地银行有维护其所有的存量不动产并根据存量不动产的潜在用途进行分类的义务。① 拥有大量的不动产对土地银行形成了巨大的挑战，土地银行不仅需要对不动产做简单的清册记录工作，而且要对老旧或者损毁的不动产进行维护，如一些结构老旧的房屋。例如，路易斯维尔和亚特兰大土地银行都有权进行“管理、维护、保护、出租、维修、改变、置换或者其他任何对不动产的处置”②。此外，土地银行也可以同第三方机构签订管理服务合同，由第三方来负责管理和运营土地银行名下的存量不动产。例如，杰纳西郡土地银行有权和其他专业服务机构签订关于不动产的管理合同。

3. 不动产处置

为了实现土地银行对空置或者被遗弃的不动产转让以及再利用，美国土地银行在维护、整修和改善原先被遗弃和空置的不动产后，除了用于公用目的之外，如开发廉价住房租售给当地的民众，也会将其转让给第三方。

各州法律和地方法律往往对此设定了严格的条件，主要包括三个方面：第一，转让的不动产必须属于“多余”不动产，即满足公益目

① See, e. g. , O. C. G. A. § 48 – 4 – 63 (b); Ky. Rev. Stat. Ann. §65. 370 (2); Mich. Comp. laws §124. 757 (2); Mo. Rev. Stat. §92. 900 (1), 92. 910; Ohio Rev. Code Ann. §5722. 06 (B), (C) .

② Ky. Rev. State. Ann. § 65. 370 (2) (d); Atlanta Land Bank Interlocal Agreement, supra note 12 at VI. C. 4.

的以外剩余的不动产；第二，不动产必须以公开竞拍的方式出让；第三，转让不动产的对价必须合理，一般是指符合市场公允价格。

（二）其他国家的土地储备流程

实施土地储备制度时，其他国家也采取了基本一致的操作流程，即分为获得、整理和处置这三个步骤。

以荷兰为例，土地开发公司在不动产获取阶段，会在市场上以合适的公允市场价格向第三方购得土地。公司在买入土地之后，即进入了管理阶段。公司会对土地进行整理工作以便将来的土地储备。如果时机合适，土地开发公司便会进入处置阶段。各地的土地开发公司会根据实际情况和法律规定将手中的土地出租或者出售。例如，荷兰的阿姆斯特丹市的土地开发公司会将土地作出售处理，而鹿特丹市的土地开发公司则会根据用地的性质采取不同的措施。对于居民住房用地，公司会选择出售，而其他用地则会被出租。

韩国的土地储备活动的开展也包括三个步骤。首先，韩国的土地公社会按照“前期调查——收购许可——签订合同——支付价款”的程序购得土地。其次，在土地管理的阶段，土地公社会对手中的存量土地进行改进和整理。这些改进和整理手段包括土地开发和土地出租等。在最后的供应环节，土地公社会将手中的存量土地有偿出售，或以置换或者无偿出让的方式供应给需要土地的人。

同时，各国的土地储备机构在土地储备环节中被法律赋予了一些法定的权利，其中以优先收购权最具有代表性。优先收购权是土地储备机构在获取土地阶段具有的一项权利。它是指在土地市场上，土地储备机构能以市场价格优先从第三方手中购得土地。例如，法国的六个土地储备项目中，有五个项目能在一定年限或者规定区划内，以市场价格优先购得土地。为了保障土地收储的顺利进行，韩国的土地公社也被《韩国土地公社法》和《韩国土地公社法实施令》等法律赋予了优先购买土地的权利。

五、外国土地储备制度的融资渠道比较

土地储备机构为获得不动产所支付的对价、维护和改善不动产的成本、土地储备机构员工的薪水以及其他成本都需要资金。因此，土地储备机构的日常运营和土地储备活动各环节的实施离不开足够的运营资金的支持。可以说，稳定可靠的融资渠道对土地储备制度至关重要。

（一）美国土地储备的融资渠道

美国土地银行的融资渠道主要有三种。第一种是当地政府的财政支持，例如，当地政府对土地银行的财政拨款。第二种是土地银行的正常运营收入。如上文所述，土地银行有时会以接受捐赠或者法定转让等无偿方式获得不动产所有权。土地银行在投入一定资金将其整修、改进并再次适于居住之后，再将不动产投入市场交易，获得溢价收入。这部分溢价收入即属于土地银行运营收入的一部分。第三种是追缴得到的欠税款。因为欠缴财产税的不动产是美国土地储备的目标不动产之一。将来可以部分追回的所欠财产税款是土地银行的长期资金来源。

（二）其他国家土地储备的融资渠道

为了保证土地储备活动的顺利开展，各国都为土地储备机构建立了完善的融资渠道，以确保他们能够获得充裕的土地储备资金。例如，荷兰为了使本国的土地储备机构能够获得充足资金保障，在1992年，荷兰将城市信用银行改组成了城市银行。该银行同意对城市期票贴现，这使得该银行成为荷兰各城市土地储备机构的重要资金来源之一。而法国则通过设立专项基金的方式作为土地储备活动的融资渠道。法国设立了中央土地开发和城市规划基金来补助该国的城市土地储备计划。

六、外国土地储备制度的特点

如上文所述，外国的土地储备制度实践虽然存在差异，但也存在不少明显的共性。例如，成熟发达的土地储备法律体系、对土地规划和市场的充分了解、足够的资金支持、规范的融资渠道、对维护公共利益的坚持。这些共通特性使得各国的土地储备制度能够维护土地及不动产市场的供求平衡，最大化地发挥自己的功能。

（一）土地储备制度有发达的配套法律、法规

土地储备制度的顺利实施离不开发达、健全的土地储备法律体系的配合。美国各州大多都通过了土地银行立法，其中最为典型的包括密歇根州、肯塔基州、俄亥俄州和密苏里州等。例如，美国的密歇根州在2003年通过了专门的《土地银行快车道法案》。该法案对于密歇根州内设立的土地银行做出了统一和全面的规范，具体内容包括土地银行的定义、土地储备的具体流程、机构的权限范围、融资渠道等。甚至在州层面已存在土地储备立法的情况下，美国一些地方政府通过签订政府间合作协议的方式来进一步对土地银行的设立和运行进行规范。例如，佐治亚州的福尔顿郡和亚特兰大市之间签订了地方合作协议来设立符合当地社会经济具体需要的土地银行。这样的协议受到双方和土地银行的严格遵守，在一定程度上扮演了法律的角色。

其他国家有土地储备的相关立法，如瑞典为了保证土地机构能够顺利收储土地，分别于1949年和1967年颁布了征收法案和优先购买权法案。

这些法律和法规的颁布增加了各国土地储备过程的透明度，规范了土地银行的行为，确保了土地储备制度的顺利实施和当地土地市场的稳定和繁荣。

（二）土地储备制度强调与规划结合

外国的土地储备制度往往和城市规划相结合。为了实施各自的土地储备制度，对于不同类型的土地，各国土地储备机构会采取不同的土地储备方式。例如，法国以土地发展计划的方式来实施它们的土地储备制度。土地发展计划将城市土地分为六类，包括优先都市化区、集中发展区、开放空间及农用地、风景区、未来发展区和区政务委员会的土地。德国强调土地的科学分类，根据用地的规划情况将土地划分为居住用地、混合用地、工业用地和特别用地四种类型。每一种土地又会被划分为核心区、混合区、居住区，而这些片区的有关规定均在建造用地规划中予以详细说明。

（三）土地储备的目的被严格限制

外国设计土地储备制度的具体目的各不相同，大部分国家的土地储备都是在政府主导之下出于公益目的而设立的。这些目的不外乎城市有计划且均衡地发展、抑制地价、防止投机、规范土地市场和改善城市的居住环境。例如，美国的土地银行会将收储到的不动产进行修理、维护和改进，通过这一系列开发行为使这些不动产达到适合重新利用的状态。

（四）土地储备范围多样

外国城市土地储备的重要来源之一是城市周边的土地，同时城市内部尚未得到充分利用的土地或者被规划用于公共设施建设的土地，也有可能被土地储备机构收储。例如，荷兰的土地储备范围就包括原城市范围以外的大量淹没于海平面以下的低地。

同时，一些国家的土地储备范围并不仅仅侧重于土地。美国的现代土地银行专注于收储空置、被遗弃和因欠税而面临拍卖的不动产，这些不动产主要包括房屋。

第四节　我国土地储备制度的完善

我国的土地储备制度经过了一定时间的发展，完善了一部分法律体系并积累了一些实践经验。可以说，我国的土地储备制度已经脱离了初级阶段。但在这段发展期内，我国的土地储备制度依然面临着不断涌现的新问题的挑战。国外的土地储备实践虽然证明了土地储备制度构建的必要性且积累了一些有用的经验，但由于中外法律制度的巨大差异，我国的土地储备制度不可能直接照搬外国的经验，只能在借鉴的基础上，结合本国的国情，针对已经出现或者可能出现的问题加以分析，从而对土地制度提出改进意见。

一、完善我国的土地储备立法

（一）出台高位阶的土地储备立法

如前文所述，我国并没有出台统一的《土地储备法》。我国的土地储备的立法体系大多由部门规章、地方性法规、地方政府规章甚至各类行政通知组成。这些法律文件虽然具有强制效力，但适用范围过于狭窄，往往局限于某一地区或者某一时期。相比依照立法程序通过的法律，这些法律文件的效力较低且缺乏稳定性。

反观其他国家，土地储备制度设立和实施依据大多是国家或者州立法机关通过的法律。例如，韩国的《土地公社法》为韩国土地公社的设立和土地储备制度的运行提供了法律依据。美国密歇根州通过的《土地银行快车道法案》对密歇根州内设立的土地银行做出了统一和全面的规范。这些相对高位阶的立法使得国家能够在较大范围内对土地储备活动进行有效规范和管控。

总的来说，我国的土地储备立法的法律位阶较低，并不能稳定和全面地指导各地的土地储备工作的展开，也不能很好地促进我国形成较为完善的土地储备模式。所以，我国应当尽快制定和出台一部《土地储备法》。

（二）建立政府间合作法律制度

如前文所述，地方性的法律法规组成了我国的土地储备法律体系的主干。由于我国不同地区的土地储备立法的差异，各地土地储备模式存在较大的差别，这并不利于跨地区的土地储备活动的展开。同时，一些地区的土地储备机构分为市县两级，如上海的土地储备机构分为市县两级土地储备中心。如何协调两级土地储备机构之间的具体分工和职责也是较为困难的问题。

面对类似的问题，一些国家有自己的解决之道。例如，美国的各级政府之间会签订政府间合作协议来设立土地储备机构，对其充分授权并明确其职责，以解决各级政府机关之间的管辖权冲突并方便开展跨区域的土地储备活动。我国也可以借鉴美国的做法，完善我国的区域间合作法律制度，并将其引入到土地储备制度中来。相邻的两个或者两个以上的区域的地方政府可以通过签订协议的方式，在土地储备方面加强彼此之间的合作，甚至可以建立跨区域的土地储备机构以扩大土地储备活动规模，从而解决上述的问题。

二、优化土地储备机构的设置

（一）清理压缩现有土地储备机构

我国土地储备活动的实施主体设置较为混乱。不同地区对土地储备机构的设置不同。土地储备活动的不同环节也未必皆由土地储备机构负责实施。实践中，存在一个行政区划内设立多个土地储备机构的现象。这种现象造成了土地储备机构的功能重叠和资源浪费。

相反地，许多国家的土地储备机构的设置较为简单。比如美国，在特定州内，一家土地银行往往只负责某一特定区域内的土地储备活动，并不存在土地银行管辖权互相重叠或者设置多个层级土地银行的现象。

因此，从提高土地储备工作效率的目的来看，我国可以将土地储备机构及其人员进行精简。例如，每个县级以上（含县级）的法定行政区划应当只设置一个土地储备机构，并统一归其所在行政区划的国土资源主管部门管理。之前重复设置的土地储备机构在压缩合并之后，剩余的土地储备机构应当重新纳入土地储备名录进行管理。

（二）限定土地储备机构的职能

外国的土地储备机构的职能往往被法律严格限定在一定范围之内，这个范围主要是指土地储备活动本身。例如，《韩国土地公社法》第9条规定的土地公社职能包括“土地的取得、开发、储备、管理、供应及租赁”。同时，根据韩国《关于国土规划及利用的相关法律》《土地管理及地域均衡开发特别会计法》和其他法律的规定，土地公社也具有购买土地的职能。

土地储备机构的职能应当局限在土地储备活动本身，具体而言，与土地储备直接相关的职能包括依法取得土地、进行前期开发、储存以备供应土地、城市基础设施建设、城镇保障性安居工程建设等事务。而其他职能，如政府融资、土建、基础设施建设、土地二级开发业务等应当从我国各地的土地储备机构中剥离出去。这个剥离过程也应当包括人员、资产和债务的剥离，并最终将各地的土地储备机构改造为公益类事业单位。

同时，土地储备的实施主体只能是纳入土地储备机构名录管理的土地储备机构。实践中，常常参与甚至实施土地储备工作的各类城投公司等其他机构应被排除在外。土地储备机构可以通过行政采购的方式，向其他社会机构购买服务，例如，实施储备土地的前期开发，包括与储备土地相关的道路、供水、供电、供气、排水、通信、照明、绿化、土地平整等基础设施建设服务。

（三）实现土地储备机构的垂直领导

垂直领导是指政府的下级工作部门直接接受上级的同类型工作部门的指挥和领导。目前来看，我国的行政机关接受垂直管理的形式主要有两种：第一种是中央垂直管理，即在全国范围内实行垂直领导体制的行政部门，如海关、金融、国税、外汇管理、国安等；第二种是省级以下的垂直管理，如地税、国土资源等。我国的土地储备机构应当纳入以上的领导模式中，以便土地储备活动受到更好的管理。

三、合理控制土地储备的范围和规模

外国的土地储备目标范围往往受到严格限制，例如，美国的土地储备制度理论曾经提倡用大规模收储土地的方式来调节土地市场。而如今的美国土地银行仅仅是作为恢复不动产经济价值、改善当地社区居住环境的工具，其收储范围仅仅局限于空置、被遗弃和欠税没收的不动产。但在我国，某些地区的政府为了通过土地出让金获得经济利益而存在盲目扩大土地储备范围的倾向。因此，土地储备的范围应当被限定在合法和合理的范围之内。

所以，各地土地储备总体规模应当根据当地经济发展水平、当地财力状况、年度土地供应量、当年的地方政府债务、地方政府还款能力等因素来确定。现有土地储备规模偏大的，应当减少或停止新增以后的年度土地储备规模，避免由于土地储备规模偏大而造成土地资源的浪费和地方政府的债务压力。

四、规范土地储备资金的筹措和使用

（一）土地储备资金的筹措

如上文所述，我国的土地储备资金来源存在缺陷，现有的一些融资渠道也应该被严格规范。我国土地储备机构所需的土地储备资金应严格限定从以下途径筹措：第一，土地储备机构的征地和拆迁补偿费用、土地开发费用等储备土地过程中发生的相关费用应从土地出让收入中安排。第二，可将国有土地收益基金用于土地储备。第三，以发行地方政府债券的方式筹集土地储备资金。第四，上述资金产生的利息收入。

（二）土地储备资金使用管理

美国土地储备活动中筹措得来的资金主要用于改良、维护、拆除被遗弃和空置的不动产，但同时也用于支付土地银行日常运营费用，如支付员工的日常薪水等。

土地储备资金的用途要严格限定于征收、收购、优先购买、收回土地以及储备土地供应的前期开发等土地储备开支，而不应当用于土地储备机构日常经费开支或者相互混用。

我国土地储备资金的使用范围应当限定在以下范围之内：

首先，土地储备资金应当被用于支付征收、收购、优先购买或收回土地需要支付的土地价款或征地和拆迁补偿费用，包括土地补偿费和安置补助费、地上附着物和青苗补偿费、拆迁补偿费以及依法需要支付的与征收、收购、优先购买或收回土地有关的其他费用。其次，土地储备资金应当被用于支付征收、收购、优先购买或收回土地后进行的必要前期土地开发费用。储备土地的前期开发，仅限于与储备土地相关的道路、供水、供电、供气、排水、通信、照明、绿化、土地平整等基础设施建设。最后，土地储备资金还应当用于支付与土地储备有关的其他支出。例如，土地储备工作中发生的地籍调查、土地登记、地价评估以及管护中围栏、围墙等建设的支出。

五、完善土地储备活动的监管机制

（一）土地储备活动的政府监管

首先，土地储备活动应当纳入到法治框架中运行。土地储备活动中会遇到各式各样的问题，仅仅依靠松散的相关法律条文、行政法规、地方性法规和各式各样的政府政策文件难以对其进行规范。尤其是土地储备活动中的规划、融资和资金管理仍然需要明确的监督主体。以瑞典的斯德哥尔摩为例，当地负责土地储备活动的土地储备公司的运营活动明确受到斯德哥尔摩市议会下属的不动产委员会的监督。我国可以借鉴这个经验，设立一个专门的土地储备活动监督机构，或者通过立法把监督的权力和应承担的责任授予现存的特定政府机构。这样才能做到土地储备活动的监管有法可依且有法必依。

（二）土地储备活动的外部监管

同时，政府对土地用途和土地价格的管制只是土地储备活动监督的一部分。我国要进一步完善土地储备的外部监督机制。土地储备活动的外部监督机制，是指除政府主体对土地储备活动进行监督外，其他社会主体对土地储备活动进行的监督。社会主体如民众通过发表舆论、检举、控告和揭发等手段向全社会和政府监管主体告知土地储备活动中存在的不合法及不合理的行为。做到这一点的前提是土地储备主体要对土地储备活动的相关信息进行主动公开，例如，土地储备机构和相关政府部门可以通过政府门户网站、电视媒体和社交网站等平台发布土地储备的计划和进展信息，以便利益相关人和广大社会民众知晓。

第四章　污染地块土壤修复制度

第一节　污染地块土壤修复的概念

一、疑似污染地块与污染地块

“污染地块”这一概念，在各国环境保护的法律法规中，有不同的表述：

美国称其为“棕地”（brownfield site）。在美国1980年通过的《综合环境反应、赔偿与责任法》（即“超级基金法 Superfund”）中，棕地被界定为“一些不动产，这些不动产因为现实的或潜在的有害和危险物的污染而影响到它们的扩展、振兴和重新利用”①。

英国表述为“污染场地”（contaminated land）并做了如下解释：污染场地是指地方政府认定被有害物质污染而处于如下状况的土地：（1）正在造成重大损害，或造成此类损害的重大可能性；（2）正在或可能造成受控水域污染的。②

我国台湾地区1999年颁布的“土壤及地下水污染整治法”中规定了“污染控制场址：指土壤污染或地下水污染来源明确之场址，其污染物非自然环境存在经冲刷、流布、沉积、引灌，致该污染物

① See Comprehensive Environmental Response, Compensation and Liability Act of 1980 Sec. 101. (39) Brownfield Site.

② See Environmental Protection Act 1990, Part IIA, 78A.

达土壤或地下水污染管制标准者”。“污染整治场址：指污染控制场址经初步评估，有严重危害国民健康及生活环境之虞，而经中央主管机关审核公告者。”①

我国前期将污染地块称为“污染场地”，并体现在各类规范性文件中。在2014年7月实施的《污染场地土壤修复技术导则》中指出“污染场地（contaminated site）”是“对潜在污染场地进行调查和风险评估之后，确认污染危害超过人体健康或生态环境可接受风险水平的场地，又称污染地块”②。2017年7月起施行的《污染地块土壤环境管理办法（试行）》（以下简称《试行办法》）中明确规定：“疑似污染地块，是指从事过有色金属冶炼、石油加工、化工、焦化、电镀、制革等行业生产经营活动，以及从事过危险废物贮存、利用、处置活动的用地。按照国家技术规范确认超过有关土壤环境标准的疑似污染地块，称为污染地块。”③“放射性污染地块环境保护监督管理，不适用本办法。”可以看出，我国立法对污染地块范围进行了一定的缩减，不包括矿山开采、处置生活垃圾、农用地污染、放射性污染地块。

与各国及地区的表述对比来看，我国污染地块的界定一般同时具备以下条件：（1）地块曾经被用于特定的、可能产生污染的活动；④（2）地块污染一般是复合污染，但我国暂时只研究土壤污染部分，不包括水体污染等；（3）危险物质超过某一水平，包括自然环境不能自净的水平或者法律法规规定的物质的特定浓度；（4）对国民健康或者环境有一定损害；（5）经过一定的评估程序后才可认定。本文研究的污染地块，是在我国法律法规界定的范围之内的。

---

① 参见“土壤及地下水污染整治法”第2条第17款、第18款。

② 参见《污染场地土壤修复技术导则》（HJ 25.4—2014）第3.2条。

③ 参见《污染地块土壤环境管理办法（试行）》第3条。

④ 这些活动包括有色金属冶炼、石油加工、化工、焦化、电镀、制革等行业生产经营活动，以及从事过危险废物贮存、利用、处置活动。

二、污染地块土壤修复

探讨概念的本意，最基本的方式就是语义分析。从语义而言，“修”就是修整、修理，强调运用人力、强调人的主观能动性；“复”就是复原、恢复原状的意思。当然，理解一个法律概念，单纯从文字释义出发还不够，还需要将其放在特定的法律环境中。正如博登海默所言：“由一个法律制度所确定的概念，主要是用来形构法律规则和法律原则的。”① 而法律规则是用以确立并保护法律关系的，因此对一个法律概念的理解，还应体现在法律关系的基本要素上。具体到“污染地块土壤修复”的法律关系上，应该围绕污染地块土壤修复的法律主体、客体、内容展开。

我国污染地块土壤修复法律关系主体包括两类：（1）土壤修复主体，一般是造成场地污染的土地使用权人以及其他法定或约定的修复主体，具体包括造成土壤污染的单位或者个人、变更后继承其债权和债务的单位或者个人、责任主体灭失或责任主体不明时的县级人民政府、依法转让时土地使用权受让人或双方约定的责任人、土地使用权终止前的原土地使用权人，② 这些主体是需要投入人力、物力、财力的修复的直接主体。（2）相关主体，包括环保部门、专业机构与第三方机构、公众、社会组织。他们不是直接修复污染地块的主体，但他们在修复过程中承担着调查、评估、监督、维权等任务。

我国污染地块土壤修复法律关系客体包括三类：（1）拟收回土地使用权的疑似污染地块和污染地块；（2）已收回土地使用权的疑似污染地块和污染地块；（3）用途拟变更为居住用地和商业、学校、医疗、养老机构等公共设施用地的疑似污染地块和污染地块。

---

① E. 博登海默：《法理学：法律哲学与法律方法》，邓正来译，中国政法大学出版社2004年版，第509页。

② 参见《污染地块土壤环境管理办法（试行）》第10条。

污染地块土壤修复法律关系的内容即权利义务，包括开展调查、风险评估、风险管控、治理与修复及其效果评估、全程监督等。

《污染场地土壤修复技术导则》中的“土壤修复（soil remediation）”考虑得更多的是技术层面，指“采用物理、化学或生物的方法固定、转移、吸收、降解或转化场地土壤中的污染物，使其含量降低到可接受水平，或将有毒有害的污染物转化为无害物质的过程”①。

综上，我国法律意义上的污染地块土壤修复，是指造成场地污染的土地使用权人以及其他法定或约定的修复主体，通过自身或者委托专业机构或者第三方机构，对疑似污染地块的土壤进行调查、对确定污染的地块进行土壤评估、风险管控，治理与修复并评估效果，且受到环保部门与公众监督的过程，最终使得能修复的土壤得到及时改善、暂不修复的地块的风险得以管控，以实现环境和人类社会经济可持续发展的全过程。

第二节　我国污染地块土壤修复的立法现状及问题

一、立法脉络

1989 年我国颁布了《中华人民共和国环境保护法》，其中就对防治土壤污染提出了要求。20 世纪 90 年代，为加快经济结构调整，国家加快了“退二进三”进程，大量工业企业从城市中心迁移，土壤安全问题在后续土地再利用过程中逐步暴露出来，如 2004 年的北京宋家庄地铁施工工人中毒事件。国家环保总局于同年发布的《关于切实做好企业搬迁过程中环境污染防治工作的通知》虽短，但是对搬迁的原生产经营单位提出了调查、治理、监测等要求。

2008 年至 2012 年，我国逐步重视土壤污染问题，立法范围从污

① 参见《污染场地土壤修复技术导则》(HJ 25.4—2014) 第 3.3 条。

染地块扩展到土壤污染，在此期间发布了《关于加强土壤污染防治工作的意见》（已失效）、《关于加强重金属污染防治工作指导意见》及《关于保障工业企业场地再开发利用环境安全的通知》等文件。

2014年以来，国家加快了对污染地块的建设，发布了《关于加强工业企业关停、搬迁及原址场地再开发利用过程中污染防治工作的通知》《重金属污染综合防治“十二五”规划》《关于印发近期土壤环境保护和综合治理工作安排的通知》《中国土壤环境保护政策》，制定了《场地环境调查技术导则》《场地环境监测技术导则》等五大污染场地国家环境保护标准，在此基础上环境保护部还发布了《工业企业场地环境调查评估及修复工作指南（试行）》、修订了《土壤环境质量标准》。2016年国务院印发的“土壤污染防治行动计划”以及环境保护部2017年7月实行的《试行办法》，成为我国污染地块领域最系统、最规范的立法成果。

从这些法律文件的发展脉络中我们可以看出：不同历史背景、不同立法出发点、不同关注角度让污染地块的立法体系逐步形成。

二、原则性法律规范

宪法作为根本法，对土壤污染防治提出了最根本的要求。宪法第10条第5款规定：“一切使用土地的组织和个人必须合理地利用土地”，第26条第1款规定：“国家保护和改善生活环境和生态环境，防治污染和其他公害”。这些原则性规定，从宏观角度为后来的相关立法提供了根本依据。

环境保护法是我国的基本法律之一。2014年修订的环境保护法第10条第1款明确了“国务院环境保护主管部门，对全国环境保护工作实施统一监督管理；县级以上地方人民政府环境保护主管部门，对本行政区域环境保护工作实施统一监督管理”。第32条“国家加强对大气、水、土壤等的保护，建立和完善相应的调查、监测、评估和修复制度”规定了监管主体的义务。此外，在制度构建方面，该法原则性地规定了环境保护主管部门有定期发布环境状况公报、环境违法信息记入社会诚信档案的权力与义务；公民、法人和其他组织享有获取环境信息、参与和监督环境保护的权利；新闻媒体对环境违法行为有进行舆论监督的权利；国家鼓励投保环境污染责任保险。

土地管理法作为土地保护的重要法律，对防止污染地块的产生、治理和修复提出了原则性的要求。该法规定各级人民政府应当采取措施，防止土地污染、防止土地破坏，用地单位和个人依法负责复垦。各级人民政府土地行政主管部门可对违反土地管理法律、法规的行为进行监督检查，以及在监督过程中可以采取相应的行为。

国务院2016年颁布的《土壤污染防治行动计划》被公众寄予了殷切希望，“土壤修复将从概念逐步转向落地”①。此外，关于环境保护国家“十二五”规划中明确表示推进重点地区污染地块土壤修复，“十三五”规划编制思路拟定中也提到：到2020年，主要污染物排放总量显著减少，空气和水环境质量总体改善，土壤环境恶化趋势得到遏制……②由此可见，国家规划层面已经充分考虑了土壤修复，而污染地块土壤修复产业的顶层变化，必然会促进这一产业的进一步规范。

2017年颁布了《农用地土壤环境管理办法（试行）》，2018年颁布了《工矿用地土壤环境管理办法（试行）》。2018年颁布的《中华人民共和国土壤污染防治法》第四章规定了土壤污染风险管控和

① 《土十条加速修复产业发展 市场空间将突破3千亿》，载中国环保在线，http：//www. hbzhan. com/news/detail/108421. html，最后访问日期：2017年3月23日。

② 王尔德、马司原：《环境保护部部长指出要全面推进“十三五”环保规划编制》，载中央人民政府网，http：//www. gov. cn/xinwen/2015－01/26/content_2809898. htm，最后访问日期：2017年3月23日。

修复制度，此外还在其他章规定了有关污染土壤修复的基金制度和法律责任等。

三、操作层面立法规范

在城市发展不断加快的进程中，为了应对地块污染的防范与治理问题，上述原则性规范文件不断细化，逐步转化为操作层面的立法。

国家环保总局发布的《关于切实做好企业搬迁过程中环境污染防治工作的通知》（环办〔2004〕47号）虽然只有短短三条，但却是第一次在国家规范性文件层面，对污染地块修复提出独立且有针对性的意见。第1条规定污染企业在结束原有生产经营活动、改变原土地使用性质时，须经环境监测部门对原址土地进行监测。第2条规定对于外迁工业区，要对土壤的环境状况进行调查、监测等。第3条强调谁污染谁治理，由原生产经营单位负责，且由当地环保部门进行监督。

2008年，《关于加强土壤污染防治工作的意见》（环发〔2008〕48号，已失效）虽然针对的是土壤污染整个大环境，但对于污染地块也有重大意义：明确土壤防治工作的重点包括污染场地环境保护监管；提出“结合重点区域土壤污染状况调查，对污染场地特别是城市工业遗留、遗弃污染场地土壤进行系统调查，掌握原厂址及其周边土壤和地下水污染物种类、污染范围和污染程度，建立污染场地土壤档案和信息管理系统”，这对后续完善我国污染地块信息系统奠定了基础；按照“谁污染、谁治理”的原则、变更后企业继承等方式初步明晰了土壤修复的责任主体，该条文提炼后载入《试行办法》。

环境标准方面，原《土壤环境质量标准》是1995年颁布的，其土壤污染物项目只有10个。2007年环境保护总局出台的《展览会用地土壤环境质量评价标准（暂行）》（HJ 350—2007），将土壤环境质量评价标准限值分为A级、B级，并规定了92项污染物，较好地弥补了当时环境标准方面的空白。但由于该质量标准仅适用于将土地开发利用为展览会用地的情形，因此标准的适用也受到了一定限制。2014年环保部连续发布HJ系列国家环境保护标准，包括《场地环境调查技术导则》《场地环境监测技术导则》《污染场地风险评估技术导则》《污染场地土壤修复技术导则》和《污染场地术语》。其中，《污染场地风险评估技术导则》在一定程度上弥补了现行《土壤环境质量标准》指标项目过少的缺陷，成为适用于建设用地土壤环境质量的评价标准。考虑到土壤环境问题的复杂性，该标准仅规定了风险评估技术原则、方法，未规定启动风险评估的筛选值。① 2018年发布了《土壤环境质量 农用地土壤污染风险管控标准（试行）》和《土壤环境质量 建设用地土壤污染风险管控标准（试行）》，原土壤环境质量标准（GB15618—1995）废止。

我国在中央层面提出建设生态文明社会之后，立法部门也加快了污染地块土壤修复立法。原环保部2009年发布征求意见稿，经过7年的反复修改，终于在2016年通过了《试行办法》，其较全面地规定了开展土壤环境调查、开展土壤环境风险评估（包括开展污染地块风险等级划分；在详细调查基础上结合土地具体用途，开展风险评估）、开展污染地块风险管控、开展污染地块治理与修复（包括加强治理与修复过程中二次污染防治）、开展治理与修复效果评估（土地使用权人应当委托第三方机构评估）。作为我国第一部调整污染地块法律关系的规范性文件，该办法有着不可估量的意义。

① 龙海雯：《完善我国工业污染场地环境管理探讨》，载《昆明冶金高等专科学校学报》2015年第31（3）期。

四、地方立法规范

在地方层面，2006 年起北京、上海、浙江、沈阳、广州等多个省市，针对本地区的污染地块实际情况和土壤修复的需要，陆续颁布了相关立法规范。

2009 年北京市环境保护局公布的《场地环境评价导则》虽然在 2011 年被废止，但其完整地规定了一套工作流程。整个流程分为污染识别、现场勘察与采样分析、风险评估三个阶段，又可细分为场地调查—场地污染分析与判断—确认采样—风险评价—确定修复目标值—界定修复范围—编制场地报告。

2011 年浙江省人民政府印发了《浙江省清洁土壤行动方案》，指出要对土壤和地下水污染状况进行调查和监测，评估环境风险；提出不仅要按“谁污染、谁治理”的原则进行修复，还要辅以“谁投资、谁受益”的原则，鼓励社会资金流入污染地块修复中；对环境风险评估和修复制度的适用范围进行了扩大，包括重污染企业（如金属冶炼、石化、化工、印染、废物利用处置等行业）关停搬迁的、历史上曾是重污染企业且将开发利用的，同时还特地强调了饮用水源区、基本农田保护区等环境敏感区域内，曾用于工业生产或发生污染事故的区域；提出建立浙江全省污染场地环境风险控制清单，明确场地分布、污染风险、场地规划用途等，并与多部门建立信息共享机制与动态更新制度。

2007 年沈阳市环境保护局印发的《沈阳市污染场地环境治理及修复管理办法（试行）》中规定了污染场地的评估和认定程序、标准等，同时规定了在“企业破产、倒闭后其土地使用权被收回国有”时、“对于无法确定责任主体的污染场地”时，政府对治理及修复费用先行垫付，后可由该宗土地的出让金列支。

2008 年重庆市政府印发的《关于加强我市工业企业原址污染场地治理修复工作的通知》，强调了污染场地修复的重要性与紧迫性，明确修复的对象、基本要求、责任主体，强化了环境的风险评估、治理修复监管、开发审批工作的严格监督措施等。2014 年重庆市环境保护局印发了《重庆市污染场地评估咨询和治理修复单位名录申报指南（试行）》，该文件将评估咨询与治理修复单位分设甲类、乙类、丙类三种，并分类提出名录申报的详细条件、申报程序，这对后续笔者提出制度的完善意见有很大的启发。

2014 年上海市环境保护局印发了《上海市工业企业及市政场地再开发利用场地环境调查评估、治理修复单位考核评估管理办法（试行）》，进一步细化工业企业及市政场地再开发利用环境保护和综合治理从业单位业务类型，分为调查评估、修复方案编制、修复工程施工、工程环境监理、环境监测 5 类，并规定业务类型信息登录工作应当依法向社会公布、规定年度考核评估内容和程序。

此外，还有广州市环境保护局印发的《广州市工业企业场地再开发利用环境管理办法（试行）》、合肥市环境保护局印发的《关于加强工业企业场地再开发利用环境管理的通知》等。

这些地方性立法实践将为中央正式立法提供借鉴，更好地推动国家政策的制定。这些现有的法律法规以及地方实践，为笔者发现污染地块修复监督管理规定中的问题提供了可依托的背景。

五、立法评析

虽然污染地块的立法随着社会的发展而不断完善，但总的来看，我国污染地块土壤修复还存在不足与缺陷：

（1）污染地块修复法律体系不健全。现有《污染地块土壤环境管理办法》位阶较低，不利于保障土地修复工作的顺利开展。此外，在进行环境单一要素修复的同时，忽略了不同环境要素的协同综合修复，缺乏生态系统综合管理理念。

（2）作为修复污染地块规定得最细致的《污染地块土壤环境管

理办法（试行）》较全面地规定了开展土壤环境调查、土壤环境风险评估、污染地块风险管控、污染地块治理与修复、治理与修复效果评估这五个方面，2018 年颁布的《中华人民共和国土壤污染防治法》也规定了土壤污染风险管控和修复制度，但关于这些制度的规定仍不健全，此外对于一些土地修复的重要制度也未规定。例如，修复资金的来源和保障机制，污染地块外运土壤的监督管理，第三方调查、评估机构的监管等都没有明确规定或仅有原则性规定，利用市场手段修复污染地块的制度尤其缺失。

（3）污染地块土壤修复相关主体权责不清，有些规定欠妥。污染地块土壤修复涉及的法律关系主体较多，主要包括：土地使用权人；污染地块修复责任主体，包括造成土壤污染的单位或者个人、变更后继承其债权债务的单位或者个人、责任主体灭失或责任主体不明时的县级人民政府、依法转让时土地使用权受让人或双方约定的责任人、土地使用权终止前的原土地使用权人，这些主体是需要投入人力、物力、财力的修复的直接主体；处于监管地位的政府；受委托的专业机构或者第三方机构；与自身利益相关、处于参与监督的民众。对这些主体的权利义务设定不健全，土地使用人义务过重、政府责任设定过轻，公民参与具体规范相对缺失，在《污染地块土壤环境管理办法（试行）》中虽然规定了各流程中向社会公开的环节，但社会公民对这些环节监督的权利却没有加以规定。

第三节 我国污染地块土壤修复的实践现状

一、常州外国语学校环境事件

2016 年常州外国语学校环境事件引发了社会广泛的关注。

在常州外国语学校（简称“常外”）北侧仅隔一条马路的是原常隆、华达、常宇化工地块（简称“常隆地块”）。常隆地块 2009

年至2011年间搬迁，而常外是2011年奠基，2012年3月常外就出具了项目环境影响评价报告①，同年8月常隆地块才开始地块修复工作。2015年7月常外新校区工程完成，随后9月搬校。但是同年12月，常隆地块因土壤开挖产生异味被叫停。2016年1月常隆地块修复调整方案并于2月验收：工程已达到预期环保治理效果，“空气质量监测完全达标”②。4月央视报道并有多家媒体跟进学生中毒事件，③ 随后各方开始调查，8月公布调查结果：常外校园环境安全。虽然最后的调查结果显示校园安全，但是回顾整个事件，污染地块土壤修复实践中的问题值得回味。

（1）缺少对污染地块周边区域的保护。一边是常隆地块尚未修复完毕，另一边是大量的学生搬入仅隔100米的常外。学校是敏感用地，学生身体本身就耐毒性差、易受损，而且常外项目环境影响评价报告中已经明确指出常隆地块修复“会产生一定的空气污染”，也就是意味着可能会产生二次污染。在这种情况下，即使常隆地块已经修复完成也还需要一定时间的观测，而实践中常外提前搬校，说明各方欠缺对污染地块周边区域的保护。

（2）缺少环境质量标准的支持。在2011年常隆化工搬迁后，当地环保部门组织过对该地块的环境调查，但是因为国内没有相关标准，调查参照的是《荷兰土壤和地下水环境质量（DIV，2009）》。同样，在整个事件中，公众怀疑农药超标、苯超标等，但适用的是

① 《江苏省常州高级中学新北校区新建工程项目环境影响评价报告》，来源网址：http：//czfls. czsz. cn/userfiles/upload/safe/2016/02/18/201602182253034 1435840. pdf，最后访问日期：2017年4月5日。

② 《常隆地块修复调整工程时序进度》，载中国常州高新区政府网，http：//www. czxd. gov. cn/uploadfile/cznd/2016/0218/20160218093215589. pdf，最后访问日期：2017年4月5日。

③ 李响：《常州学校化工污染事件 学校选址距“毒地”100米》，载中新网，http：//www. chinanews. com/tp/hd2011/2016/04—20/629035. shtml，最后访问日期：2017年3月25日。

1995 年《土壤环境质量标准》，其只有两个农药（还是早已被禁用的“滴滴涕”和“六六六”），指标项目过少，该事件证明它已经不适合用来做参照评估的标准。

（3）调查评估制度形同虚设。土地作为重要自然资源，涉及多个部门。一块土地的开发，需要城市规划、国土资源、房产等多个部门的重重审批，却唯独少了环保部门。因为没有法律要求环保部门的审批，所以直接导致环保部门在监管环节的脱节。加上政府希望尽快回收土地进行再开发，结果就是政府在土地回收环节不重视对地块的调查；企业急于动工盈利，“常外”们从土地储备中心竞拍到土地后没有再调查与评估，只是马虎环评，甚至未按环评提示注意事项操作。

（4）信息公开制度落实不到位。2014 年生效的《建设项目环境影响评价政府信息公开指南（试行）》中要求建设单位在向环保部门提交建设项目环境影响报告书、表前，应依法主动公开文本信息。综观该事件，涉及的环评文件包括常隆化工等 3 家化工厂搬迁环评书、常外的环评表、污染地块修复的环评书。从笔者查询的资料来看，除了常外全文公示了该环评报告之外，其他环评文件都没有在网上公示。信息公开制度落实不到位，也从另一方面限制了公众的知情权、加大了公众对此事件的恐惧。

二、上海世博园土壤修复案例

上海世博园规划区域 5.28 平方公里，这些区域过去曾是上海的老工业基地，分布着发电厂、钢厂、溶剂厂、船厂等几十家企业。因此大部分土壤都曾经是工业企业搬迁后遗留下的地块，已经受到了不同程度的污染，其中含有大量的重金属和多环芳烃有机物。①

① 付融冰：《上海世博会园区土壤修复：科学研究与工程实践》，载北极星节能环保网，http：//huanbao. bjx. com. cn/news/20150409/606299. shtml，最后访问日期：2017 年 4 月 5 日。

申博成功后，上海世博会组织方组织进行了土壤调查与检测，实施土壤修复或异地处理。上海世博园的污染地块修复为我们留下了很多的经验和可供参考的思路：

（1）重视前期的调查与检测。组织方组织进行了土壤调查和严格检测，包括普查园区所有地块、加密监测，对回填土土壤进行环境质量监测、风险评估监测，对特殊污染物进行监测。前期园区通过调查监测共获得了40多万个数据，这些数据保证了后续一系列风险评估、修复标准制定、工程实施后评估的科学性。

（2）严格修复标准。当时园区土壤修复可供参考的标准只有1995年的《土壤环境质量标准》，但是国外对土壤要求很高，涉及土壤质量评价标准、土壤修复指导限值和风险评估，因此上海市环保局设立了一个研究课题，这一研究课题的成果直接转为我国后来的行业标准——《展览会用地土壤环境质量评价标准》。世博园的修复严格按照该标准，才换来了更为安全、更有保障的土壤环境。

（3）防止二次污染。世博园区建设过程中是边拆、边建、边监测，在监测的过程中，组织方发现许多污染是由于不规范的拆迁造成的，因此在后续的土壤修复中特别重视搬迁拆除管理规范，防止修复中的二次污染。

上海世博园的污染地块土壤修复共处置了30多万平方米污染土，也成为实践中最为成功的案例之一。

第四节　域外及我国台湾地区污染地块土壤修复的立法及启示

一、美国污染地块土壤修复情况概述

在污染地块修复方面，美国1980年颁布的《综合环境反应、赔

偿与责任法》即“超级基金法”作了极为严格的规定。①

（一）超级基金

超级基金法中最基本的一项制度就是超级基金制度。设立之初，超级基金经费达到16亿美元（其中13.8亿来自石油化工原料征收的专门税，2.2亿来自联邦政府），后来不断发展壮大，为污染地块的修复提供了资金支持。② 超级基金的主要来源有：（1）国内生产石油和进口石油产品税；（2）化学品原料的原料税；（3）对年收入过200万美元的公司征收的环境税；（4）财政拨款；（5）从污染责任者追讨的修复和管理费用；（6）对不愿承担相关环境责任的公司及个人的罚款；（7）基金利息及其他投资收入。③

另外，超级基金的使用也相当严格。只有不能确定环境损害责任主体或责任主体无力或不愿意承担治理费时，超级基金才被允许用来支付因排放有害物质而造成环境损害和财产损失所需要的治理费和赔偿费，并且这些费用支付后，还是可以追究“有关责任主体”无限责任以及向其追索费用。

（二）污染调查

地块调查制度中，调查流程包括：（1）政府或个人识别可能存在的污染地块，并将确定污染的地块登记到超级基金信息系统（CERCLIS）；（2）专门机构的人员对此进行初步评估，包括地块历史、周边民众受到的影响等；（3）初步评估表明要深入调查的，再

① 谷庆宝、颜增光、周友亚、郭观林、李发生：《美国超级基金制度及其污染场地环境管理》，载《环境科学研究》2007年第20期。

② Julianne Kurdila Elise Rindfleisch. Funding Opportunities for Brownfield Redevelopment, Boston College Environmental Affairs Law Review, 2007, 34（3）。

③ 李晨：《中外比较：污染场地土壤修复制度研究》，法律出版社2013年版，第139～140页。

进行地块调查，具体包括土壤、地下水抽样、测定大气中的污染物水平等；（4）本阶段的调查公开，包括行政机关公开调查信息、企业配合政府调查时的信息公开。

（三）评估制度

该制度涉及“危险评级系统”，即对各个途径产生的土壤污染对人体健康和环境产生的危险赋予一定的数值，各污染地块比照危险评级系统的数值，以前文所述的调查结果为基础，通过特定公式确定污染地块危险系数。其中危险系数达到28.5的，或者环境保护署认为有必要实施修复措施的地块，将载入国家优先名录。①

在评估过程中，作为行政主管机关的美国环保署，需对污染地块完成以下管理工作：（1）污染地块按照危险评级系统，进行危险分级；（2）以评判标准为依据，确定是否列入国家优先名录；（3）公布污染地块信息；（4）将污染地块修复责任告知潜在责任人。

（四）责任主体

超级基金法做了极为严格的责任规定，其第107（a）条规定了4类治理费用的承担主体，即广泛的“潜在责任方”：（1）地块的现持有人和经营者；（2）废物倾倒时的地块所有人；（3）废污生产者；（4）将废污运至地块的通勤人员。责任者对治理行为和活动的费用和自然资源损害赔偿的费用承担赔偿责任。当然，这其中涉及“溯及既往”的合宪性问题，美国法院对此作出的解释是“追溯性

① 李静云：《土壤污染防治立法国际经验与中国探讨》，中国环境出版社2013年版，第30页。

适用并不违反正当程序原则"①。综合来看，之所以规定如此严格的责任，是为了对未来的污染起到一定警示与震慑的作用，以减少未来废污倾倒与泄漏的可能。

但是这样严苛的规定直接导致潜在的土地开发商和投资者不敢再开发或再利用这些污染地块，反而使城市中留下了越来越多的棕地。为了缓解这种情况，美国又在2002年出台了《小规模企业责任减轻与棕地振兴法案》，规定土地购买者在购买前如果已经完成了尽职调查，那么善意的购买者就获得了免责的理由，进而促进了美国中小企业参与此计划、挖掘这些污染地块土壤的后续利用价值。

与此同时，为了吸引投资者、考虑减轻投资者负担、使污染地块的重建更具吸引力，各州为投资者和开发商提供责任保护，其中环境责任保险成为美国保险市场的一个新的方向。国家鼓励开发商和投资者购买环境责任保险，一方面开发商降低自己的开发成本和风险，另一方面保险公司因风险评估技术的提高、经济利益的驱动而愿意参与其中，② 实现了投资者和保险公司的双赢。

（五）信息公开

因为上述严格的责任主体规定，公众要求得到更翔实的土地信息。公众参与被认为是透明、公开、民主的治理和环境政策执行的

---

① 在美国诉孟山都公司（United States v. Monsanto Co）一案中，应诉人对《综合环境反应、赔偿与责任法》溯及既往的合宪性问题。第四巡回法庭驳回了这个观点，提出"尽管应诉人从低廉的垃圾处理方式中大量获利，而这种方式在《综合环境反应、赔偿与责任法》颁布前是合法的，但是他仍可以预见不合理的垃圾处理方式将给环境带来的巨大破坏……当这些污染不可分，连带责任是符合逻辑的"。

② Boyd J, Winston H, Macauley M K. The Effects of Environmental Liability on Industrial Real Estate Development. Journal of Real Estate Economics and Finance, 1996, 12.

先决条件。① 1986 年《超级基金修正和再授权法》加入了第 120（h）条，要求购买联邦所有土地时，联邦署有义务就该土地的污染情况告知购买者，包括任何在土地上储存超过一年或者泄露的有害物质。联邦署对这些信息要做到完全公开，以利于购买者在完整地查询联邦署材料后能详尽地获知这些信息。法律给联邦机关规定了披露义务，为后续公众参与监督污染地块提供了条件。

二、日本污染地块土壤修复情况概述

从土壤环境保护立法来看，以 1968 年的“痛痛病”事件为导火索，日本土壤环境保护立法经历了从无到有、从农业用地土壤污染防治法转向设定土壤污染环境标准、构建城市土壤污染防治法的过程。② 其中 2000 年颁布的《土壤污染控制法》，在 2009 年修订为《土壤污染对策法》(Japan Soil measure Law，SCCL)。

（一）土壤污染状况调查制度

日本《土壤污染对策法》将启动土壤污染状况调查划分为如下情形：（1）制造、使用或处理特定有害物质的设施被废止时，③ 包括该设施被停止使用或该设施中特定有害物质被停止使用，由工厂主、企业主自行开展调查，并在调查义务发生之日起 120 日内将结果报告给地方行政长官。④ 例外的是在《土壤污染对策法》之前已经停用的设备，不溯及既往，由企业自愿开展调查。（2）开发

---

① Anne Marie Pippin. Community Involvement in Brownfield Redevelopment Makes Cents，Georgia Journal of International & Comparative Law，2009，37（3）.

② 罗丽：《日本土壤环境保护立法研究》，载《上海大学学报》2013 年第 30 期。

③ 赵小波：《日本土壤污染调查制度研究——以日本 <土壤污染对策法> 为核心》，载《2007 年全国环境资源法学研讨会论文集》。

④ 李静云：《土壤污染防治立法国际经验与中国探讨》，中国环境出版社 2013 年版，第 124 页、第 132 页。

$3000m^2$ 以上的土地，行政长官怀疑存在潜在土壤污染的可能时可以要求对土壤进行调查。这条规定是2009年修订的《土壤污染对策法》新增加的内容，扩大了行政首长命令调查的范围。（3）土壤污染有可能造成人体健康损害的，县级行政首长可以签发行政令要求对土壤污染进行调查并公布调查结果。这种情况下由地方行政长官自行决定开展，或者命令土地所有者等开展土壤污染调查并报告调查结果。① 综上，调查可归为两类：自行调查和依行政命令的调查。但是自行调查的，没有义务向行政长官报告调查结果和随后的修复状况，这导致了后续行政职能部门的管理监督困难，因此修订后的《土壤污染对策法》增加了“鼓励报告调查结果”。

土壤污染状况调查的主体包括土地所有者、管理者、占有者。值得注意的是，考虑到修复工作的特殊性，日本《土壤污染对策法》中以专章形式规定了委托调查的专业机构资质的相关问题，具体包括专业调查机构资质的认证、取得、管理、常备调查记录等，保证其依法有据地管理调查机构。

（二）污染区登记簿

经过调查，如果认定该土地上的某有毒物质不符合土壤质量标准的，就应该把该土地指定为污染区。根据公众健康危害风险的程度，污染区分为需要行政长官发出治理指示的“需治理区”与改变土地利用形态时需报告的“污染区”②。此后污染区将登记在指定污染区登记簿中。如果没有正当理由，都、道、府、县知事不得拒绝公众自由查阅或者复制，从而保障公众的监督。

企业在采取适当措施将污染降低至法定标准，将土壤污染状况

---

① 窦小利：《日本〈土壤污染对策法〉及其对我国立法的启示》，载《2007年全国环境资源法学研讨会论文集》。

② 宋德君、武晓峰：《日本〈土壤污染对策法〉的修订及其启示》，载《污染防治技术》2014年第4期。

调查结果报告与污染治理终结报告上交并得到确认后，才可从登记簿中删除该信息。公开土壤信息污染，保障了公众的知情权，同时企业会考虑到信息的公开可能导致土地估算价值贬值或影响企业正面形象而积极采取修复措施。利用公众的监督，能大大促进污染地块的土壤修复。

（三）外运污染土壤监督管理

修订后的《土壤污染对策法》对外运的污染土壤实行“管理账票”制度，2003 年日本环境省颁布的《与移除的污染土壤处分相关的确认方法》对管理账票的交付主体、手续、土壤移动各阶段的记载事项作了详细规定。污染土壤外运时，实施土壤修复的主体（委托人）必须与外运方缔结委托合同，同时向外运方交付管理账票。管理账票上明确记载污染土壤内的有害物质的性质、污染状态、体积、外运方具体情况等。根据法令，土壤搬运后，受委托的外运方必须在管理账票上记录有关事项，将管理账票复印件在规定期限内送回给委托人。委托人收到此复印件后，必须确认管理账票的真伪，并在一定期间内保存此管理账票。① 在此期间，倘若发现管理账票造假，或存在虚伪记载，委托方有义务迅速查明搬运和处理污染土壤的情况，并向地方行政首长报告结果。同样，外运方也必须在法令期限内保存好管理账票。该制度明确了污染土壤外运过程中各阶段的责任人，强化了全程监督；同时购买管理账票的费用也是修复基金的组成部分，增加了基金的收入渠道。②

---

① 宋德君、武晓峰：《日本〈土壤污染对策法〉的修订及其启示》，载《污染防治技术》2014 年第 4 期。

② 李静云：《土壤污染防治立法国际经验与中国探讨》，中国环境出版社 2013 年版，第 144 页。

三、我国台湾地区污染地块土壤修复情况概述

我国台湾地区的“立法”主要体现在“土壤及地下水污染整治法”，该规定几经修改才确定将地下水与土壤看作不可分割的整体，① 将地块污染当作复合污染来研究。该规定于2000年正式公布，并于2010年修正，对土壤地下水污染先期调查评估、场址细密调查、整治工作规划设计、工程施工、操作运转与维护、成效验证等全过程进行了详细的规定，此外还有财务、责任及惩罚的相关规定。

（一）调查制度

我国台湾地区的污染地块可以分为“污染控制场址”与“污染整治场址”两种。从“土壤及地下水污染整治法”中可以归纳出台湾地区启动调查的原因包括：（1）主管机关定期检测或者依检举、依职权（第5、6条）；（2）从事特定行业的土地转让时，让与人需提供土地污染检测资料（第8条）；（3）从事特定行业的生产经营者开业、停业、歇业等特定活动前（第9条）。

对调查的责任归属，我国台湾采取的主要是“污染者责任制”，辅以“关系者责任制”。对污染控制场址，污染行为人②或潜在污染责任人③需于6个月内完成污染调查工作，并制定相应的污染控制计划，送请“地方主管机关”核定后实施。相比于污染控制场址，污染

① 梁剑琴：《世界主要国家和地区土壤污染防治立法模式考察》，载《法学评论》2008年第3期。

② “土壤及地下水污染整治法”第2条第15项规定，污染行为人指因有下列行为之一而造成土壤或地下水污染之人：泄漏或弃置污染物；非法排放或灌注污染物、仲介或容许泄漏、弃置、非法排放或灌注污染物；未依法令规定清理污染物。

③ “土壤及地下水污染整治法”第2条第16项规定，潜在污染行为人指因有下列行为，致污染物累积于土壤或地下水，而造成土壤或地下水污染之人：排放、灌注、渗透污染物；核准或同意于灌排系统及灌区集水区域内排放污水。

整治场址的污染危及国民健康，相关规定也更为严格。污染行为人或者潜在污染责任人在“主管机关”通知之后的3个月内提出污染调查与评估计划，并依调查评估结果于“主管机关”通知后6个月内提出污染整治计划，送请“直辖市或县主管机关”核定后实施。①

（二）整治基金制度

效仿美国“超级基金”的相关做法，“土壤及地下水污染整治法”专门设置“财务及责任”章节，规定了土壤及地下水污染整治基金管理会制度、土壤及地下水污染整治基金制度。该整治费用以非营业循环基金的方式实行专款专用。资金来源一小部分是政府财政投入，大部分来自对企业的收费，特别是一些对土壤、地下水比较容易造成影响的行业类别，其中影响最大的石化行业约占基金的61.9%（整治费征收初期，石油占征收总额的90%），重金属、煤、钢铁占21.67%，废弃物占9.38%。②

我国台湾地区为保证整治基金的资金来源颁布了“土壤及地下水污染整治费收费办法”。该“办法”规定，指定公告之化学物质制造者及输入者是缴费义务人，依其生产量及输入量征收土壤及地下水污染整治费。前期，该收费方法只考虑特定化学物质的生产量及输入量，单一的收费方式使得大型企业承担了大量的费用，挫伤了其采取减污措施的积极性。③ 后来，征收对象及费率会定期由基金管理委员会委托的第三方财经机构调整，以此实现各产业间的利益平衡。

---

① 李翠萍：《褐地重建政策分析——社区能力的观点》，五南图书出版社2012年版，第111页。

② 孙飞翔、李丽平、原庆丹、徐欣：《台湾地区土壤及地下水污染整治基金管理经验及其启示》，载《中国人口·资源与环境》2005年第4期。

③ 邱秋：《东亚、东南亚地区的土壤污染防治法》，载《当代法学》2008年第2期。

基金主要用于支付场地调查评估费用；应急措施采取、修复计划的制定和实施中产生的费用；基金管理人事和行政管理费用；整治费征收、基金求偿及诉讼相关费用等。①

（三）资讯公开与公众参与制度

土壤污染发生后，相关的土地问题涉及公众权益。以公告的方式公开土壤的污染资讯，一方面拓宽了民众获取环境信息的渠道，另一方面也加强了公众的参与。“土壤及地下水污染整治法”充分考虑了公众参与制度，范围涵盖防治措施、调查评估措施、管制措施、整治复育措施、资金筹措制度。例如，“主管机关”有义务定期检测辖区土壤及地下水品质状况，对于污染物浓度达到管制标准的，应采取必要措施，追查污染责任；对于污染物浓度尚低于污染管制标准却符合监测基准的，应定期监测，监测结果应公告，受公众监督。再如，民众发现有污染之虞时，可向所在地“主管机关”检举等。资讯公开与公众参与制度的构建，让民众协助减轻了部分监督的工作量，又提高了政府与民众在处理污染地块修复问题上的共识。②

第五节　我国污染地块土壤修复立法的构想

一、立法目的

德国法学家鲁道夫·冯·耶林（Rudolph von Jhering）强调立法目的是全部法律的创造者。“每条法律规则的产生都源于一种目的，即一种实际的动机。”根据他的观点，法律在很大程度上是国家为了

① 孙飞翔、李丽平、原庆丹、徐欣：《台湾地区土壤及地下水污染整治基金管理经验及其启示》，载《中国人口·资源与环境》2005 年第 4 期。

② 向佐群：《台湾地区土壤污染整治立法研究》，载《2007 年全国环境资源法学研讨会论文集》。

有意识地达到某个特定目的而制定的。因此，研究我国在污染地块土壤修复的立法理念，主要依据是相关的法条。

我国《中华人民共和国环境保护法》从1989年颁布到2014年修订，在立法理念上一直坚持以传统的环境保护为主，以促进经济社会的可持续发展为主要目的；在体制上，国家环境保护部门的职责范围限于环境保护和污染防治，通过设定目标和任务的方式来达到对环境进行保护的目的，有别于相关的经济管理部门负责的自然资源。

《试行办法》第1条是污染地块法治建设的目的和立法指导思想的集中体现，它规定立法目的在于“加强污染地块环境保护监督管理，防控污染地块环境风险”。这个立法目的没有提及为了经济发展，这是立法的一大进步，能够避免企业在“用污染换取经济发展”和“用修复替换经济发展”之间徘徊。虽然该立法目的尚不能从根本上解决环境污染问题，但该理念与当前经济发展现状相适应，对接下来涉及具体内容的立法工作有着潜移默化的指导意义。

但是笔者认为，如果能在现有目的的基础上增加“预防土壤污染给公众健康造成的损害”会更为理想。污染地块土壤修复的目的是控制风险，但是控制风险的根本目的在于保护公众健康。只有当可能对健康造成损害时，才有开始修复的必要，否则为了修复而修复，会造成过度修复的资源浪费，不适应我国的经济发展现状。

二、立法原则

法律原则是指那些由法官作出判决时使用的原则，或者由发展立法以供法官使用的人们所使用的原则。① 换言之，立法原则是法律的基础性真理或原理，是立法者所确定的、为其他规则提供基础或本源的综合性规则或原理，是法律行为、法律程序、法律决定的

---

① ［美］迈克尔·D. 贝勒斯：《法律的原则——一个规范的分析》，张文显译，中国大百科全书出版社1996年版，第13页。

决定性规则。可以说，立法的基本原则体现着法律的本质和根本价值，是整个立法活动的指导思想、出发点和落脚点，是具体法律制度的核心与前提。

污染地块土壤修复法律制度的基本原则，是指规定或者寓于环境法律法规，贯穿于污染地块土壤修复过程之中，用以指导污染地块土壤修复的基本指导思想或原理。作为立法的准则，这些基本原则是污染地块土壤修复具体法律制度的基础，用以弥补立法的不足，指导污染地块土壤修复过程中的执法、司法、守法及相关法学研究。

（一）可持续发展原则

可持续发展，是指既满足当代人的需要，又不对后代人满足其需要的能力构成危害的发展，① 是通过重新调整人与自然的关系、调整经济建设、社会发展与环境保护之间的关系，从而实现保护环境和发展经济的双赢。

我国环境保护立法的发展历程中包含诸多可持续发展的理念。② 1989 年环境保护法规定了立法目的之一为“促进社会主义现代化建设的发展”，2014 年环境保护法第 1 条将其修改为“促进经济社会可持续发展”，后者比前者增加了“可持续”这三个字，表明可持续发展已经成为指导我国环境资源保护工作和环境资源法治建设的一项基本原则，甚至从某种程度上而言，经济发展要配合环境保护的进度。③

土地资源作为重要的自然资源，其所具备的经济价值不容忽视。

---

① 1987 年，世界环境与发展委员会（WCED）发表的关于人类未来的报告《我们共同的未来》对可持续发展做了定义。

② 董树彬、张启发：《可持续发展与环境保护立法的双向互动》，载《石家庄经济学院学报》2010 年第 3 期。

③ 蔡守秋：《析 2014 年〈环境保护法〉的立法目的》，载《中国政法大学学报》2014 年第 6 期。

城市和人口的快速发展，迫切要求扩大对土地资源尤其是城市土地的开发和利用。而城市土地面积相对固定，要想通过有限的土地资源来满足人们日渐膨胀的需求，离不开对现有地块的合理利用。一方面，修复过的地块能够被再利用，由此能一定程度上缓解用地紧张、带来可观的收益；另一方面，这些收益也能为地块修复与再开发提供资金与技术支持。

但是，强调土壤的修复，不是一味地“没有条件就创造条件”的修复，修复的过程同样要遵循自然规律及科技发展规律。对于暂且不能修复的，可以通过风险管控的方式加以监控，等到技术或时机成熟后再可持续地利用，这样既能满足人类对土壤的需求，又能满足保护生态环境、生态安全的需要，满足人类可持续发展、建设生态文明社会的紧迫要求。

（二）公平原则

公平是经济学中一个重要的基本范畴，是指收入分配的公平，或是财产分配的公平，抑或是获取收入和积累财富机会的公平。但传统意义上的公平，并不只是纯经济学的概念，其也涉及社会伦理学范畴，涉及价值判断，反映的是一种人与人之间的关系。

对污染地块土壤修复而言，“污染者付费、受益者补偿”就体现了公平原则。污染者付费原则，也称为“谁污染，谁治理”，该原则强调土壤等环境要素应该是公共财产，要求污染地块的单位或个人应该担负土壤修复的责任与费用，并利用经济的手段重新分配污染防治的资源，以达到污染减量、环境资源合理利用的目的。①

一方面，污染地块土壤修复有利于代内公平。不可否认，每个

① 李建勋：《略论我国土壤污染防治法的基本原则》，载《河北法学》2008年第7期。

人都平等地享有相应的环境权，① 但权利的行使以不损害他人权利为边界。污染地块的形成，正是由于先前土地的使用者（指从事过有色金属冶炼、石油加工、化工、焦化、电镀、制革等行业生产经营活动，以及从事过危险废物贮存、利用、处置活动的主体）跨越了权利的边界，损害了周边区域群体的权利或者是后来土地利用者的土地使用权。如果污染地块得不到及时修复，或者这部分受损社会成员得不到赔偿，就等同于受益成员无偿占有了受损成员的利益，是不公平的。一言以蔽之，污染地块的修复，有利于保护代内公平。

另一方面，污染地块土壤修复有利于代际公平。代际公平，要求下一代人应享有与上一代至少同样的资源与环境基础，当代人无权剥夺下代人的资源、环境、生存与发展空间。如果城市土地使用者能够合理利用土地，保护地块不受污染，我们就认为这是给后代提供了同等利用地块的机会，实现了代际间的公平。但我国历史上片面追求经济发展造成了许多地块污染，已成既定现实。因此，将污染地块土壤修复到某种特定水平，满足后代对于土壤土质的要求，保证人类社会的可持续发展，这是一种历史与现实统一的公平观，是一种大公平观。

我国正处于社会主义发展初级阶段，社会发展的基本价值取向是效益优先，兼顾公平。但对于资源有限的城市地块，不能完全遵循效益优先的原则，在具体的制度设计上应有所侧重，甚至部分制度应体现公平优先。污染地块土壤修复必须兼顾当代人和后代人的利益，在公平地保护当代人发展权利的同时，重视后代人地块的使用权，实现代内公平和代际公平。

---

① 蔡守秋：《环境资源法学教程》，武汉大学出版社2000年版，第255页。蔡守秋教授认为，人类环境权的主体是整个人类，在国内法中，是指全社会、全民族的当代人和后代人的集合；在国际法中，是指各个国家的人的集合、当代人和后代人的集合。

（三）综合生态系统管理原则

综合生态系统管理由 20 世纪 30 年代首次提出的“生态学”概念逐渐演变而来，是一种综合性的、动态的、包括事物之间相互联系的管理方式。它是指管理土壤等自然资源的一种综合管理战略和方法，要求将污染地块土壤的修复放到整个生态系统中考量，综合政治、经济、文化、社会、生态等各种因素，综合社会不同部分的利益需求，综合运用行政的、市场的和社会的调整机制，[①] 综合环境保护法、税法、财政法等法律部门，来解决污染地块从调查发现到治理修复到再开发利用过程中的问题，以达到经济效益、社会效果和环境保护的统一，实现经济、社会与自然的可持续发展。

具体体现在土壤修复方面，例如，不能仅仅“头痛医头，脚痛医脚”，必须以生态系统为整体来管理好土壤、水、大气等各个生态要素，在土壤修复的过程中，防治地下水的污染、防治土壤以扬尘、散发有毒气体等方式污染大气。再如，在风险管控的过程中，需要综合考虑污染物的浓度与天气、地质、风力、沉降等因素，做到综合评估、动态管控。又如，在污染修复基金的筹集中，避免只考虑单一的追偿污染企业，可以从税收、保险、彩票等多途径扩大基金的来源；在设定修复目标时，要综合考虑环境与经济因素。若只考虑环境，则修复目标会要求过高，就会像早期的美国与日本，花费过多的资金与时间，社会负担也过重；若只考虑经济，则会放纵排污企业，带动的也只是污染的 GDP，因此综合生态系统管理原则要求平衡环境与经济，考虑“基于风险的管理”，设定修复目标时要考虑污染地块给社会和环境带来的风险。

① 蔡守秋：《综合生态系统管理法的发展概况》，载《政法论丛》2006 年第 3 期。

（四）公众参与原则

公众参与原则最早在美国《环境政策法》中得以确认，随后出现在《人类环境宣言》《21世纪议程》等众多国际文件中。它是指公众有权通过一定的程序或途径参与一切与公众环境权益有关的活动，是制约和保障政府依法执政的重要途径。享有良好的生态环境是公民的基本权利，而这一原则的设定符合广大公众的切身利益需求，让公众有权获取更多环境信息、有权监督企业违法排污行为、有权在环境权利受到侵犯后寻求救济。

2014年新修订的《环境保护法》就专章增加了“信息公开和公众参与”制度，赋予公民环境信息权、参与和监督环境保护的权利，并规定了环境信息公开、公众参与建设项目环境影响评价、环境影响评价书全文公开、举报和公益诉讼制度等。

污染地块修复涉及公众经济、生活等多个方面，甚至直接关系社会公众健康与安全。公众参与原则的设定，能够将公众对环保的关注与热情转化成环保强有力的推动力量。具体到污染地块土壤修复上，公众参与体现在尊重公众在环境问题上知悉相关信息的权利、公众参与环境决策的权利、公众诉诸司法救济的权利。《试行办法》中规定在污染调查、评估、风险管控等各个阶段，土地使用权人或者政府都要“通过其网站等便于公众知晓的方式向社会公开”，“个人有权向环境保护主管部门举报未按照本办法规定开展疑似污染地块和污染地块相关活动的行为”。

三、要素分析

（一）修复主体

污染地块修复的主体确认，应该相对严格，可以分为四个层次加以建设：

第一层次上，我国和各个国家都承认“谁污染，谁治理”原则，造成土壤污染的单位或个人应当承担环境调查、风险评估、风险管控或者治理与修复的主体责任。笔者认同美国司法判例中提到的溯及既往，因为即使法令没有颁布，污染者也能意识到排放污染物的危害行为。[①] 当然，《试行办法》还新增了治理与修复终身责任制——这种无限责任的设定强化了企业的责任意识，既能让污染者对自己的污染行为负责，也能让其他企业以此为鉴，提高企业的环境风险意识，增强企业的环保责任。

第二层次上，法条规定了土地使用权人有义务调查评估及修复，并负担有关费用。这与“谁污染，谁治理”原则不相一致，但该规定促使土地受让人在土地转让时做好尽职调查工作，在签订合同时，应该对后续的修复责任与费用做出约定，以避免后续出现纠纷。

第三层次上，笔者认为可增加“受益者补偿”的内容。考虑到污染的地块多数处于城市的核心地带，具有极大的商业价值，开发者能在修复地块后极大地获利，前期投入资金修复土地就能够被开发者接受，这不失为一举两得的做法。

第四层次上，即“兜底条款”，政府是土地最终的所有人，在污染责任人灭失或不明时需要为污染地块的修复买单。但是为了避免政府承担主要的责任，应当让上述主体优先承担。

（二）相关主体

一是环境保护部门。依据《试行办法》，环境保护部门要统一监管全国土壤环境保护工作、制定环境标准和技术规范、建立环境管理信息系统；县级环保部门建立疑似污染地块名单并及时上传污染地块信息系统、书面通知土地使用权人、对暂不开发利用

---

① ［美］罗伯特·V. 珀西瓦尔：《美国环境法——联邦最高法院法官教程》，赵绘宇译，法律出版社2014年版，第100~101页。

的污染地块提出划定管控区域的建议、同其他部门联动监管污染地块、进行现场检查、将失信企业记入其环境信用记录并公示；设区的市级环保部门建立污染地块名录并及时上传污染地块信息系统、确定该地块的风险等级、书面通知土地使用权人、监管转运污染土壤等。

二是专业机构及第三方机构。笔者推崇委托从事污染地块相关活动的专业机构或委托从事治理与修复效果评估的第三方机构，原因有二：一方面，由于土壤介质的特殊性，地块修复带有很强的技术性，多数企业虽然熟悉相关的流程和标准，但不一定具备相应的能力与设备；另一方面，相比于让造成污染企业自证清白，找第三方机构作为中立方，其结论更具有可靠性。当然，法条明文规定第三方机构应当对相关活动的调查报告、评估报告的真实性、准确性、完整性承担责任；专业机构按照委托合同的约定，对风险管控、治理与修复的效果负责，否则可能依照有关法律法规接受处罚，或者与造成环境污染和生态破坏的其他责任者承担连带责任。对专业机构及第三方机构信息的录入与考核办法，可参考《上海市工业企业及市政场地再开发利用场地环境调查评估、治理修复单位考核评估管理办法（试行)》，对其进行标准化年度考核。

三是社会组织。“环境保护主管部门鼓励和支持社会组织，对造成土壤污染、损害社会公共利益的行为，依法提起环境公益诉讼”。公益诉讼本身是对传统“无利益即无诉权”理论的突破，鼓励环境公益诉讼，表明国家维护环境利益的决心，在环境受到或可能受到污染和破坏的情形下，社会组织可通过提起诉讼来维护环境公共利益。

四是公众。公众的监督角色是贯穿整个修复活动的，下文中会详细介绍。

四、污染地块土壤修复主要制度

（一）污染地块防治基金制度

治理土壤污染的技术复杂，需要耗费巨大的人力、物力。综观各国、各地区在污染地块修复方面的实践经验，修复基金都是保证污染地块修复的重要来源。若一味要求污染者付费后再开展修复工作，可能会造成污染的扩大，尤其是在污染者难以迅速查明的情况下可能会引起严重后果。因此，创设污染地块防治基金，采取先垫付后追偿的模式将有利于开展修复工作，但我国现行的规范性文件中还未构建污染地块防治基金制度。笔者结合上文中境外的成功经验，从基金的筹集与使用方面构建。

1. 基金的来源

“开源”是保证基金使用最行之有效的办法。我国基金筹集的对象可以包括：（1）按照污染者负担原则，由污染者付费。在多个责任主体共同承担修复费用的情况下，需根据主次责任来分摊修复费用。主次责任不分或者经多方协商后，可在政府部门的主持下，多方责任主体依自身责任份额协商约定，内部解决。（2）征收排污费、环境税。对环境造成破坏的责任人，特别是从事有色金属冶炼、石油加工、化工、焦化、电镀、制革等行业生产经营活动的企业，按照污染程度分级，对销售的每单位产品征税，最终将这些费用纳入基金收入。（3）政府财政专项拨款。虽然污染者要为先前的污染行为负责，但是实践中很多污染企业是破产倒闭的农药厂、化工厂等，这时让他们来负担几乎不可能。此时，作为公共服务机构的政府有义务进行地块修复与再开发，具体操作中可在污染地块土壤修复上预留一定的财政预算。当然，如此高昂的修复成本仅依靠责任企业负担和政府出资还是极为困难的，还需要发展其他开源方式。（4）发行环境彩票。彩票能有效筹集资金，如福彩、体彩，它们在为福利社保、体育发展方面筹集了大量资金，促进了二者的发展。同理，若全国统一发行环境福利彩票，就能筹措到社会部分闲置资金存入基金。（5）鼓励宣传各界人士参与，可接受社会公益团体筹集的资金、工业界捐赠的基金等。（6）鼓励污染地块修复主体进行银行贷款，既保障了修复资金的供应，又减轻了污染者修复费用的支付压力。（7）鼓励土地使用权人购买保险。企业向保险公司投保来预防将来可能会遇到的巨额的、不确定的修复费用，这样做既避免了因支付大额修复费用导致的破产倒闭或者较大的经济损失，也加强了保险公司对企业的监督，从而降低了污染地块未经修复就使用的可能性。以上是笔者结合我国国情与域外的成功经验而提出的方案。笔者认为只有基金的来源得到保障，才能守住土壤修复工作的生命线，让调查评估风控修复工作开展得相对从容，不会因为政府年度预算不足等原因耽误或停滞而造成污染的扩大。

2. 基金使用制度

为了避免修复基金被挪作他用，实现基金专款专用，提高资金使用效率，我国可以在立法中确定以环境主管部门为监督管理机关、以最终地块验收为标准的资金拨付机制。

发放基金之前，需经环保部门和财政部门的双重验收。首先，修复的专业机构提出并由环保部门确认修复目标或风险管控等级，基于此进行修复的预算；其次，由财政部门甄别预算数据真伪，包括调查成本、风险控制成本、修复成本等相关具体数据；再次，环保部门验收，保证修复工程达到修复目标；最后，两个部门同时签署验收报告，双重验收完成后才可拨付修复基金。①

在拨付资金先行修复之后，政府还需要找到真正的责任主体来承担清理费用。我国可参考美国的“潜在责任人”制度，但是考虑

① 彭莉：《我国城市污染场地修复法律问题研究》，中南民族大学2015年硕士学位论文。

到现实国情，笔者建议在范围上作一定缩减：（1）以地块的现持有人和经营者为重点对象；（2）限制“废物倾倒时的地块所有人”，我国土地属于国家或集体所有，将国家作为与其他主体并列的潜在责任人势必会导致所有修复责任落到政府肩上，因此要限制“地块所有人”作为责任主体，只有在其他责任主体不明或者灭失的情况下才算作修复的责任主体；（3）包括废污生产者，以此督促生产者对自己生产的废污进行更有效的管理；（4）限制将废污运至地块的通勤人员，需要排除对运输物是污染物这一事实不知情且没有为土壤污染地作出选择的运输者。同时，笔者认为对有能力支付却不愿负担的主体，基金在先行垫付资金完成土壤修复之后，环保部门不仅要向责任者追讨，而且应当对其处以罚款以示惩戒。

（二）污染地块调查制度

污染地块土壤调查，指采用系统全面的调查方法，有针对性地确定地块土壤是否被污染，污染物性质、污染程度和范围的过程。全面掌握地块污染情况，有利于后续地块污染风险管控与修复工作的开展。但是在污染地块修复过程中，由于各方迫切地对土地开发再利用，修复过程呈现出“重修复，轻调查”倾向，因此为了准确了解土壤污染状况，避免修复不达标或者二次修复，我们需要更为详尽地完善污染地块调查制度。

污染地块调查制度，是包括调查主体、调查对象、启动原因、调查程序、不履行调查义务的处罚等规则在内的总和。

1. 调查主体

调查主体分为行政机关和企业。在同时存在土地所有者、管理者和占有者时，笔者认为可以依据对土地利用的亲疏远近确定最合适的一方，以占有者优于管理者、管理者优于所有者的顺序确定调查的实施主体。

2. 调查对象

《试行办法》规定的调查对象是疑似污染地块。笔者认为可以在此基础上增加对周边相邻区域的调查，关注污染地块附近（如方圆1千米内）已经确定的污染地块。因为已确定的污染地块距离疑似污染地块较近，有污染物移动传播的可能，调查并关注相邻区域污染物的种类、性质与可能传播的途径，将很有可能控制污染的叠加。

3. 调查启动原因

调查启动原因有三种情况：（1）行政机关依职权主动定期或者不定期进行监测，优势在于行政机关可以及时发现污染地块，进而更好地履行法定职责，且行政机关具有较为完善的污染检测系统，调查结论更具可信度，劣势在于行政人员、资金有限，难以及时完成污染地块土壤调查。（2）行政机关依据群众举报、发现企业有污染的可能时，可以以行政命令的形式要求企业开展调查，并将结果上报给行政机关。（3）地块依法变更或者转让，后继承的企业可自行开展调查或者委托第三方机构调查。我国《试行办法》对第3种情况没有区分。但笔者认为这三个方面很有必要明确加以规定。一方面有了明确的规定才能明确各方义务，才能在未尽到义务时找到对应责任人，另一方面为企业自行调查保驾护航，更能调动企业积极性，比政府督促调查更有效率。

4. 调查程序

调查是一个循序渐进的过程，2014年的《场地环境调查技术导则》中规定：（1）第一阶段：启动调查，方式包括资料收集与分析、现场踏勘、人员访谈；（2）经过第一阶段结果分析，如果不能确定没有污染，将进入第二阶段，包括初步采样和详细采样分析这两步；（3）第二阶段数据评估与分析完毕，认为需要风险评估与修复的，还要进行补充采样，如地块特征参数调查、受体暴露参数调查，进而编制地块环境调查报告。2016年经过补充的《试行办法》对调查程序作了如下规定：（1）土壤环境初步调查。该办法首次明确了调查时限——土地使用权人自接到书面通知之日起6个月内应当完成初步调查，并编制调查报告（报告信息包括地块基本信息、疑似污染地块是否为污染地块的明确结论等主要内容，并附具采样信息和检测报告），并通报污染地块所在地县级人民政府。（2）市级环境保护主管部门确定该污染地块的风险等级，并书面通知土地使用权人。（3）土地使用权人开展土壤环境详细调查，编制调查报告（信息包括地块基本信息，土壤污染物的分布状况及其范围，以及对土壤、地表水、地下水、空气污染的影响情况等主要内容，并附具采样信息和检测报告）。在整个调查过程中，土地使用权人要及时上传污染地块信息系统并公开公示。

5. 调查监管

调查制度安排至此还是不够，因为在实践中有些调查主体只求快，不重视地块调查质量，甚至一些调查机构为了降低调查竞标价格选择偷工减料，最后影响数据的真实性。[①] 因此，笔者认为可参考日本《土壤污染对策法》，在土壤污染防治法中对委任调查机构也作相应的资质要求，如具备相应的技术条件与管理能力、没有影响数据公正性的情况等要求。此外，《试行办法》中还规定了相应责任承担：如果调查机构在调查活动中弄虚作假，造成环境污染和生态破坏，其应承担起相应的责任，并将该失信机构记入其环境信用记录。

（三）污染地块风险管控制度

污染地块风险管控是指管控主体有目的、有计划地通过组织、控制、检查、监管等方式来管控未知的风险，削弱风险发生的可能

---

① 危昱萍：《土壤修复市场乱象 场地调查扰乱行业》，载网易财经，http：//money. 163. com/16/0428/06/BLNH09U900253B0H. html，最后访问日期：2017年3月21日。

性，减轻可能造成的损失。污染地块风险管控制度应包括评估对象、具体措施、对第三方评估机构的要求等。

1. 风险管控对象

风险管控的对象包括两个，对于不同对象，风险管控的目的也不同：（1）暂不开发利用的，风险管控以防止污染扩散为目的；（2）准备将污染地块开发为居住用地或者商业、学校、医疗、养老机构等一些公共设施用地的，风险管控以安全利用为目的，在保证公众健康的前提下划定管控区域。对风险对象的区分，有利于提高修复的针对性，适当弥补修复资金不足的缺口。

2. 风险管控措施

风险管控的措施包括：清理污染源；隔离污染，防止污染扩散；开展环境监测；污染扩散时及时补救等。

3. 第三方评估机构

土壤污染的风险具有隐蔽和区域分布不均的特性，评估难度大且专业性强，因此污染地块的评估离不开有资质的专业机构。但是我国土壤污染防治起步较晚，符合资质的第三方评估机构、评估人才、规范性文件都还有所欠缺。

笔者认为我国对第三方评估机构必须加强管理，对第三方评估机构依照其资质、承办过的项目、评估人才职称与人数等标准进行等级划分，不同等级的评估机构可承办的项目应差别对待。此外，申报条件、申报程序、对口政府部门、部门核准期限等规范还需要细化。

取得资质的污染风险评估机构需要遵守《污染场地风险评估技术导则》。如果受委托从事风险管控的专业机构，在从事专业活动中弄虚作假，造成环境污染和生态破坏，既要接受法律制裁、承担委托合同的约定责任，还必须与造成环境污染和生态破坏的其他责任者承担连带责任，并将该失信机构记入其环境信用记录。

（四）外运污染土壤的监督管理制度

在土壤修复过程中注意对外运污染土壤的监督，是有效防止二次污染的重要手段。对外运的土壤监管不到位，会导致污染转嫁，甚至可能导致严重的污染侵权纠纷。我国在外运污染土壤方面的规定体现在《试行办法》第25条。

笔者认为，我国对外运污染土壤的监督可分解为如下操作程序：（1）做好或委托专业机构做好污染土壤外运方案，包括运输时间、方式、线路和污染土壤数量、去向、最终处置措施等。（2）提前5个工作日报告市级环境保护主管部门并做好登记工作。（3）除了法条规定的上述两点之外，笔者认为可参考日本的“管理账票”制度，实施土壤修复的关键在于外运方缔结委托合同后向外运方交付管理账票，账票对土壤的流转要有明确的记录，包括有害物质的性质、污染状态、体积、外运日程、目的地搬运人、搬运方法等。（4）修复主体与运输主体在一定期限内保存账票，以备随时接受行政部门检查。（5）在监督后期把控全过程，记录处理方法及效果。同时，外运过程必须保护作业工作人员身体上免遭污染土壤的危害、必须禁止二次承包。在净化处理设施、填埋处理设施等方面，需要地方行政首长的许可。

（五）建立地块污染信息管理系统

欧盟一直重视“棕色地块”政策，在收集土地利用数据方面下足了功夫——统计了全国范围内有关已开发土地的数量、类型和计划状况。该数据库包含了关于全国66000公顷已利用土地以及其他空闲地块、废弃地块和废弃建筑的信息。[1] 前期巨大的投入，让欧

① 余立风：《美欧污染场地环境监管机制研究》，载《环境与可持续发展》2011年第1期。

盟国家掌握了详细的污染地块土壤信息，这为后续开展土壤修复、鼓励再开发利用奠定了坚实的基础。

相比于欧盟，我国的信息系统尚显稚嫩，在2009年《污染场地土壤环境管理暂行办法（征求意见稿）》中甚至没有提及，幸好在2016年通过的《试行办法》增加了“全国污染地块土壤环境管理信息系统”（以下简称“污染地块信息系统”）。

根据《试行办法》的规定，污染地块信息系统在土壤修复进程中反复被使用。在发现疑似污染地块之后需要在该系统填写相关活动信息；土地使用权人初步调查、详细调查完成后、开展风险评估、编制风险管控方案、修复工程方案后都要上传至该系统；第三方同土地使用权人一样使用；环境保护部门则需要建立污染地块名录，及时动态更新污染地块信息系统。

污染地块信息的准确性直接关系到后续再开发、再交易的公平性，因此，笔者所提倡的污染地块信息系统应具备如下功能：（1）定期更新土壤调查、评估、管控、治理修复等相关技术文件，保证国家层面的规范技术文件得以推广。（2）国家职能部门可展示全国重点地区土壤污染调查分析数据，① 建立土壤质量信息共享平台。（3）可记录并及时公示疑似污染地块和污染地块信息档案。（4）土地使用权人可登记某一地块污染的化学物质或污染源、可公布调查情况、可公示采取的修复设备、修复措施及修复进展。②（5）土地使用权人可通过该系统查看主管部门的批示。（6）可登记地块利用方式及使用权人变更情况。（7）可对疑似地块进行举报并能跟踪进展、可跟进已完成修复的土地使用情况等。

---

① 截至2010年年底，全国共采集土壤、农产品等各类样品213754个，获得有效调查数据约495万个。建成全国土壤污染状况调查数据库和样品库，数据总量达1TB，入库样品数量为54407份。

② 谷庆宝、颜增光、周友亚、郭观林、李发生：《美国超级基金制度及其污染场地环境管理》，载《环境科学研究》2007年第5期。

（六）公众参与制度

环境主管职能部门人力和物力有限，无法事事兼顾，而利用公众这一广泛群体，从某种程度上正好可以延展环境主管部门掌控的内容、监督的范围。污染企业对公众参与有所顾忌，主要在于公众对造成地块污染的企业进行曝光，一是会影响企业形象，二是影响土地估值与流转。此制度下无死角的监督倒逼企业积极采取合理措施来修复污染地块。

要落实公众参与制度，笔者认为以下几个方面需要注意：（1）明确环境信息公开制度。知情权是公众的一项基本权利，是公众参与环境保护的前提条件，只有环境信息公开，让民众充分了解所在地的污染地块信息及相关修复规划，民众才能参与到污染地块修复的监督中来。（2）明确环境主管部门保障公众知情权的义务。知情权的平台可以是前文中提到的污染地块信息系统，系统登记的主体是环境主管部门或者土地使用权人。环境主管部门应当依法公开污染地块污染信息、修复信息、完善公众参与的方式，为公民、法人和其他组织参与和监督提供便利。（3）明确土地使用权人有配合环境主管部门的义务。例如，在公示污染地块的污染信息时，土地使用权人需要配合调查污染地块历史、及时告知污染地块进行初步调查、详细调查、风险评估后的结果等。（4）明确行政部门的披露范围及公众参与范围。《试行办法》中规定环境主管部门应当将自身依法编制的污染地块名录、修复责任主体编制的调查报告、风险评估报告、风险管控方案、治理与修复效果评估报告以便于公众知晓的方式向社会公众公布，并充分征求意见。此外，笔者认为，政府职能部门在制定有关污染地块土壤修复法律法规或标准时，应将草案全文向社会公开征求意见并听取公众建议；效仿美国披露内容，环境主管部门应告知购买者该地块的污染情况，包括任何在地块上储存超过一年或泄漏的有害物质；适当抽选社会公众代表，参与污染地块修复成果的验收，在验收结果中签名并向社会公开。（5）明确问责机制。公民、法人和其他组织发现环境主管部门偏袒污染企业、放任地块土壤污染、不履行法定职责的，有权向上级机关或监察机关举报；发现政府主管部门、企业、个人不履行或不完全履行修复义务的，有权向人民法院提起公益诉讼。（6）逐步建立以群众举报投诉、信访制度、听证制度、环境影响评价制度、新闻舆论监督制度等为主要内容的公众参与制度，才能使污染地块土壤修复达到预期的效果，从而推进我国环境保护事业的整体发展。

第五章　地质灾害防治制度

第一节　地质灾害防治概述

一、地质灾害的概念、分类和特点

国务院颁发的《地质灾害防治条例》第2条规定："本条例所称地质灾害，包括自然因素或者人为活动引发的危害人民生命和财产安全的山体崩塌、滑坡、泥石流、地面塌陷、地裂缝、地面沉降等与地质作用有关的灾害。"地质灾害就是由自然或人为活动引起的，与地质作用有关，对人民的生命财产安全产生危害的灾害现象。

地质灾害按照其诱因，可以分为自然地质灾害和人为地质灾害，自然地质灾害是指由强降雨、融雪、地震等引起的滑坡、泥石流、山体崩塌等灾害；人为地质灾害是指由于工程开挖、爆破、弃土、开矿等行为引起的地面塌陷、地裂缝、地面沉降等灾害。按照发展过程可以分为渐变性地质灾害和突发性地质灾害，渐变性地质灾害是指形成灾害的周期长，具有明显的灾前预兆的地质灾害，如水土流失、地面沉降、地下水污染；突发性地质灾害是指其发生没有预兆，在短时间发生并造成较大危害的地质灾害，如地震、地面塌陷、泥石流、滑坡等，这一类地质灾害往往难以预见，发生后造成的影响较大，常常会有人员伤亡，防治工作通常是应急响应，救援工作也存在一定困难。中国国土辽阔，经度和纬度跨度大，多种地貌并存，自然地理条件极为复杂，地质构造运动强烈，很容易诱发各类地质灾害；且各地气候条件和土质状况差异较大，造成地质灾害发生的可能性越来越高。同时，中国又是一个发展中国家，经济社会发展对资源开发的依赖程度相对较高，大规模的资源开发和工程建设越来越多，而我国公众对地质环境保护的意识还不够强，人为地诱发了很多地质灾害，使中国成为世界上地质灾害最为严重的国家之一。所以突发性地质灾害和人为地质灾害的防治成为我国地质灾害防治工作的重点。

地质灾害按照其表现形式可以分为山体崩塌、滑坡、泥石流、地面塌陷、地裂缝、地面沉降六种灾害。山体崩塌是指陡坡上直立裂缝分割的岩土体，因根部空虚、折断压碎或局部滑移，失去稳定，突然脱离母体向下倾倒、翻滚。滑坡是指斜坡上的土体或岩体，受河流冲刷、地下水活动、地震及人工切坡等因素的影响，在重力的作用下，沿着一定的软弱面或软弱带，整体或分散地顺坡向下滑动的自然现象。泥石流是指在山区或者其他沟谷深壑、地形险峻的地区，因为暴雨、暴雪或其他自然灾害引发的山体滑坡并带有大量泥沙以及石块的特殊洪流。泥石流常常会冲毁公路、铁路等交通设施甚至村镇等，造成巨大损失。泥石流大多伴随山区洪水而发生。它与一般洪水的区别是泥石流中含有足够数量的泥沙石等固体碎屑物，其体积含量最少为 15%，最高可达 80% 左右，因此比洪水更具有破坏力。地面塌陷是指地表岩、土体在自然或人为因素作用下向下陷落，并在地面形成塌陷坑（洞）的一种动力地质现象。“地裂缝”是地面裂缝的简称，是地表岩层、土体在自然因素（地壳活动、水的作用等）或人为因素（抽水、灌溉、开挖等）作用下产生开裂，并在地面形成一定长度和宽度的裂缝的一种宏观地表破坏现象。有时地裂缝活动同地震活动有关，或为地震前兆现象之一，或为地震在地面的残留变形，后者又称地震裂缝。地裂缝常常直接影响城乡经济建设和群众生活。地面沉降是指由于自然因素或人类工程活动引发的地下松散岩层固结压缩并导致一定区域范围内地面高程降低的地质现象，会造成建筑物地基下沉、房屋开裂、地下管道破损、井管抬升、洪涝及风暴潮灾害加剧等问题，已成为影响我国区域经济社会可持续发展的重要因素之一。目前，我国遭受地面沉降灾害的城市已经超过50个，其中不乏北京、上海、天津等经济发达的大型城市。

地质灾害诱因复杂多变，伴随着人类社会对自然资源和地质环境的利用过程出现，再加上不同地域范围的地理环境条件和经济水平不一样，地质灾害呈现出如下特点：

1. 复杂性、多样性

地质灾害诱因复杂，既可以是自然因素也可以是人为活动，一类地质活动还有可能引发几种地质灾害，如板块运动引起地震，地震可能会引起山体崩塌、滑坡、泥石流等次生地质灾害，目前地质灾害可分为30多种，种类繁多。

2. 破坏面广、持续时间长

地质灾害容易集中发生在一个地区或者某一类相似的地质环境条件下，一旦发生地质灾害，造成的损失往往涉及一片地区，如地面沉降灾害在上海、天津、浙江等地都有发生，一次地震造成的影响辐射到以震源为中心的附近地区，灾后重建工作所需要的时间也较长。

3. 损失大且难以估量

渐变性地质灾害造成的损失具有持续性，在一段时间内很难做出全面、准确的灾情损失认定，如地面沉降造成的损失会随着时间的经过而增加，突发性地质灾害因其性质很难在发生前作出预估，在灾害发生后也需要数十年的时间进行灾害认定。另外，损失的计量与地质灾害的等级、当地的经济发展状况甚至季节和时令都有密切的关系。据不完全统计，我国每年因各种自然灾害造成的直接损失约300亿~500亿元，还有各种难以估量的间接损失，这些都给经济建设和人民的生命财产产生了较大影响。

二、地质灾害防治的概念

地质灾害防治是指对由于自然作用或人为因素诱发的对人民生命和财产安全造成危害的山体崩塌、滑坡、泥石流、地面塌陷、地裂缝、地面沉降等地质现象，通过有效的地质工程手段，改变这些地质灾害产生的过程，以达到减轻灾害或防止灾害发生的目的。目前我国的地质灾害防治工作实行预防为主、避让与治理相结合的方针，遵循预防为主、防治结合、全面规划、突出重点的原则进行。地质灾害防治工作主要包括地质灾害预防和地质灾害治理，地质灾害预防工作主要有编制地质灾害预案、建立地质灾害预报制度、对可能发生的地质灾害进行全面监控检测、及时制定应急规划、在容易发生地质灾害的隐患点禁止进行一切可能诱发地质灾害的活动、对工程建设进行灾情可能性检测和评估。地质灾害治理主要是灾害发生之后如何进行灾区重建以及对可能诱发的次生地质灾害进行预防，在其中要明确治理责任人，制订地质治理方案，利用治理经费进行地质灾害治理工程。

现阶段主要是通过行政措施和工程技术手段对地质灾害进行预防与治理。行政措施主要是政府或者立法机关颁布制定相关的法律法规和政策性条例，对地质灾害进行监测和公告，在灾后组织国家财政力量进行救援和重建工作，我国现阶段主要的法规是2004年实施的《地质灾害防治条例》。工程技术手段主要是地质技术部门通过科学技术手段，利用地质灾害形成机理与防治知识，采取建筑物或者岩体改造工程、生物植被工程和下水道疏排工程等，调整、控制地质作用，从而降低地质灾害发生的可能性，减少灾害发生造成的损失和人员伤亡。地质灾害防治工程主要指预防和治理地质灾害的工程措施和办法。狭义的防治工程仅指防治地质灾害而修建的各种治理性和防护性的工程措施，如为防止滑坡活动而修建的排水沟、排水井、抗滑垛、抗滑桩等；为防治崩塌而修建的护墙、护坡、挡石墙、落石平台等；为防止泥石流而修建的拦挡坝、导流堤、停淤场等。广义的防治工程是指为预防、控制、治理地质灾害，减轻地质灾害损失所采取的各项工作措施的总称，又称为地质灾害减灾工程。主要有地质灾害调查与评价、地质灾害监测、预测、预报，地质灾害预防，地质灾害治理，地质灾害救助。广义的减灾工程范围和层次不同，既可以是一个具体的地点，也可以是一片区域。

因为地质灾害的成灾条件中必须要有灾害体和受灾体，所以防治地质灾害工作可以从两个方面来开展：一是从灾害体角度来说，消除或减弱灾害体的活动，缓解灾害造成的损失；二是从受灾体角度来说，积极采取预防和保护措施，增强受灾体对灾害的防御能力，免受其害。当前中国的地质灾害防治还处于“以防为主”的阶段，很多灾害隐患点、危险点还没有得到及时的治理，比较有效的途径就是加强地质灾害勘察，弄清地质灾害的分布状况和形成条件，做好区域地质灾害调查评价和危险性评估，为建设全国地质灾害预警系统打好基础。

第二节　我国地质灾害防治现状

随着人类社会的进步和科学技术的飞速发展，城市化进程不断加快，人类活动已经强烈作用于地质环境，使得地质环境不断恶化，环境保护与灾害防治等问题日益严峻，直接影响和制约着城市化进程。目前，我国现有的城市数量已超过 600 个，百万人口以上的特大城市已超过 30 个。从自然条件来看，我国山地丘陵区约占国土面积的 65%，地质条件复杂，地质构造活动频繁，崩塌、滑坡、泥石流、地面塌陷、地裂缝、地面沉降等灾害隐患多、分布广、防范难度大，是世界上地质灾害最严重、受威胁人口最多的国家之一。近年来，不合理的土地规划以及人类的开发工程等经济活动，更是加大了地质灾害发生的频率和危害程度。截至 2015 年年底，全国有地质灾害隐患点288525处，其中崩塌67478处，滑坡148214处，泥石流31687处，其他地质灾害合计41146处，共威胁1891万人和4431亿元财产的安全。①

一、地质灾害分布情况

据《2015年中国国土资源公报》的数据显示，2015年，全国共发生各类地质灾害8224起，其中滑坡5616起、崩塌1801起、泥石流486起、地面塌陷278起、地裂缝16起，造成229人死亡、58人失踪、138人受伤，直接经济损失24.9亿元。与2014年相比，地质灾害发生数量、造成死亡失踪人数和经济损失均有所减少，分别减少24.6%、28.3%和54.0%。地质灾害主要发生在江西、湖南、云南、安徽、浙江和四川等省。②

根据2017年《国土资源部政府工作报告》的数据显示：2016年，全国共发生地质灾害9710起（具体比例见图1）。成功预报地质灾害676起，避免人员伤亡23956人，避免直接经济损失7.1亿元。

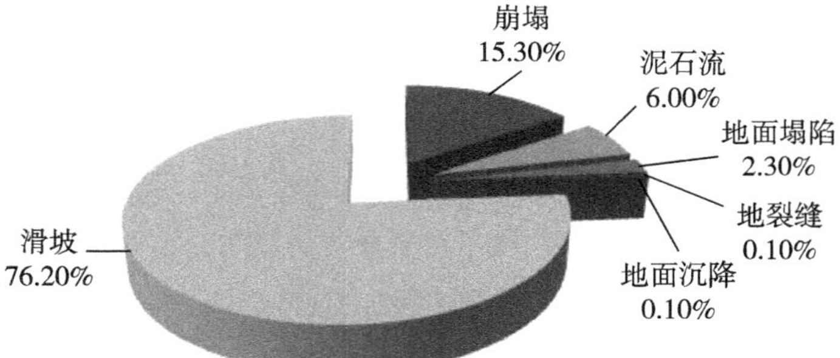

图1　2016年地质灾害类型构成

① 参见《全国地质灾害防治“十三五”规划》。
② 参见《2015年中国国土资源公报》。

地质灾害区域分布不均衡。从自然地质环境和经济发展水平来划分，我国可以分为东部、中部、西部三个地区。东部地区人口密度相对较大，经济发展水平较高，如果发生地质灾害，造成的经济损失和人员伤亡往往较为严重。由于开发时间早、土地利用和城市规划不尽合理、过量开采地下水，这一地区地面沉降、地面塌陷和地裂缝灾害发生次数较多。据专家分析，地面沉降灾害容易发生在三种区域：三角洲、滨海平原或冲积平原、内陆盆地，近年来江苏、上海、天津等地已经成为全国地面沉降最为严重的地区，造成了巨大的经济损失。浙江、福建等丘陵地区容易发生崩塌、滑坡和泥石流灾害。中部地区人口集中，自实行中部崛起战略以来，很多大型的地质工程和矿产资源开发工程多聚集于此，山脉起伏，河流交错，加之交通干线集中，导致泥石流和滑坡发生十分频繁，对附近的交通干线也造成了不小的压力。我国的西部大开发计划意味着国家经济建设重点将逐步西移，西部地区人口密度少，矿产和石油资源十分丰富，开发前景广阔，但是西部地区地质脆弱，地壳活动频繁，地质构造极为复杂，多高山和丘陵，如果不做好地质灾害调查和重大工程选址风险性评估，则更容易诱发滑坡、泥石流和地面塌陷等地质灾害，地震之后还有可能造成地面裂缝等次生灾害。

二、“十二五”规划的防治成就

在“十二五”期间，面对严峻复杂的地质灾害防治形势，在党中央、国务院的领导下，地方党委、政府高度重视，相关部门密切配合，全国国土资源系统和基层干部群众共同努力，圆满完成了《全国地质灾害防治“十二五”规划》确定的主要目标任务，地质灾害防治工作取得显著成效。

1. 调查评价取得重大进展

在全面完成全国山地丘陵区地质灾害初步调查的基础上，完成了1080个县（市、区）的详细调查和15833处隐患的勘查，形成了由专业队伍实施的汛前排查、汛中巡查和汛后复查的汛期“三查”工作机制，基本查明了全国地质灾害现状，完善了全国地质灾害调查信息系统，形成了调查评价信息动态更新机制。

2. 监测预警得到有效落实

全国31个省（区、市）、323个市（地、州）、1880个县（市、区）开展了地质灾害气象预警预报工作，建立了由群测群防员实施的雨前排查、雨中巡查和雨后复查的群测群防“三查”工作制度。全国有29万多名群测群防员，实现地质灾害隐患点全覆盖，群测群防体系进一步完善。在三峡库区等地质灾害重点防治区建立专业监测站（点）近3000个，建设完善国家级地质灾害监测预警研究示范基地15处。

3. 综合治理力度不断加大

中央财政累计投入210亿元支持地方开展地质灾害防治，全国有27个省（区、市）设立了省级财政地质灾害防治专项资金，地方各级政府累计投入地质灾害防治资金500多亿元。全国完成4000多个重大地质灾害隐患点的工程治理，有效保护了100多万人的生命安全。各地整合国土、水利、住建、移民、环保、扶贫等政策资金，完成受地质灾害威胁的120余万人的搬迁避让。

4. 应急防治体系不断完善

全国建立了31个省级、161个市级、990个县级地质灾害应急管理机构，建立了31个省级、171个市级、420个县级应急技术指导机构，组建了地质灾害防治应急专家队伍和武警黄金部队专业抢险救援队伍。每年组织200名国家级应急专家和3000余名地方应急专家在各地分区驻守指导，在部分地区开展专业队伍包县、包乡提供技术服务。圆满完成四川芦山地震、云南鲁甸地震、陕西山阳滑坡、深圳光明新区滑坡等重大应急任务50多起，有效避免了二次灾害造成人员伤亡。各级国土资源部门建立了应急值班制度，应急值守与信息报送不断规范。

5. 综合防灾能力全面提升

在完成全国1765个地质灾害群测群防“十有县”① 建设任务的基础上，建成地质灾害防治高标准“十有县”② 774个，强化乡镇地质灾害防治“五到位”③。开展地质灾害防治知识宣传培训教育和应急演练，组织培训近5万场、演练7.5万余次，参加人员2000余万人次。④

三、“十三五”规划的目标和要求

党的十八大明确提出加强防灾减灾体系建设，提高基层地质灾害防御能力。将生态文明建设纳入“五位一体”总体布局，对地质灾害防治工作都提出了更高的要求。虽然在“十二五”期间我国在地质灾害治理上取得了不小的进展，但是地质灾害防治工作未全面纳入各级国民经济和社会发展规划，其服务社会经济发展的能力有待进一步提升。地质灾害调查评价的精度、广度和深度尚不能满足防灾减灾的要求，群防群测能力水平还比较薄弱。

“十三五”规划本着“以人为本，预防为主，统筹部署，突出重点，依法依规，科学减灾”的原则，分级分类，实现属地管理，重视科学技术在实际工作中的运用，服务社会经济发展大局。规划的总体目标是：以最大限度避免和减少人员伤亡及财产损失，尽心尽力维护群众权益，全面完成山地丘陵区地质灾害详细调查和重点地区地面沉降、地裂缝和岩溶塌陷调查，全面完成全国重点防治区

① “十有县”是指地质灾害群测群防体系标准化要求，即有组织、有经费、有规划、有预案、有制度、有宣传、有预报、有监测、有手段、有警示。

② 高标准“十有县”是指在“十有县”的基础上进一步提升基层地质灾害防治能力的要求，即有制度、有机构、有经费、有监测、有预警、有评估、有避让、有宣传、有演练、有效果。

③ 乡镇国土所地质灾害防治工作“五到位”是指以下工作到位：（一）评估；（二）巡查；（三）预案；（四）宣传；（五）人员。

④ 参见《全国地质灾害防治“十三五”规划》。

地质灾害防治高标准“十有县”建设，实现山地丘陵区市、县两级地质灾害气象预警预报工作全覆盖，完善提升以群测群防为基础的群专结合监测网络，基本完成已发现的威胁人员密集区重大地质灾害隐患的工程治理。到2020年，建成系统完善的地质灾害调查评价、监测预警、综合治理、应急防治四大体系，全面提升基层地质灾害防御能力。在重大工程所在区域、重要城市、人口聚集区等区域建立地质灾害风险管控体系，显著降低地质灾害风险，全面降低中、东部经济发达地区地质灾害风险，有效解决西部及老少边穷地区因灾致贫、因灾返贫的问题。

进入21世纪，我国地质灾害防治工作的现状可以说是机遇与挑战并存，既存在很多有利条件，又面临着严重困难。首先，随着社会经济条件的发展和全面建设小康社会的要求，党和各级政府高度重视地质灾害的防治工作，经过十几年的努力实践，初步建立了地质灾害防灾减灾管理系统，制定了《地质灾害防治条例》和一系列地方法规，为地质灾害防治工作提供了基本的指导和保障，随着地质灾害调查的不断深入，建立了地质灾害预警系统和群测群防体系，地质灾害防治的理论与实践能力也不断提高。但是，由于中国地质条件比较复杂，地质灾害类型多样且分布广泛，全面预防和治理地质灾害需要强有力的组织管理能力，而且需要投入大量的资金和先进的科学技术。现阶段，我国的社会经济水平和资源开发水平还比较落后，在今后相当长的一段时间里，很多经济开发仍要依赖自然资源，很难避免对资源的过度消耗和对地质环境的破坏，减灾的群众基础较为薄弱。另外，我国现阶段的地质灾害防治法制尚不健全，有关理论和技术方法也还不够完善，地质灾害监测、预警和防治体系还不够成熟，还不能完全适应21世纪我国地质灾害防治工作的要求。

第三节　国外地质灾害防治制度借鉴

一、美国

美国幅员辽阔，地质灾害多发，对人们的生命财产安全造成了很大的影响，因此美国成为最早重视地质灾害防治的国家之一。但是美国的地质灾害防治工作也是不断探索前进的，在20世纪50年代以前，美国的防治措施主要围绕灾害预警、灾害援助以及减灾工程展开，对灾害的防治起到了积极的推进作用，却无法从根本上提高防灾减灾的能力。50年代以后，美国开始重视将城市规划以及土地利用政策作为城市防灾减灾手段。2000年美国颁布的《减灾法案》标志着美国在地质灾害防治管理理念上的突破，即由“注重防治工程”向“重视规划利用”的转变。

美国地质灾害防治管理采用的是联邦政府组织协调和属地管理模式。① 其特点是统一管理、属地为主。统一管理是指各类突发公共事件一律由各级政府的应急管理部门统一调度指挥，同时负责平时应急相关工作，如风险评估、培训、宣讲、演习和技术保障。属地为主是指一般的灾害应急管理任务均由事发地所在政府承担，联邦政府机构的职责主要是指导、协调和援助，只有出现地方政府无力控制的重大灾害，联邦政府才会直接介入救灾行动。美国减灾计划十分重视灾害的预测和预防。美国设立了地质调查局，主要致力于地质灾害的研究和预警预报，重点研究地质灾害的预测方法、确定灾害发生的周期，为确定地质灾害的风险提供依据。各级政府依据不同比例尺的地质灾害图划定不同层级的危险区，并制定相应的

---

① 刘传正：《重大地质灾害防治理论与实践》，科学出版社2009年版，第274～276页。

土地开发规划、城市设施规划和现场设计来避免灾害；各级政府制定相应的法律、法规，规范土地开发和项目审核；县级政府须制定山地开发法令来管理易于发生地质灾害的地区。

美国在地质灾害防治立法上的研究领先，防灾减灾的法律体系比较完备。美国地质灾害防治立法规范的领域很宽广，包括洪水、地震、台风、火山、地面沉降、龙卷风、崩塌、泥石流、滑坡等自然灾害。美国独具特色的一点是将人为原因造成的地质灾害也纳入地质灾害防治立法的领域内，自从“9·11”恐怖袭击事件之后，恐怖事件的救援工作就成为地质灾害防治的一部分。美国地质灾害防治立法经过多年的建设和完善，目前已形成了层次较为合理、内容较为完善的立法，为美国政府开展地质灾害防治工作提供了强大的法律保障。

1950年，美国制定了《灾害救济法案》，确定了联邦政府在应对危机方面的责任，同年《联邦民防法案》的出台要求在全国建立民防机构，这是美国最早的应对灾害的法律。1952年，美国国会通过了《灾害减轻与灾害救助法》，这部法律是对1950年《灾害救济法》的重要修订，成为美国法典第42篇的重要补充。该法案扩大了灾害救助的适用范围，制订综合防灾和救助计划，鼓励通过保险来补充或取代政府的救济。1974年《灾害救济法》和1988年修订出台的《灾害减轻和应急救济法》正式完善了美国的灾害应急救援制度，要求联邦政府在对地质灾害中遭受损失的企业或个人予以援助，鼓励各级政府和个人积极投保地质灾害保险以弥补政府援助上的不足。关于灾区重建和恢复工作的规定操作性也较强，要求相关政府工作人员成立防治领导小组参与补给的发放，为灾民提供临时住所，提供失业救济服务，尽快修复毁损的交通设施，帮助当地恢复经济。1992年，国会审议通过了《美国联邦灾害紧急救援法案》。这部法律对美国灾害紧急救援管理的基本原则、范围和开展工作的形式进行了法律规制，明确了各级政府及各部门在防治工作中应当承担的责任和义务，以及美国政府与州、郡政府的紧急救援权限，同时在这部法律中对地质灾害防治资金和物质来源作出了保障性规定。①

1999 年，国会通过了《美国国家滑坡灾害减灾战略》，这个战略报告是美国地质调查局针对滑坡灾害制定的，对地质灾害防治起到了指引作用。2000 年颁布了《减灾法案》，该法案注重灾前减灾，强调通过减灾规划降低区域灾害。要求各州按照法案规定的标准编制综合减灾规划并将该规划的编制作为地方接收联邦政府资助的前提条件。② 2004 年 6 月制订了《国家应急计划》，在全国建立统一标准的保护公民和国土安全的方式，在不同部门之间建立协调机制，为非营利机构的应急活动提供框架。

除了联邦制定的全国范围内的法律之外，大多数州也相继完善了符合本州防治工作特色的法律，比较有代表性的是加州的法律，加州先后出台了多部地质灾害防治法律，包括 1972 年的《加州地震断层区域的立法》、1990 年的《加州地震危险编图法》、1994 年的《加快编制地震区划图的震后基金》等法律。

美国地质灾害防治立法从各个领域规定了相关的政府部门，在国家层面成立了国家级的领导机关，这个部门不属于任何机构领导，具有独立性，直接对总统负责，这样就从国家层面设立了一个具有强大行政能力的机构，当发生地质灾害、要开展应急工作时，可以充分组织协调人力和物力开展工作。经过了详细的深入研究和理论探讨，结合美国地质灾害防治法律的规定，美国划分成了 10 个地质灾害区，并在每个区设立一个直接接受联邦紧急救援管理局领导的

---

① 唐黎标：《美国灾害紧急救援管理的主要特点》，载《劳动保护》2004 年第 4 期。

② 韦仕川、杨杨、栾乔林、葛成军：《美国地质灾害防治的经验总结及启示——灾害防治的“规划软措施”》，载《灾害学》2014 年第 3 期。

分局,① 这是具有美国特色的一点。美国国家地质灾害防治领导机构的特色在于少部分工作人员留在机关，大多数工作人员分布在全国各防治片区，除国家机关工作人员外，美国还从社会各界聘请具有高专业水平的工作人员5000余人参与国家地质灾害防治工作。在美国，主要是州级政府机关开展地质灾害防治工作，同时州内各城市都有一定的由州政府下放的开展地质灾害防治的权力。在一些地质灾害严重的州，州政府将一部分权力授予镇一级。州政府运用财政手段在多方面开展地质灾害防治工作，通过行政权从事地质灾害管理活动。

二、日本

日本作为一个岛国，地处环太平洋板块和亚洲板块交汇处，地壳活动频繁，属于地震灾害、火山活动和台风高发区，是受地质灾害损害极为严重的国家之一。因此，日本政府历来十分重视地质灾害防治立法的建设，在与地质灾害不断斗争的过程中积累了丰富的经验，形成了一套种类齐全、较为完善的地质灾害立法体系。现阶段，日本国内关于地质灾害防治的法律有50多部，根据其规范的领域不同，日本的地质灾害法律体系可以分为灾害对策基本法、灾害预防法和防灾规划相关法、灾害紧急应对法、灾后重建法及灾害管理组织法五大类。一系列法律法规对地质灾害防治工作的目的、原则和措施等各方面都作了详细的规定，同时完善了全国各地的应急机制，如应急响应、应急预案的制定以及应急处置等。另外，日本还特别注重对地质灾害知识的宣传教育工作，并通过立法明确了这一制度，通过多种形式对群众展开防灾减灾宣传，增强群众对地质灾害防治知识的了解和掌握，确保民众在面对灾害时能够做到自保，

① 姜喆：《我国地质灾害防治立法研究》，中国地质大学（北京）2012年硕士学位论文。

以降低人员伤亡和财产损失。地质灾害防治工程的建设离不开对科学技术的依赖，日本政府充分认识到这一点，通过立法手段，依托科研机构和高校进行信息系统建设和监测预警技术的研究开发，对地质灾害发生前的预兆进行追踪和监测，对获取的异常情况进行及时、科学的分析，政府通过反馈的信息发布地质灾害等级和预警警报。

目前日本的灾害防治体系是以1961年颁布的《灾害对策基本法》为核心构建的，这部法律从根本上规定了日本自然灾害防治的基本原则，同时对防灾组织机构的设置、防灾减灾规划的制定以及灾后应急程序等问题都作出了明确的规定，确立了中央、地方和其他组织在地质灾害预防体系中的责任。同时，这部法律还设有“财政金融措施”专章，对在各类灾害发生的情况下中央和地方政府的经费支出义务、应对灾害的财政措施和金融措施都作了详细的规定，这就为灾害防治经费投入提供了根本的保障。地质灾害防治问题十分复杂，仅靠这一部法律显然不能满足防治工作的要求。因此日本还对灾害防治过程中的各个方面的重要问题都进行了立法，如1958年《滑坡防治法》、1960年《治山治水紧急处置法》、1960年《陡坡崩塌防治法》、1961年《灾害救助法》、1988年《受灾者生活重建援助法》和2000年《土砂灾害防治法》等。这些法律对滑坡、泥石流和水土流失等特定的地质灾害作了明确规定，同时对整体灾害救助体系的构建也有现实的指导意义。除此之外，日本还制定了《大规模地震对策特别措置法》，要求加强观测和测量，规定各单位应事先做好警报发出后的人员避难措施等，还对建设避难地点、避难途径以及消防设施进行了全方位的规划。

日本的地质灾害防治体系非常重视中央的集权领导，但也注重充分调动地方的积极性，采取市场化的运作模式来实现灾害救济。正因如此，日本虽地质灾害频发，但人员伤亡率较低。日本构建了中央与地方、地方与地方之间、部门和部门之间统一组织、协调有序的工作机制。中央政府为最高领导机关，国家级主管机构主管全国的灾害管理工作，负责组织和协调。各机构通过全面的管理信息平台对各自领域的地质灾害展开全天候的监测，对地质灾害爆发的可能性、危害性等各方面作出判断，并及时发布预警信息，开展紧急避险和应急处置等工作。

第四节　我国地质灾害防治法的完善

一、我国地质灾害防治立法现状

我国的地质灾害防治立法经历了一个逐渐完善的过程。我国第一部国家层面的地质灾害防治立法是2003年国务院颁布的《地质灾害防治条例》(以下简称《条例》)。《条例》明确了现阶段地质灾害防治工作的立法目的和原则、地质灾害防治相关制度、地质灾害治理的具体规定和法律责任。这部条例的出台可以说是我国地质灾害防治立法的完善过程中的一个里程碑。《条例》主要确立了以下三个原则：一是“预防为主、避让与治理相结合，全面规划、突出重点”的原则；二是“自然因素造成的地质灾害，由各级人民政府负责治理；人为因素引发的地质灾害，谁引发、谁治理”的原则。《条例》第5条第1款明确规定：“地质灾害防治工作，应当纳入国民经济和社会发展计划”，因自然因素造成的地质灾害的防治费用，在划分中央和地方事权和财权的基础上，分别列入中央和地方有关人民政府的财政预算。具体办法由国务院财政部门会同国务院国土资源主管部门制定。因工程建设等人为活动引起的地质灾害的治理费用，按照谁引发、谁治理的原则由责任单位承担；三是地质灾害防治的“统一管理，分工协作”的原则：国务院国土资源主管部门负责全国地质灾害防治的组织、协调、指导和监督工作，国务院其他有关部门按照各自的职责负责有关的地质灾害防治工作。我国目前逐步完善以广泛发动、分工负责、相互协助为行动方针，以“预防为主”“谁诱发谁治理，谁受益谁治理”和“强化监督管理”为政策的地质灾害防治立法。该条例还确定了地质灾害调查制度、地质灾害监测预警机制、地质灾害应急预案制度、地质灾害治理、地质灾害治理工程建设和竣工验收制度等一系列制度。

2011 年国务院发布了《国务院关于加强地质灾害防治工作的决定》；经国务院批准，原国土资源部、水利部于 2012 年 3 月 2 日印发了《全国地面沉降防治规划（2011—2020 年）》（以下简称《规划》），这是中国首部地面沉降防治规划。该规划要求以长江三角洲地区、华北地区、汾渭盆地为主要目标区，实施地面沉降调查、地面沉降监测、地下水控采与超采区治理、地面沉降防治技术创新四大工程，最大限度地减少地面沉降灾害对经济社会造成的损失。《规划》的颁布和实施，对于全面部署和推进地面沉降防治工作，促进资源、环境和经济社会协调发展，具有十分重要的指导意义。《规划》强调，要用十年时间，查明全国地面沉降灾害现状、发展趋势、形成原因及分布规律，建立重点地区地面沉降监测网络；建立健全政府主导、部门协同、区域联动的地面沉降防治工作体系；形成适合我国国情的地面沉降防治与地下水控采技术方法体系。到 2015 年，完成长江三角洲、华北平原、汾渭盆地等主要地面沉降区和高速及重载铁路沿线等重大工程区的地面沉降调查，初步建立覆盖上述重点地区的地面沉降监测网络；完成地面沉降区的地下水超采复核，控制并逐渐压缩地下水超采规模；建立区域地面沉降防治与地下水管理技术支撑体系，使地面沉降继续恶化的趋势得到初步遏制。到 2020 年，完成全国地面沉降调查，建立全国地面沉降监测网络；进一步完善地面沉降监测与防治技术体系、管理体系；实施重点地区水资源配置与地下水禁采限采、含水层恢复修复工程，使地面沉降恶化趋势得到有效控制。2016 年 12 月国务院批复《全国地质灾害防治“十三五”规划》，对于近期地质灾害防治工作的开展具有极好的指导意义。

从横向上来看，除了国务院颁布的《条例》之外，我国地质灾害防治立法还可以分为几类：一是针对具体地质灾害的立法，我国地质灾害种类多，现在单独的防灾立法主要包括防震减灾法、防洪法等。但是这里的地震和洪涝灾害都不属于本章所讲的地质灾害。二是环境保护法、矿产资源法，这两部法律是从总体的环境和资源的角度入手，要求我们合理开发利用资源，保护地质环境，降低地质灾害发生率。但是这两部法律都只是部分条文涉及地质灾害的防治问题，这对复杂的灾害防治工作来说还远远不够。三是土地法、草原法、水法、森林法、水土保持法等有关地质环境方面的法律文件。

从纵向划分来看，除国务院和国土资源部等地质灾害主管部门颁布的法规和政策性文件外，各级地方政府和地质灾害防治主管部门也根据当地的实际情况，出台了适合本地的法规政策，如《四川省地质环境管理条例》和《贵州省地质灾害防治管理暂行办法》等。这是各个地方保护地质环境、预防治理地质灾害的基本法规。

二、我国法律规定的不足及其完善

总结上述有关地质灾害防治的立法现状，我国当前规定的不足及完善建议如下：

第一，当前我国在国家层面上颁布了不少关于地质灾害防治工作的重要法律法规，如《地质灾害防治条例》《国务院关于加强地质灾害防治工作的决定》《全国地质灾害防治“十三五”规划》等，在制定纲领性文件方面也不断努力，如《中华人民共和国突发事件应对法》《政府信息公开条例》等，但是从法的位阶来看，这些都仅属于行政法规、部门规章或者纲领性文件，与法律相比，其强制力仍显不够，某些纲领性文件的规定已经不能满足现阶段灾害防治工作的要求，对各部门开展地质灾害防治工作不具有现实的指导意义。因此我国在地质灾害立法上还存在较大的空缺，需要尽快出台一部由国家立法机关制定的专门的地质灾害防治法律。

第二，我国缺少一个专门的地质灾害常设机构，往往是在地质灾害发生之后，成立由各个部门组成的指挥部，但是由于地质灾害的发生一般都比较突然，涉及国土、交通、民政和消防等多个部门，各部门之间缺少统一的应急机制，统一协调能力不强。另外，我国国土辽阔，地质条件极为复杂，经常出现跨区域、跨领域的灾害，在重大灾害发生时，难免会出现互相推诿的情况，因此需要在国家层面成立专门的应对地质灾害的政府常设机构，这样能够提高应对地质灾害的工作效率。

第三，目前现行有效的法律指导和规范的范围分散，各相关政府部门之间缺乏协调工作制度；另外，在信息方面也缺少相应的法律制度，信息公开与信息共享方面没有对应的法律法规。因为地质灾害等突发事件种类和程度各不相同，发生的区域也具有独特性，因此相关规定还需要不断完善和补充。

第五节　我国地面沉降防治法律制度①

一、地面沉降概述

地面沉降是地下土层压缩变形而使区域性地面缓慢下降的一种地质灾害现象，地面沉降问题是一个全球性的环境问题。各国对地面沉降问题的关注，肇始于19世纪末、20世纪初。人为因素的地面沉降最早于1891年出现在墨西哥城，1898年出现在日本新潟，随后普遍发生在20世纪70年代、80年代。目前已发生地面沉降的国家

① 王文革：《我国地面沉降防治法律制度的现状评估与立法完善》，载《南京工业大学学报（社会科学版）》2007年第4期。

和地区遍及亚洲、欧洲、美洲、非洲、大洋洲，已有60多个国家的地面沉降问题非常突出，美国、日本等国家的沉降分布地区最为广泛。其中美国50个州都出现了地面沉降，是目前世界上沉降范围最大的国家。①

中国于20世纪20年代初在上海和天津发现地面沉降，至20世纪60年代两地的地面沉降灾害已十分严重。20世纪70年代，长江三角洲主要城市、天津平原区、华北平原相继产生地面沉降。20世纪80年代以来，随着农村地区地下水开采利用量的大幅度增加，地面沉降范围从城市向农村拓展，同时，地面沉降地区伴生的地裂缝，加剧了地面沉降灾害。目前，全国超过50个城市发生了不同程度的地面沉降，累计沉降量超过200毫米的总面积超过7.9万平方公里，地面沉降问题越发严峻。②

2017年4月1日，中共中央、国务院决定设立国家级新区雄安新区，面积为2000平方公里。2017年8月23日，中国地质调查局移交给雄安新区管委会的新区地质调查报告中就指出新区工程建设应关注地面沉降问题。除了工程建设之外，地下水超采也将进一步加剧新区地面沉降。雄安新区地处缺水的冀中平原，该区域地下水超采严重，尤其是随着新区建成，用水规模的扩大，地下水超采问题会更加严重，地面沉降也会更加严重。位于华北平原的雄安新区的国家规划与建设，更加凸显了完善地面沉降法律制度的紧迫性。因此，通过完善相关法律制度来预防和治理地面沉降问题十分必要。

二、我国地面沉降防治法律制度现状及评估

地面沉降的原因包括自然因素和人为因素。自然因素包括地质

① 崔振东：《国内外地面沉降现状与研究》，载《西安地震学报》2007年第5期。

② 参见《全国地面沉降防治规划（2011—2020年）》中关于地面沉降防治目标概况的部分内容。

构造下沉、地震、火山活动、地应力变化及土体自然固结等，由于自然因素造成的地面沉降量占总沉降量的3%左右。① 人为因素主要指开采地下流体资源（油、气、水）、开采地下固体矿产资源、工程建设等，这是引起地面沉降的主要原因。随着当代社会各国乃至跨国环境问题的产生，环境法作为一个新兴的法学领域应运而生。环境法通过控制、影响和干预各种人为影响环境的社会活动，为解决环境污染、生态破坏等各式各样的环境问题提供了日益完备的有效法律工具。

就地面沉降问题而言，目前，我国尚没有一部统一的法律、法规，关于地面沉降的立法主要散见于一系列有关的法律、法规、规章、规范性文件以及国家规划中。总体来看，地面沉降防治立法明显不足，存在一系列急需解决的问题。

（一）我国地面沉降防治法律制度现状

我国有关地面沉降的规定主要体现在宪法、矿产资源法、水法、土地法、环境保护法等法律中。

在宪法层面，我国宪法第10条第5款规定了“一切使用土地的组织和个人必须合理地利用土地”。第26条第1款规定了“国家保护和改善生活环境和生态环境，防治污染和其他公害”。宪法的这些规定是制定其他地面沉降防治法律、法规的基本依据。

在一般法律层面，《中华人民共和国矿产资源法》（2009年修正）第32条规定了“开采矿产资源，必须遵守有关环境保护的法律规定，防止污染环境。开采矿产资源，应当节约用地。耕地、草原、林地因采矿受到破坏的，矿山企业应当因地制宜地采取复垦利用、植树种草或者其他利用措施。开采矿产资源给他人生产、生活造成损失的，应当负责赔偿，并采取必要的补救措施”。《中华人民共和

① 窦贤：《城市：正在下沉!》，载《国土资源》2007年第4期。

国土地管理法》(2004 年修正) 第 42 条规定了“ 因挖损、塌陷、压占等造成土地破坏，用地单位和个人应当按照国家有关规定负责复垦；没有条件复垦或者复垦不符合要求的，应当缴纳土地复垦费，专项用于土地复垦。复垦的土地应当优先用于农业”。《中华人民共和国环境保护法》(2014 年修订) 第 30 条第 1 款规定了“开发利用自然资源，应当合理开发，保护生物多样性，保障生态安全，依法制定有关生态保护和恢复治理方案并予以实施”。第 32 条规定了“国家加强对大气、水、土壤等的保护，建立和完善相应的调查、监测、评估和修复制度”。第 33 条第 1 款规定了“各级人民政府应当加强对农业环境的保护，促进农业环境保护新技术的使用，加强对农业污染源的监测预警，统筹有关部门采取措施，防治土壤污染和土地沙化、盐渍化、贫瘠化、石漠化、地面沉降以及防治植被破坏、水土流失、水体富营养化、水源枯竭、种源灭绝等生态失调现象，推广植物病虫害的综合防治”。《中华人民共和国水法》(2016 年修正) 第 31 条第 1 款规定了“从事水资源开发、利用、节约、保护和防治水害等水事活动，应当遵守经批准的规划；因违反规划造成江河和湖泊水域使用功能降低、地下水超采、地面沉降、水体污染的，应当承担治理责任”。第 36 条规定了“在地下水超采地区，县级以上地方人民政府应当采取措施，严格控制开采地下水。在地下水严重超采地区，经省、自治区、直辖市人民政府批准，可以划定地下水禁止开采或者限制开采区。在沿海地区开采地下水，应当经过科学论证，并采取措施，防止地面沉降和海水入侵”。

以上法律规定都为地面沉降的立法提供了法律基础。但是，概括地分析，这些相关的法律条款基本上都是围绕着土地生态环境和资源生态保护总体而作出的原则性、概括性规定，既没有专门性地针对地面沉降问题，也没有规定相关污染、破坏行为的违法性适用条件及其承担的相应法律责任。

在行政法规层面，我国有关地面沉降的规定主要体现在《地质灾害防治条例》以及《国务院关于加强地质灾害防治工作的决定》中。2003年国务院颁布了《地质灾害防治条例》（以下简称《条例》）。《条例》规定了地质灾害防治工作的基本原则、管理体制、地质灾害规划和预防制度、地质灾害治理制度、地质灾害应急制度和法律责任等。主要内容包括：一是规定了“地质灾害防治工作，应当坚持预防为主、避让与治理相结合和全面规划、突出重点的原则”；二是规定了治理责任主体，即自然因素造成的地质灾害，由各级人民政府负责治理；人为因素引发的地质灾害，谁引发、谁治理；三是规定了地质灾害防治管理体制，即“国务院国土资源主管部门负责全国地质灾害防治的组织、协调、指导和监督工作。国务院其他有关部门按照各自的职责负责有关的地质灾害防治工作”。

在实践中，2007年6月18日国务院正式同意建立由国土资源部牵头的全国地面沉降防治部际联席会议制度。该会议主要职能包括：传达、贯彻党中央、国务院领导同志关于地面沉降防治工作的指示精神，组织协调和指导地面沉降防治工作；研究制定地面沉降防治相关政策；督促、检查地面沉降防治工作的落实，及时通报工作进展情况；加强信息收集与交流，不定期编印联席会议简报；完成国务院交办的其他事项。

2011年国务院发布了《国务院关于加强地质灾害防治工作的决定》，进一步强调：建立健全地面沉降、塌陷及地裂缝防控机制。建立相关部门、地方政府地面沉降防控共同责任制，完善重点地区地面沉降监测网络，实行地面沉降与地下水开采联防联控，重点加强对长江三角洲、华北地区和汾渭地区地下水开采管理，合理实施地下水禁采、限采措施和人工回灌等工程，建立地面沉降防治示范区，遏制地面沉降、地裂缝进一步加剧。在深入调查的基础上，划定地面塌陷易发区、危险区，强化防护措施。制定地下工程活动和地下空间管理办法，严格审批程序，防止矿产开采、地下水抽采和其他地下工程建设以及地下空间使用不当等引发地面沉降、塌陷及地裂缝等灾害。

在规划层面，我国有关地面沉降的规定主要体现《全国地面沉降防治规划（2011—2020 年）》中。经国务院批准，国土资源部、水利部于 2012 年 3 月 2 日印发了《全国地面沉降防治规划（2011—2020 年）》，这是中国首部地面沉降防治规划。规划明确了地面沉降防治的制度和措施，主要包括："实施地面沉降调查、查明全国地面沉降灾害现状、发展趋势、形成原因及分布规律；建立地面沉降监测网络；建立健全政府主导、部门协同、区域联动的地面沉降防治工作体系；形成适合我国国情的地面沉降防治与地下水控采技术方法体系；建立区域地面沉降防治与地下水管理技术支撑体系；完善地面沉降监测与防治技术体系、管理体系；实施重点地区水资源配置与地下水禁采限采、含水层恢复修复工程，使地面沉降恶化趋势得到有效控制。"① 2016 年 12 月国务院批复《全国地质灾害防治"十三五"规划》，对于地面沉降防治工作的开展具有指导意义。

（二）对我国地面沉降防治法律制度的评估

综观现行法律制度，立法中主要问题表现如下：

1. 地面沉降防治立法体系不健全

2003 年国务院颁布了《地质灾害防治条例》，2007 年建立了地面沉降防治部际联席会议制度，2012 年 2 月 20 日中国首部地面沉降防治规划获得国务院批复。但时至今日，我国并未颁布专门的法律或条例来规范地面沉降防治问题，相关立法中的相应内容缺乏解决地面沉降问题的系统性、针对性和可操作性。在地方立法层面，也只有上海市于 2013 年 7 月开始实施《上海市地面沉降防治管理条例》。对于区域性地面沉降问题，缺少区域协同立法。整体来看，我

① 参见《全国地面沉降防治规划（2011—2020 年）》中关于地面沉降防治目标的部分内容。

国地面沉降防治立法尚处于起步阶段，法律体系不健全。

2. 地面沉降监管体制不健全

当前地面沉降防治任务仍然艰巨，地区联动、部门联动还未到位。各地区之间的合作不到位，未能很好地共建本区域地面沉降监测网络和信息系统，未能有效建立起信息通报和信息共享制度以及区域信息发布协调机制，未能及时汇总本地区地面沉降防治信息。由于缺乏有组织有计划的合作，区域之间信息不完善，未能形成统一目标，这也给治理带来了一定的难度。

3. 地面沉降制度设计原则不明确，具体制度不健全

现有地面沉降防治制度比较分散且不系统、不协调，加之制度设计的基本原则不明确，致使地面沉降预防性制度缺失，区域性地面沉降防治制度缺失，一些关键性制度如地下水超采管理制度、地下水回灌保护制度、土地供应制度等没有引起重视。

三、我国地面沉降防治的地方实践经验

在应对地面沉降的长期实践过程中，上海、天津、山西等地就地面沉降预防和治理等方面建立了一些富有成效的防治制度，急需上升到国家法律法规层面，以便在全国推广实施。

上海自 1966 年以来开始限制地下水开采和人工回灌地下水，要求地下水用户在冬天往地下回灌与其夏季开采等量的自来水，从而恢复土层弹性，控制地面沉降，效果较为明显。此外，上海在地面沉降规律、机理、实验研究、预测预报、控制措施等方面也不断取得新的突破，在世界上率先建立了覆盖全市的地面监测网络，能够随时预报上海各区域地面沉降的状况。2011 年 12 月，上海市出台了《上海市地面沉降“十二五”防治规划》，防治目标是：确保全市年平均地面沉降量控制在 6 毫米以下，重点减少差异地面沉降，缩小年均沉降量超过 10 毫米的地面沉降区面积；进一步健全生命线工程（轨道交通、防汛设施、磁悬浮线、高速铁路、越江隧桥、天然气管

网、城市高架等）地面沉降监测与预警机制，着力提高生命线工程安全运营的地质保障能力。①

全国第一部地面沉降防治地方法规《上海市地面沉降防治管理条例》于2013年7月1日正式实施，主要确立了以下制度：（1）按地面沉降风险等级分区管理。（2）地下水开采实行总量控制。除战备、应急备用等特殊情形外，禁止在自来水管网到达区域开采地下水。自来水管网到达区域的具体范围，由市水务行政管理部门公布。（3）地下水回灌方案。回灌井的回灌费用由市财政承担。采灌井的回灌费用中相当于取水量的部分，由采灌井的使用者承担；超出取水量的部分由市财政承担。（4）重大市政工程设施沿线地面沉降监测预警。在脆弱的地质环境条件下建设的轨道交通、高架道路、防汛墙、高铁道路、越江隧道、磁浮道路等重大市政工程设施已经成为上海的生命线工程，而地面沉降的危害不容忽视。通过监测网建设、沉降监测、信息共享、沉降预警等技术工作，实现保障城市安全和保护地质环境的地面沉降防治制度。

天津市从1985年起，制订了三年一期的地面沉降控制实施计划，投入了大量资金，采取了一系列措施：在地面沉降发生区，减少地下水开采量，并进行一定量的回灌；引滦入津、引黄入津，以解决居民生活用水和农业用水等问题，正在加速发展的地面沉降也得到了有效遏制。2013年12月25日《天津市控制地面沉降管理办法》经天津市人民政府第22次常务会议通过，自2014年2月3日起施行。该办法确立了以下内容：（1）遵循全面规划、区域联动、预防为主、防控结合的原则。（2）市人民政府设立控制地面沉降专项资金，主要用于地面沉降监测设施建设及维护，地面沉降监测、勘查，地面沉降防治、研究，区县控沉措施补助等。（3）监测设施、

① 参见《上海市地面沉降“十二五”防治规划》中关于防治目标的部分内容。

治理工程保护制度。①

山西省是我国地面沉降主要发生地区之一，山西省政府在2014年正式批准发布了《山西省地面沉降防治规划（2011—2020年）》（以下简称《规划》）。《规划》明确指出，山西省要加大地下水超采治理和控采力度，有效控制地面的沉降，尽最大力度减少地面沉降对社会经济造成的损失。《规划》明确，到2020年，查明地面沉降灾害现状、发展趋势、形成原因及分布规律，建立重点城市、重大工程区及主要地面沉降区地面沉降检测网络；依托山西大水网建设，实施地下水置换替代水源工程，形成适合山西省省情的地面沉降防治与地下水控采技术方法体系；进一步健全完善地面沉降防治管理制度，使地面沉降检测、地下水控采、地面沉降综合防治能力明显提高，地面沉降恶化趋势得到有效遏制，防治地面沉降灾害的长效机制进一步健全，防灾减灾体系基本建立。②

四、完善我国地面沉降法律制度的立法对策

环境立法来自环境保护的社会实践需要，同时，也受到国家经济发展水平、文化传统和社会环保意识等多重因素的影响。党的十八大报告将生态文明建设提升到了前所未有的高度，提出了“推进绿色发展、循环发展、低碳发展、建设美丽中国”的基本发展理念和政治主张。从生态文明建设的国家战略出发，在良好的政治氛围和前提下，结合大都市建设、城镇化发展以及雄安新区等国家规划与建设的现实需求，建立高效、科学、合理的地面沉降防治制度体系。具体对策如下：

---

① 参见《天津市控制地面沉降管理办法》第4条、第8条以及第四章监测设施、治理工程保护的相关规定。

② 参见《山西省地面沉降防治规划（2010—2020年）》中关于防治目标的部分内容。

（一）立足于生态安全，健全地面沉降防治法律体系

生态安全是指人类生态系统处于不受污染、破坏或威胁的安全状态。这种安全的状态指人类生存没有受到威胁，生态系统处于不威胁人类生存发展所需要的正常状态。[①] 从防治地面沉降生态安全的基本目标出发，当前，需要通过立法健全我国地面沉降防治的法律体系。

关于地面沉降法律体系，一是国家层面制定专门的《地面沉降防治法》或《地面沉降防治管理条例》。二是完善土地法、矿产资源法、水法等法律中有关地面沉降防治的法律规范，防止对地下水和地下矿产资源的过度开采以及工程建设导致的地面沉降。例如，美国在 1980 年通过了防止地面沉降的“亚利桑那地下水管理法案”，其目标是加强对已衰竭水层组的管理；把有限的地下水资源进行最合理的分配；发展新的水资源供应来增加亚利桑那的地下水资源。[②] 三是加强地面沉降防治地方立法。目前只有上海市出台了《上海市地面沉降防治管理条例》，许多严重沉降区均未通过地方立法来预防和治理地面沉降，各地需要针对本地地面沉降的特点和成因，有针对性地进行地方立法。雄安新区应重点针对工程建设和地下水开采进行地面沉降防治立法。四是对于区域性地面沉降问题，加强区域协同立法。开展区域协同立法是解决区域法规冲突最有效的途径之一，区域地方人大或政府可以通过订立联合立法协议，制定区域统一规则，制定统一法规或规章，减少区域内的多头立法、重复立法并避免立法冲突。

---

① 蔡守秋：《生态安全环境与贸易法律问题研究》，中信出版社 2005 年版，第 1～2 页。

② 亓军强：《美国的地面沉降及其对策》，载《西安工程学院学报》2002 年第 12 期。

（二）确立地面沉降防治制度设计原则

地面沉降防治原则主要包括：预防为主原则、统筹兼顾原则、分类管理原则、因地制宜原则、重点管理原则、混合调整原则等。

预防为主原则是指重在采取措施事前防范地面沉降的发生。地面沉降是一种渐变性地质灾害，而非突发性地质灾害，这一性质决定了地面沉降防治重在预防性制度的设计，而非治理性制度的设计。

统筹兼顾原则是指打破行政区域分割，统筹考虑区域整体情况并统筹考虑引起地面沉降的各种原因，进行综合治理。综合考虑开采地下流体资源、开采地下固体矿产、工程建设等多种地面沉降因素综合治理。

分类管理原则是指根据引发地面沉降的不同原因分别实施不同的管理。其核心就是对不同性质的地面沉降要区别对待，采取不同措施，实施不同管理。该原则贯穿于各种管理规定、制度和标准中。主要是指区分自然因素、人为因素及人为因素内部等不同性质，分类制定政策。

因地制宜原则是指根据不同地区的地质环境采取不同的防治措施。不同的地质环境对地面沉降的发展有着不同程度的影响，查明不同地区地面沉降的原因有助于更好地解决地面沉降的问题。例如，上海的沉降速率有上升也有下降，除了与过量开采地下水有关之外，还与高层建筑引起的工程性地面沉降有一定的关系。所以，不同地区的地面沉降防治制度应该结合该地区地面沉降形成的原因和地质环境作出相应调整。

重点管理原则，是指将地面沉降严重区域和易发区域确定为重点管理的对象，在立法上作出更为严密、细致的规定，在管理上实行更为严格的要求，抓住重要管理环节和关键之处，实行主次不同、轻重缓急有所区别的管理。

混合调整原则是指综合运用政府管制、市场调节、社会调整等不同法律手段对地面沉降防治关系进行系统性调整。注重多种法律手段的协同与配合，综合运用强制、指导、经济刺激、市场调节、社会参与等法律手段调整地面沉降防治关系。①

（三）健全地面沉降管理体制

在现行管理体制的基础上，国家层面要积极开展和完善全国地面沉降防治部际联席会议制度，切实建立起国家层面的协调机制，实现部门联动。对于区域性地面沉降问题，要建立区域联动机制，实现区域信息共享及地面沉降联合防治。在地面沉降易发区和严亘区建立专门的管理机构，负责地面沉降预防和治理工作。

美国成立地面沉降防治专门管理机构的做法值得我们借鉴。美国休斯敦地区是美利坚合众国地面沉降最严重的地区之一。到20世纪70年代中期，工业的快速发展需要抽取大量的地下水，因此休斯敦巷道沿线地区已发现约2米的下陷。1975年，休斯敦所在地区的得克萨斯州议会成立了哈里斯·加尔维斯顿沿岸地面沉降管理区，以强化对地下水开采的管理，阻止地面的进一步沉降。这个机构被授予的权力非常大，有权拒绝发放钻井许可证，并要求各社区加快向节水型社区转变，要求各类学校向学生宣传节水的重要性，逐步推进该地区由开采地下水向充分利用地表水转变。20世纪70年代后期，由于地下水开采量的下降，休斯敦巷道沿线以及休斯敦东部的地陷都得到大幅度的减少。来自特里尼蒂河上的利文斯顿湖的地表水成为供应休斯敦航道地区工业用水的重要水源，最终地下水水位得到回升。②

① 王文革：《城市土地节约利用法律制度》，载《法商研究》2008年第1期。
② 彭小云：《国外“地陷刹闸”》，载《国土资源导刊》2012年第10期。

（四）重点健全地面沉降防治预防性制度

1. 地基承载力评估与公告制度

各级政府负责建立地基承载力评估机构，由机构专门负责地基承载力评估工作并定期向社会公布地基承载力信息。

2. 地面沉降区域监测网与信息共享制度

对于我国易发和已发生地面沉降的区域，都需要设立区域监测网用以随时监测近期地面沉降的程度，实现地面沉降监测网络全覆盖，并从中找出规律和原因。例如，2004 年 7 月，北京市国土局、地勘局在顺义天竺共同建设了地面沉降监测网站预警预报系统。随着 3 个地面沉降监测站的建成和使用，北京地区的沉降监测能力、预报能力和防御能力得到了大大提高。① 此外，各相邻监测网络要实现信息共享，找出其变化的规律，掌握区域地面沉降的原因，为区域性地面沉降防治规划提供科学依据。

3. 区域性地面沉降防治规划制度

区域地面沉降并不是一个区、一个市乃至一个省的问题，所以需要从全局、整体出发，全面制定有效可行的地面沉降防治规划制度，否则难以奏效。地面沉降防治规划作为规划体系中的专门性规划，要与其他规划协调配合。规划中应明确地面沉降现状及成因、地面沉降防治目标、防治原则、总体部署和主要任务、实施途径等内容，确保规划符合实际、切实可行。

4. 地面沉降监测设施维护管理制度

明确地面沉降监测设施的管理和维护责任人，禁止危害、破坏、降低地面沉降监测设施安全和使用性能的各种行为并对各种违法行为追究相应的责任。对于因工程建设需要拆除地面沉降监测设施的，建设单位应当征得监测设施责任人的同意并获得地面沉降防治管理

---

① 窦贤：《城市：正在下沉!》，载《国土资源》2007 年第 4 期。

主管部门的许可，承担迁建的全部费用。①

5. 建立地面沉降防治专项基金

多渠道筹集专项基金，为地基承载力评估、区域性地面沉降监测、监测设施维护及地面沉降防治技术攻关等各项预防性制度的实施提供资金保障。

（五）以公法干预为主线，建立防治地面沉降的分区、分类行政管理制度

根据地面沉降风险等级高低，分区采取差异化管理，合理配置防控资源。例如，上海市的地面沉降在整个区域空间上形成了中心城区地面沉降风险高区、近郊区地面沉降风险较高至中等区、郊区地面沉降风险较低区的地面沉降三级风险体系。按照分区、分类行政管理，上海地面沉降防治管理分区划定为重点防治管理区、次重点防治管理区和一般防治管理区三个区域，实行差异化管理。

（六）在私法、公法救济机制的基础之上，合理引入环境公益诉讼，健全地面沉降救济制度

从地面沉降的原因来看，无论是地下资源开采利用引起的，还是工程建设引起的，这些行为都是政府许可的行为，政府对地面沉降都负有直接责任。公民、社会组织或有关机关能否就地面沉降所带来的经济损失提起行政公益诉讼？《中华人民共和国行政诉讼法》（2017 年修订）第 25 条第 4 款规定："人民检察院在履行职责中发现生态环境和资源保护、食品药品安全、国有财产保护、国有土地使用权出让等领域负有监督管理职责的行政机关违法行使职权或者不作为，致使国家利益或者社会公共利益受到侵害的，应当向行政

① 参见《天津市控制地面沉降管理办法》第四章监测设施、治理工程保护的相关规定。

机关提出检察建议，督促其依法履行职责。行政机关不依法履行职责的，人民检察院依法向人民法院提起诉讼。”从该规定来看，检察机关可以就地面沉降造成损失提起行政公益诉讼，公民、社会组织尚无权提起。美国制度值得我们借鉴，赋予公民和社会组织诉权，能更好地预防地面沉降的发生。2015 年 6 月末，旧金山的一则本地新闻报道称，加州中央山谷围绕 El Nido 镇周围的一片广阔的区域正在以每年 1 英尺的速度沉降，对周围的停车场和水泥管道造成了影响，居民住宅的地基也遭到破坏。业主向法院起诉当地市政府，并最终赢得了 350 万美元的和解费。法官认为，市政府应当明白干旱带来的危险，因此需要提前几年采取措施，而不至于在灾害发生时不顾一切地采掘地下水。①

（七）树立生态系统整体观，以地下水管理为重点，完善水资源管理制度

生态系统最基本的特征是它的整体性，整体性表明生态系统各种因素的普遍联系和相互作用，说明一切有生命的物体都是整体中的一部分，人类也只是生态系统的一部分。综合生态系统方法理论是有关生态系统方法和综合生态系统管理的原理、原则、观念和方法的总称，其中生态系统方法和综合生态系统管理是其核心概念。②地下水超采是引发地面沉降的主要原因，加强水资源管理，能更有效地防治地面沉降。例如，日本为了有效控制和缓解地面沉降，从 1957 年开始，日本国内推行了限制地下水开采的严格措施，同时不断对地下水进行回灌。③ 目前，我国需从以下方面加强相关的制度

---

① ［美］唐·威尔莫特：《加州部分旱灾地区发生地面沉降》，载腾讯网，http：//tech. qq. com/a/20150906/013434. htm，最后访问日期：2017 年 4 月 26 日。

② 蔡守秋：《从综合生态系统到综合调整机制——构建生态文明法治基础理论的一条路径》，载《甘肃政法学院学报》2017 年第 1 期。

③ 彭小云：《国外“地陷刹闸”》，载《国土资源导刊》2012 年第 10 期。

建设：

1. 打破行政区划限制，建立区域统一的地下水管理机构

各地统一目标，统一行动，科学确定采水区区域和密度，调整开采行为、开采时间，对地下水的开采采取严格的控制措施或建立区域协调合作机制。例如，《河北省地下水管理条例》第44条规定："本省与周边省、自治区、直辖市建立地下水管理协调合作机制，定期协商地下水管理重大事项，对在省、自治区、直辖市边界建设可能影响相邻地区地下水资源的重大项目，应当及时通报有关信息。"

2. 实施地下水回灌作业

地下水"人工回灌"是控制或缓和地面沉降比较有效的措施之一，可以有效补充当地的水资源，使水位下降得到缓解，从而进一步防止地面沉降和海水倒灌的情形。

3. 加强节水制度建设

通过发展节水产业、加强节水管理，减少地下水的开采量。例如，在美国的圣琼斯地区，目前人均用水量只有1920年的五分之一，远低于过去的用水量，通过节水缓解地面沉降效果十分明显。①

4. 建立地面沉降区域的地下水限采禁采制度，从而减少地下水的开采量

西安市从1999年开始，封停了300多眼自备水井，每年减少开采地下水3000多万立方米。通过减少地下水的开采量，一些地段的地面沉降得到了有效的控制，局部地区地下承压水位出现了上升势头。② 2000年8月，江苏省人大常委会颁布了《关于在苏锡常地区限期禁止开采地下水的决定》，在全国率先通过立法实施地下水限期禁采。此后，地面沉降速率有所减缓。苏州沉降速率从每年25毫米

---

① 亓军强：《美国的地面沉降及其对策》，载《西安工程学院学报》2002年第12期。

② 实贤：《城市：正在下沉！》，载《国土资源》2007年第4期。

以上降到小于10毫米；无锡从每年100毫米降到10～15毫米，常州从过去最高每年120毫米降到每年8毫米。①

（八）完善工程设施建设管理法律制度

土地规划管理部门和建设管理部门批准项目用地规划和建筑规划要以地基承载力为依据，超出承载力极限的项目禁止许可。土地供应部门对超出承载力极限的项目禁止供应土地。此外，建立专门的地下空间开发利用与管理制度，做到地下空间开发统一规划、统一标准和统一管理，从而做到地面沉降可防、可控、可治。

① 马多思：《上海"地陷"自救》，载《国土资源导刊》2012年第10期。

第六章　湿地保护制度

第一节　概　述

一、湿地的定义

湿地的有效保护依赖于明确的湿地概念。“湿地”一词源于英文的 wetland，由 wet 和 land 两词组成，wet 与 land 分别是潮湿和土地的意思。所以，可以推出湿地即潮湿的土地。各国专家学者从生物、水、土壤等不同的角度对湿地进行了不同的界定。而要建立和完善湿地保护法律制度必须以规范的湿地法律概念为基础，在明晰湿地的本质特征的前提下对湿地的范围作出合理界定。

1971 年，加拿大、英国等 36 个国家签署《拉姆萨尔公约》，根据该公约，湿地被定义为：不问其为天然或人工、长久或暂时之沼泽地、湿原、泥炭地或水域地带，带有或静止、或流动、或为淡水、半咸水或咸水水体者，包括低潮时水深不超过 6 米的水域。基于这个界定，沼泽、泥炭地、盐沼以及湖泊、河流和水深 6 米以内的滨海区域都属于湿地的范畴。

“湿地”这一概念进入中国的时间较晚，1987 年的《中国自然保护纲要》中将湿地定义为“沼泽和海涂”，1991 年出版的《环境科学大辞典》将湿地定义为“陆地和水域的交汇处，即地表有暂时或永久的浅层积水，以水生植物为优势种，包括沼泽、海涂、湖滩、湿草地及浅水湖泊（不包括河流、水库和深水湖）”。① 2000 年我国编制的《中国湿地保护行动计划》中则采用了《湿地公约》对湿地的定义。根据《湿地公约》对湿地所作的分类，湿地被划分为三个类型，分别为海洋/海岸湿地、内陆湿地和人工湿地。

随着社会的发展，人类越发意识到湿地资源的重要意义：于自然而言，湿地是重要的物质基础，在自然界中具有重要的地位；于人类生存而言，湿地作为重要的环境资源发挥着重要的生态功能，具有重要的社会效益。然而，由于缺乏对湿地的认识与了解，人类在开发与利用湿地资源的同时往往缺乏有效的保护，导致湿地资源面临着诸多问题，包括开发的盲目、湿地水资源的浪费、湿地环境的污染、对湿地生态资源的无节制式的滥用，等等。

二、我国湿地保护法律发展脉络

导致湿地保护问题的原因纷繁复杂，主要原因包括支持湿地资源保护与管理的资金存在不足的现象、湿地管理体制的不健全、湿地的有效环境影响评价的缺乏、湿地污染检测的不及时以及湿地保护的立法的不完善。而这其中，湿地保护立法的不完善是导致湿地保护体制缺乏制度支持的根本原因。

我国于 1992 年 7 月 31 日加入《湿地公约》，在这之前，国内立法中有关湿地保护的制度设计发展缓慢。加入公约对于我国的湿地保护的制度发展而言具有里程碑式的价值，在这之后，我国积极履约，不仅开展了湿地资源的全国性普查，更以此为基础相继出台多部与湿地保护有关的政策、规划和法律，各地也相继颁行多部专门保护湿地的地方性法规。值得注意的是，在我国加入《湿地公约》前，国内法律文件中尚未出现“湿地”这一确切概念，而有关湿地

① 王曦、朱建国等：《中国湿地保护立法研究》，法律出版社 2004 年版，第 2 页。

的内容以及与湿地保护相关的法律规定散见于环境保护法律法规中。

我国有关湿地保护的立法始于20世纪80年代，类似于《湿地公约》以保护水禽及其生态环境为立法动因，我国的湿地保护立法也是从保护候鸟及其栖息地的方面开始的。

《上海市滩涂管理暂行规定》于1986年7月29日颁布施行，这是一部与湿地保护直接相关的地方性法规，现已失效。其中，第1条直接体现了施行该暂行规定的宗旨与目的，即“保障城乡经济建设和人民生命财产的安全，合理开发利用滩涂，加强滩涂管理”。该法规第3条则为滩涂的开发利用确立了基本原则，即“统一规划，加强管理，妥善处理局部利益与整体利益、近期利益与长远利益的关系”。第二章规定了滩涂开发利用的规划、审批程序、滩涂使用权以及避免湿地破坏的禁止性规定。第四章规定了相关的强制性规定。第五章“滩涂管理机构的职责”中对市、县水利局在滩涂管理方面的主要职责予以规定。第六章的多条规定授予了水利部门对滩涂上出现的非法行为予以行政处罚的权限。

1993年10月5日，《水生野生动物保护实施条例》发布施行。该条例强调对水生野生动物生态环境的维护与改善，尽管湿地保护的目的尚未直接体现于该条例的具体条文中，但对水生野生动物赖以生存的水域、场所以及生存环境的保护必然有利于湿地的保护。

《中华人民共和国自然保护区条例》于1994年12月1日施行，这是我国的法律法规中第一次出现“湿地”这一专有名词。该条例的第10条规定了建立自然保护区的法定条件，其中就包括具有特殊保护地位的湿地，这也体现了该条例对保护湿地的重要意义。

《中华人民共和国防洪法》自1998年1月1日起施行，尽管该法的立法目的不直接体现对湿地的保护，但在治理方面对“平原、洼地、山谷、盆地等易涝地区”的重视，有利于保障湿地蓄滞洪水的功能。

修订后的《中华人民共和国海洋环境保护法》中，“滨海湿地”

这一概念得到界定，新增的海洋行政主管部门对所有海洋工程建设项目开展环境影响评价工作有利于控制和减少破坏滨海湿地的行为。

《中华人民共和国渔业法》经过修正之后，增加了对海洋生物资源保护的规定。其中，有关养殖生产应当保护水域生态环境、保护和改善渔业水域的生态环境、防治污染等的规定，对于湿地的保护与管理都具有积极作用。

此外，我国各地的地方性立法中，湿地保护方面的专门法规也相继出台。《黑龙江省湿地保护条例》第一次将湿地资源档案管理制度、湿地补水机制、湿地监测机制等通过立法予以确立；《甘肃省湿地保护条例》注重湿地的恢复治理；《湖南省湿地保护条例》突出了对湿地水资源的保护和利用规划；《广东省湿地保护条例》从保护区域生态安全和生物多样性出发，确立重点湿地的范围；《四川省湿地保护条例》明确了政府在湿地保护管理中的主导作用；《吉林省湿地保护条例》明确规定综合协调、分部门实施的管理体制，明确了不同湿地的具体管理部门；等等。

三、湿地保护的立法原则

湿地保护的立法原则是保证湿地立法工作有效开展的前提，湿地的立法原则是湿地立法理念在湿地立法工作的具体体现，应当贯穿并指导整个湿地立法工作。所以，面对当今湿地急速减少的现实，在确定湿地法律保护的立法原则时，应当以生态主义为切入视角，结合湿地的自身特点，确定符合实际的湿地立法原则。

第一，生态优先保护原则。湿地本身包含了多种价值，包括经济价值、社会价值、生态价值、政治价值以及军事价值，在保护与开发利用湿地的时候，不免会出现各种价值之间的冲突，那么确定哪一价值为先是明确湿地保护原则的前提与基础。通过上文湿地立法理念的论述，湿地每年急速减少的现实告诉我们，人类在湿地的巨额经济价值和生态价值中进行抉择时往往会毫不犹豫地选择商业价值，对湿地生态价值的保护缺乏内在动力。湿地生态价值未能在湿地诸多价值中居于优先地位，是湿地保护不力的根源之一。①

在立法时不能有效地处理好湿地的保护与利用之间的关系或仍然坚持以“人类中心主义”为核心的利用开发型立法原则，难以建立起有效的湿地生态保护法律制度。对湿地资源开发利用片面追求经济价值、忽视对湿地生态价值的保护是短视的，并且这种短视必然导致对湿地资源的掠夺性开发，同时对其生态系统造成难以修复的破坏。为了避免这种无序开发，建立以生态主义为核心的立法原则就尤为重要。在明确生态优先的原则的前提下，建立健全湿地保护的相关法律机制，保证湿地资源开发与保护之间的协调。从我国已经出台湿地保护条例的省市来看，许多省市已经将生态优先的原则列入湿地保护的原则中，例如，《浙江省湿地保护条例》第4条就明确规定了生态优先的原则。

许多人认为湿地生态保护优先原则与“以经济建设为中心”“发展就是硬道理”等理念并不矛盾，对湿地资源进行开发并不违背湿地保护的生态优先原则。笔者认为，这种观点并不可取。如果生态保护优先与经济发展为重心等理念并无矛盾，那么从逻辑上讲，生态价值与经济价值两者之间应当并无谁先谁后的逻辑关系。确定生态保护优先的原则的前提应当是生态保护与经济开发之间存在冲突，在这种前提下才存在先后的逻辑关系。所以，确定生态保护优先的原则的首要目标应当是保护湿地生态功能的完整性，只有在此前提之下对湿地资源进行适度开发才符合生态优先的基本立法原则。

第二，湿地整体性保护原则。由于湿地本身包含水、土壤、生物等多种资源，并且湿地本身的复杂性和跨流域性决定了湿地涉及多个管理部门、企业以及公众的利益，这就要求在湿地保护的法律

① 梅宏：《滨海湿地保护法律问题研究》，中国法制出版社2014年版，第282页。

制度设计中，要遵循湿地生态规律以及充分考虑湿地各个主体要素的价值诉求。许多学者将湿地整体性保护原则的视角局限于湿地自然资源，忽视了对以“人”为主体的原则的适用，导致具体的湿地立法实践中，湿地的管理机关出现条块化现象，缺乏有效的协同治理措施，相关利益主体的责任构成不够系统，公众缺乏对湿地管理保护工作的监管渠道。既不能将湿地的构成要素割裂，也不能将“人”与自然相互分开，湿地的整体性保护原则要求重视湿地的整体性，要把湿地的各个要素看成是一个相互联系的生态系统，每一个主体的需求与行为都必须严格限制在湿地生态平衡的条件之下。这种整合不是简单的逻辑相加关系，而是一个整体的、相互影响的动态关系。笔者认为，在湿地的具体立法中，整体性保护原则的关注点不应当仅仅是湿地的自然资源，也应当将该原则适用于管理部门、相关企业以及公众等主体上。在湿地保护主流化的理念下，运用湿地的整体性保护原则，充分考虑湿地内部的诉求，明确湿地管理部门的职能，建立和完善利益相关者保护湿地的责任制度，发挥公众在湿地生态管理中的监督作用。

第三，谨慎预防保护原则。随着全球化的发展，人类对地球资源的过度开发导致全球性风险开始涌现，在风险占据核心地位的社会中，人类的生存和发展所面临的危机日益增加。随着风险社会概念的提出，人类认识到全球性的生态危机已将人类置于社会风险之中，尤其是在生态领域，例如，福岛核电站爆炸、墨西哥湾漏油事件、卡特里娜飓风等造成了严重的生态危机。生态风险一旦转化为生态损害，这种破坏不再局限在发生地，会产生无法弥补的全球性破坏，这种破坏往往难以修复且超出了预警检测的范围。在风险社会的背景下，对湿地生态系统的保护除了要遵循生态优先和整体性保护的原则之外，还要坚持谨慎预防的原则，将破坏湿地的风险降低到自然的极限范围之内，尽可能地通过预警、监测与协调的方式降低风险发生的可能性。同时，对于无法判断是否会引起湿地生态失衡的开发利用活动，应当予以禁止。对于科学无法预测的生态风险，应当谨慎预防。“所谓科学上的不确定性，是指没有充分、确实的科学证据证明某种行为与危险后果之间是否存在因果关系。”① 人类现有的科学技术无法完全预测湿地破坏造成的生态风险，对于这种风险应当依据谨慎防范的原则，在缺乏明确的科学证据或尚未建立湿地的有效保护制度的前提下，不得对湿地进行开发利用，可以考虑延迟采取相应的符合生态效益的保护措施。湿地保护管理是一项综合性工作，其宗旨是保护和恢复湿地资源，实现生态平衡，而促进湿地周边地区发展，带给人类的利好不过是湿地生态良性循环的附属品。② 所以，只有从生态主义的视角出发，坚持合理、科学的立法原则，才能在具体的制度设计中保证湿地的生态良性循环。

第二节　我国湿地保护中存在的主要问题

一、专门指导湿地保护立法的缺位

湿地与海洋、森林统称为三大生态系统，不同于海洋、森林都有专门的法律加以保护，湿地却没有专门的法律加以保护。近几年国家越来越重视湿地保护，国务院各部委编制了《中国湿地保护行动计划》，但总体而言，专门立法的缺位对于湿地保护工作的进一步开展构成了一定的阻碍。专门的湿地保护立法的缺位导致了现在的湿地法律保护制度与湿地保护的发展需求存在差距。在现阶段，对于湿地资源的保护和利用，我国尚没有可直接适用的法律，实践中，往往需要到其他法律、法规中寻找与湿地有关的条款作为依据。湿

① 梅宏：《滨海湿地保护法律问题研究》，中国法制出版社 2014 年版，第 284 页。

② 左平、吴其江：《江苏盐城滨海湿地生态系统与管理——以江苏盐城国家珍禽自然保护区为例》，中国环境出版社 2014 年版，第 44 页。

地相关的法律条款规定零散而缺乏统一性，个别条款还存在矛盾冲突的情况，不能适应当前湿地保护的需要。此外，在已有的法律法规中，对于湿地保护的部分通常非常笼统和原则性，缺乏具体的操作规则，缺乏法律责任及其惩罚措施等具体规定。实践中大量发生的严重破坏湿地的行为因权责依据的缺乏而导致打击力度的不够，无形中纵容了破坏湿地资源的违法行为。而在地方性法规中，制度的设计者多强调湿地的资源属性，即强调“湿地利用”或“湿地资源利用”，而未明确基于生态系统的湿地保护与管理。地方性法规或规章中，以专章的形式规定或在章节标题中出现“湿地保护”的少之又少。也就是说，有关湿地的地方性法规、规章大都着眼于湿地的资源开发、利用，而非生态保护。

专门立法的缺位，进一步导致了与湿地保护相关的法律条文之间缺乏协调、存在冲突。我国环境资源立法大多体现某一部门的利益，各部门的立法存在管理权限、协调能力和部门利益的局限性，使得环境资源的保护难以获得统一的管理，这和湿地整体保护的生态属性是不相符的。单行法之间缺乏整体配合，部门利益冲突较为严重。负责起草规范性文件的部门往往不能从全局考虑，而是较多地考虑本部门、本系统的利益，从各自的角度管理、保护和开发相关资源，各单行自然资源法不但未形成协调统一的保护和合理开发资源的规范体系，反而成为扩展部门权力、维护部门利益的工具。①湿地生态系统所具有的纳垢净污、调节气候等生态价值功能，是湿地资源区别于一般土地资源的本质特征。传统的关于湿地保护的法律法规主要都是从经济利益方面对湿地的经济价值进行考虑，很少考虑湿地生态功能的价值。虽然现在的立法考虑到了环境、生态的因素，但也都是在对资源进行经济利用的基础上考虑的，无法满足

① 秦天宝：《关于我国自然资源保护法律体系的评价及立法取向》，载《中国人口·资源与环境》1999年第3期，第79~83页。

湿地恢复生态功能的需要，这种立法指导思想不利于湿地的保护，在此思想指导下的资源立法显然与主要利用湿地的生态价值的要求不相符合，难以起到切实的保护作用。

二、湿地管理体制的混乱

湿地保护往往涉及不同的地区和部门，而跨地区、跨部门的湿地保护协调机制没有建立。不同地区、不同部门在湿地保护、利用、管理方面的立足点和追求的价值不同，导致了湿地保护和开发利用多头管理的混乱局面，影响了对湿地的科学管理。概括起来说，就是分部门实施导致职责界限的不清、职权重复交叉的困境，综合协调导致协调机制缺失、协调无力的困境，这些都是我国湿地保护法制建设的“痼疾”。按照我国现行的行政管理体制，各个部门在其职权的范围内都有管理湿地的职责，由此出现多头管理和交叉管理的情况，这显然不利于基于湿地生态系统的综合管理。此外，在我国与湿地相关的法律法规过于分散的背景下，牵涉的众多管理部门之间往往缺乏协调，对于各部门之间的合作与职责划分尚无具体、明确的规定。这种对各主管部门职责泛泛规定的“多部门、分行业、多头管理”，难免造成“都应管而都不管”的局面。

三、相关配套机制的不完善

首先，资金不足是湿地保护与管理工作所面临的主要问题。缺乏资金的有效支持，加大了湿地调查、保护区及示范区建设、污水治理、湿地监测等工作开展的难度，建立的湿地自然保护区不能发挥其正常的保护功能，必要的湿地基础研究难以进行。

其次，湿地环境影响评价机制尚未成熟，即使进行了环境影响评价，但由于缺乏科学统一的湿地评价体系和指标体系，评价的目的难以达到。我国缺乏统一的湿地效益评价指标，实践中所采取的观测和研究方法难以统一，获得的数据资料难以用于分析比较的工作；加之以往对湿地功能和效益的评价大多以定性描述为主，缺乏系统、定量的研究，对湿地生态、经济和社会效益价值评估的研究开展得也比较少，满足不了政府部门和社会公众对湿地的效益进行全面、系统、科学和准确评价的要求，极大地影响了湿地的保护和合理利用。

再次，我国在湿地保护方面缺乏对资源污染的监测、生物多样性的监测的统一标准。不同部门运用不同的检测方法影响了监测作用的有效发挥。这导致在保护湿地资源的过程中，评价湿地生态系统的生态影响的机制不够健全，进一步影响对破坏湿地行为的处罚、教育等措施的落实。

最后，对于湿地保护的宣传、教育工作滞后于湿地资源保护形势的要求。一方面，公众没有认识到湿地保护对于社会发展的重要意义，生态保护意识较为淡薄；另一方面，湿地作为一种公共资源，其产权边界的不清晰，导致不同利益群体都在以不同的方式向湿地索取资源效益，而不考虑湿地资源的利用和合理保护之间的关系的问题。

第三节　完善我国湿地保护的思考

一、国外湿地法律保护的经验

（一）美国

美国湿地法律保护的架构并非一蹴而就，通常认为，伴随着20世纪之后环境保护主义逐渐兴起，美国对湿地开发的激励措施逐步减少，促使社会大众对于保护湿地的关注程度与日俱增。最具典型性的是“零净损失”政策的确立。根据这一政策的指导措施，凡是需要开发利用湿地的，必须用相同面积或数量的其他地块置换为湿地。这一制度的出现，彰显了美国政府保护湿地的决心。此外，湿地生态补偿制度也是美国政府保护湿地资源的有力举措。这一举措包含两个方面的内容：一方面是对湿地的损害补偿；另一方面是湿地补偿的多样化，这对湿地的建设和保护起了很好的作用。

（二）英国

英国的湿地资源丰富，约有148块湿地作为国际重要湿地列入《湿地公约》的目录。在湿地资源的管理方面，英国政府专门设立了一个具有协调性质的机构——自然保护联合委员会，通过这一机构起沟通协调的作用，并且根据各成员地区的建议，出台相应的方针、政策。在这一前提下，英国湿地法律制度主要包括三个方面的内容：第一个方面是湿地自然保护区制度，从保护的源头进行治理；第二个方面是公共购买制度，从社会公众利益角度出发设计湿地保护的法律制度；第三个方面是湿地管理协议制度，从具体管理方面对湿地资源的保护进行了规定。

（三）日本

日本在湿地保护方面提供的经验在于重视社会力量的参与。日本构建湿地保护的法律制度的过程中，不仅关注政府主导作用的落实，还特别强调公众的参与度。例如，在日本《自然环境保护法》中设置的意见征询以及听证会这两项制度，在湿地资源的保护方面就有利于群众的充分参与。通过吸收各个地区的代表组成第三方监察机关，能够很好地保证公正性的发挥。

（四）韩国

财政的大力支持为韩国湿地保护工作的有效开展提供了保证。政府通过激励机制的设置，引导民众参与到湿地保护工作中去，将民众的主观能动性充分地挖掘出来。在韩国湿地保护工作中，政府主导的趋势非常明显，但并不会因此而忽视公众的参与。公众的参与及压力是推动韩国湿地保护法发展的强大动力。公众参与湿地保护在韩国已经制度化，并配有相关措施作为保障。依靠财政的支持，韩国政府通过为积极响应湿地保护行动或提出有效建议的民众颁发物质奖励和荣誉称号的方式，扩大湿地保护在民众群体中的号召力；通过培训湿地导游，发展生态旅游业，使湿地生态旅游理念深入民心。基于这方面的努力，许多湿地成为休闲娱乐场所并为民众体验湿地生态系统提供了平台，提高了民众对湿地价值的认识。此外，韩国政府也通过立法设置听证制度，为民众参与提供更多的途径。

二、国外湿地法律保护的启示

（一）依法协调湿地保护与开发利用各方的矛盾冲突

在国外，由于许多湿地属于私人所有，美国、英国等国家一般通过“行政契约”的形式协调湿地所有者与管理者的关系。在我国，湿地是国有或集体所有，如何处分管理权与所有权的职能，则是一个难题。美国、英国等国家建立了许多湿地保护的法律制度，例如，湿地权属制度、湿地环境影响评价制度、湿地监测制度、湿地审批许可制度、湿地自然保护区制度、湿地保护公众参与制度以及湿地法律责任制度。在这些制度中，湿地权属制度是对湿地保护最有影响力的制度。而在我国，由于当前湿地产权制度不规范、不合理，产权不清晰、关系不明确的问题依然存在，这种情况严重地制约了湿地的保护和利用，也为湿地管理的矛盾冲突埋下了隐患。例如，我国现有法律、法规中的湿地自然保护区权属法律制度，由于片面强调自然保护而漠视了土地经济功能的发挥和自然保护区土地的财产属性。政府因财政负担能力有限，将土地经营管理权授予自然保护区管理机构，这就意味着自然保护区管理机构可以利用集行政管理权、土地经营权于一身的便利，追求湿地利益。这样一来，不仅湿地管理所追求的生态保护目标难以实现，而且湿地自然保护区并未服务于解决社区贫困问题，造成了社区与政府之间长期的利益冲突。如何深化湿地产权制度改革，建立合法、长期稳定的湿地产权关系，是亟待解决的一个重要问题。

反观美国、英国这样一些湿地保护较好的国家，他们的相同做法就是通过法律规范湿地保护和居民利益的冲突。1986年，美国在《食物安全法》（Food Safety Law）中制定了“湿地破坏者”条款（一般称为“大沼泽条款”，英文为Swampbuster Provisions）。“湿地破坏者”条款旨在为湿地的开发与保护之间确立一个平衡点，使得当事人可在权衡相应的农业优惠政策和对湿地进行破坏性索取所获利益之间进行理性的选择。在“大沼泽条款”下，如果一个农场项目要排干被保护的湿地上的水，那么这个项目的收益将被农业部长否决。虽然美国、英国的法律体系表面上看很杂乱，但实质上联系很紧密，这是因为湿地的权属规定很明确，湿地行政主管部门只能按照程序进行监管，防止湿地所有者滥用权利。目前，我国地方政府申报各类湿地保护区的积极性并不高，他们担心报了保护区之后，国家投入的钱可能太少，他们反而没有自主权了，想用钱的时候没得用。广西壮族自治区林业厅副厅长刘中奇在《中国经济周刊》中提到，现在积极申报保护区的那些地方，无非有两个利益驱动：一是希望得到国家的项目资金，二是需要这个品牌来搞旅游。如果说纯粹是为了保护，地方政府的积极性并不高。一方面，因为一旦申报了以后，就必须根据国家的规则管理和保护。如果国家没有钱投入的话，他们不愿意把自己的手脚给绑住。另一方面，因为湿地保护，林业部门常被农民告上法庭，原因是在湿地保护过程中对农民利益造成了损害。[①] 也就是说，我国湿地权属不清，存在着一种管理者与公众不合作的现象，因此，我国应通过湿地立法厘清湿地经营管理中的权属关系。湿地管理部门一方面应保障公众的湿地权益；另一方面应依法行政，做到湿地管理实质合法和形式合法化。美国、英国虽然是判例法国家，但在湿地管理方面却有明确的法律。我国是大陆法系国家，法院没有创制先例的权力，事先有一部湿地法律就更重要了。因此，我国应制定湿地保护法律，依法确定湿地权属，建立湿地管理档案等制度，协调湿地保护与开发利用各方的矛盾冲突。

（二）建构湿地综合管理协调中心的必要性

在我国，有了草地的管理法、有了林木的管理法、有了水的管理法、有了滩涂的管理法，不是湿地的组成部分都有了法律吗？为什么还要单独进行湿地立法？这是因为湿地虽然是由水、草、土、木、动植物构成的，但它们合起来所形成的湿地这一特殊形态的生态系统以及其表现出来的生态特征、自然属性、管理需求，却是我国诸多环境资源法仍不能满足的，甚至是根本不能满足的。环境法律自近代滥觞以来，其格局在现代发生着深刻而快速的变化。其中重要的一点就是环境法律开始由线型的、单一要素的环境保护，转变至立体多维网状的生态保护，这种保护在立法结构上的体现，就是从原来的对诸如土地、林、草、水、动植物等分割资源要素的管理，转变为对它们“合成”的形态各异的生态系统的管理；也就是从经济的、功能的资源管理，向生态的、和谐的生态系统管理的迈进。湿地立法的出现，深刻地印证了这一点。生态系统管理（Ecosystem management），是指在充分认识生态系统整体性与复杂性的前提下，以持续地获得期望的物质产品、生态效益及社会效益为目标，

① 郭芳、宋雪莲：《湿地之失》，载《中国经济周刊》2011 年第 3 期。

并依据对关键生态过程和重要生态因子长期监测的结果而进行的管理活动。生态系统管理思想的形成始于美国。20 世纪 80 年代，随着生态学的发展，美国对自然资源的管理由围绕单一物种或单一资源的形式向越来越接近整体论的形式转变，由此产生生态系统管理的概念。①

为克服分散的湿地管理体制带来的问题，需要一个主导机构协调和整合各管理机构和利益主体之间的矛盾冲突。在美国，为了处理复杂的湿地问题，有时会在总统领导下成立临时性的协调机构，如机构间湿地工作组（Administration's Interagency Working Group on Wetland），以协调联邦与州、州与州之间的湿地管理工作。2001 年，为了协调美国《清洁水法》和美国《濒危物种法》的执行问题，美国联邦环境保护局、鱼类与野生生物服务署、国家海洋与大气管理局等机构共同签署了合作备忘录，提出协调和改善各机构的行动，在全国范围内协调管理，合作制定和执行全国水质量标准，监督各州及地方政府的执行情况，协调管制和保护程序。在英国，则主要由环境保护、水务或国家自然保护委员会承担湿地管理的职责，其他部门协同。例如，在英格兰和威尔士，湿地管理的政府责任由环境保护局承担，其对海岸渔业还有直接控制权；在北爱尔兰则由环境自然遗产局和环境保护局联合承担。②

我国加入《湿地公约》后，在原林业局成立了湿地保护管理中心（中华人民共和国国际湿地公约履约办公室），承担湿地管理等专项工作，因此，我国林业部门在湿地管理中具有重要的作用。但是，由于湿地涉及多项资源要素，国土、林业、农业、环境保护、水利、海洋、建设等多个部门的职能均涉及湿地。而根据 2018 年《国务院

---

① 蔡守秋：《综合生态系统管理法的发展概况》，载《政法论丛》2006 年第 3 期。

② 李国强：《碎裂型政府架构下的行政事务管理——以美国湿地管理机制为例》，载《公共管理学报》2007 年第 4 期。

机构改革方案》，我国成立了国家林业和草原局，负责监督、管理全国的湿地保护工作。从我国行政机构的结构看，林业部门也难以对其他主管部门进行指挥协调。借鉴美国、英国这些国家的湿地保护的经验，法律一般在赋予专门机构行使专项的湿地管理职能的同时，还会通过中央和强化地方政府的一些综合性协调机构解决各部门的利益冲突。所以，我国应该在国务院和省级地方政府一级建立综合性的环境保护协调机构，形成宏观统一组织协调前提下的、多部门参与的、多中心治理的湿地管理机制。当前，在国家层面有必要制定环境基本法，对环境治理进行统筹规划；在地方层面，也应将湿地管理纳入地方政府的统筹规划之中。目前，在国家环境基本法缺位的情况下，根据我国宪法和立法法，地方也可以事先制定地方性湿地保护法规，授权地方政府建立协调性的湿地管理机构，而不能将权责仅仅赋予林业部门。根据党的十八大三中全会精神，我国地方政府应该进一步深化改革，从制度创新的角度考虑生态文明制度的建构问题，因此，在我国还没有全国性的湿地保护法律的情况下，对于一些需要保护的湿地区域，地方可以先行立法进行保护。

三、完善我国湿地保护的思路

（一）树立经济价值和生态价值相统一的理念

当今世界各类环境问题频发，保护生态安全成为各国共识，湿地作为重要的生态系统，保护湿地的生态价值迫在眉睫，但是为了人类的生存，开发湿地不可避免，开发湿地产生的经济价值更是巨大的。为了追求经济发展，牺牲生态价值是常有的现象，在此过程中经济价值和生态价值存在矛盾（即开发和保护存在矛盾）。迫于发展的需要，“生态利益”不能完全取代“经济利益”，保护湿地也不意味着放弃开发，因此我们要在保护的基础上进行开发，严格控制破坏湿地的行为，树立经济价值和生态价值相统一的理念，贯彻保护为主、合理利用的方针，实现经济社会的可持续发展。

（二）湿地保护专门立法的构建

对湿地的保护，“功在当代，利在千秋”。① 重视湿地资源在生存环境中的地位，既符合可持续发展对生态环境保护的要求，又是国家履行所加入的国际公约的重要体现，是法律生态化发展的核心关键。在这一背景下，湿地保护工作的专门立法势在必行。湿地保护专门立法的宗旨自然在于有效保护湿地资源，在法律上充分体现湿地资源各方面的价值。在我国以往的涉及湿地资源保护的立法中，制度设计的角度往往侧重于如何开发资源，而忽视对资源的保护与可持续发展。长期以来，我国对湿地资源的利用趋于粗放，开发的过程中较少运用因地制宜的思维方式。新时代背景下的环境立法理应以保护生态环境为重要任务，重视湿地生态功能的保护与恢复。因此，在湿地保护的立法上，核心的理念应该是强调合理开发利用与生态保护相协调。在湿地保护专门立法的设计上，对于湿地以及湿地资源的界定需予以明确。只有在这一基础上，才能衡量同一法律体系下不同法规之间对于湿地相关概念的不同解释，从共性出发，奠定湿地保护的法律思维，避免造成法律法规之间在适用上的冲突。这就要求我们在制度设计的前置部分寻求各方利益的平衡点，在处理问题方面兼顾到各方的不同利益需求。

（三）湿地保护制度的构建

健全的法律制度是有效保护湿地资源的基础。关于湿地资源保护的法律法规很多，但是关于湿地保护的专门立法却没有，更没有

① 黄锡生、黄亚珍：《我国湿地保护的法律思考》，载《中国人口·资源与环境》2005年第6期。

专门针对湿地保护的法律制度。作为全球三大生态系统之一的森林或海洋都有专门立法的保护，唯独没有湿地保护的国家立法，这未免与湿地不可替代的功能不符。虽然国务院曾批准过一些“规划”“计划”，但是由于效力等级较低，在实践中可操作性不强。关于湿地保护的法律被分散在基本法和自然资源单行法中，湿地资源只是作为一个要素出现在上述法律中，不能得到应有的保护；同时湿地作为一个整体的生态系统，只有保护其完整性才有益于其功能的发挥，而将其分散在上述法律中同样不利于湿地资源的保护。

在湿地保护制度的构建上，制度设计者至少需要以下几点认识：

第一，将湿地调查、监测和信息的共享作为构建湿地保护制度的前提。湿地的调查、监测是湿地保护体系中的重要组成部分，通过对湿地资源的调查与检测得到的数据于湿地保护而言具有重要意义。对湿地资源开展调查检测尤其是长期且系统的调查监测，对于湿地保护的科学规划以及确保湿地生态系统化的完整性具有重要意义，对于进一步作出湿地资源的风险评估也具有重要价值。这有助于完善湿地信息公开制度、湿地资源知情权制度、公众参与湿地保护制度、环境公益诉讼制度，以便更好地形成全社会保护湿地的激励机制和监督制约机制。

第二，将湿地生态补偿制度作为制度构建的重点。如前文所述，生态补偿制度是以美国为典型的发达国家或地区对经济社会发展中存在的资源耗竭和生态破坏问题所尝试采用的一种经济解决手段，对于平衡和协调经济社会发展与生态保护之间的紧张关系发挥了积极的作用。湿地生态补偿具体包括两种情况：一是因政府实施湿地开发建设、规划等湿地保护行为而受到损害的单位和个人从政府获得的利益补偿；二是单位或个人对湿地进行生态保护、改善或恢复建设时，可以就其保护和改善湿地生态而遭受的损失从政府那里得到利益补偿。一个健全的湿地生态补偿制度的构建，有助于保证湿地保护与合理利用获得稳定的资金来源，实现生态保护与生态建设投入的制度化、规范化、市场化。当前，湿地生态效益补偿制度尚未在全国范围内普遍建立。一些地方试点实践的经验表明，湿地生态补偿不能作为地方政府的收益，一定要专款专用，定期检查。通过生态补偿机制的构建，协调湿地保护与当地发展的关系，在保障社会公共利益的同时，兼顾相关个体的利益，让湿地周边的老百姓受益，以此为基础，形成湿地保护的长效机制。①

第三，明确湿地资源保护的具体行政管理以及冲突解决机制。通过对湿地资源保护的行政管理的明确，确立湿地保护的专门机构、规范机构的法律地位、职责范围、管理权限、基本权利与义务等，同时，实行湿地保护管理公务合作制度。考虑到湿地的地理范围常涉及跨省的区域，上下游之间息息相关，在建立流域性和区域性的湿地保护机构的同时，应当明确协调机构，解决跨省、跨地区的湿地资源污染的相关纠纷，对湿地资源实行有效的监督和管理。此外，要明确冲突解决机制，冲突解决机制的明确是合理分配法律责任的基础。在湿地保护工作中不可避免地会出现各种形式的冲突和纠纷，如湿地保护区建设与当地利益之间的矛盾、跨省、跨地区的水污染纠纷等，合理地解决这些纠纷，关系到经济与环境的协调发展。因此，应建立完善的冲突解决机制，对冲突各方的利益进行平衡。这也有助于避免出现湿地管理区内各部门重复行使职权的现象，帮助我国的湿地系统充分发挥其应有的作用。在这一基础上，要明确公民及湿地保护管理部门的工作人员违反湿地保护的法律责任分配。②

（四）重视湿地保护中的公众参与

湿地资源的保护必然影响到现有湿地资源使用者的经济利益，

---

① 梅宏：《湿地保护诉求中的〈环境保护法〉修订与适用》，载《华东政法大学学报》2014 年第 3 期。

② 黄锡生、黄亚珍：《我国湿地保护的法律思考》，载《中国人口·资源与环境》2005 年第 6 期。

僵硬地追求湿地保护的绝对性往往无法得到公众对制度的认同，这不利于湿地资源保护工作的有效开展。公众参与是西方发达国家在环境法中普遍采用的一种民主法律制度。公众参与制度是各级政府及有关部门的环境决策行为、经济环境行为以及环境管理部门的监督工作，听取公众意见、取得公众认可以及提倡自我保护环境的制度。[①] 其宗旨在于赋予公民通过合法程序参与相关政策设计的权利，以使该决策的制定符合民众的切身利益。湿地资源的保护及合理的开发很大程度上取决于公众对于湿地重要性的认识以及公众对于政府环境政策的支持程度，因此就湿地保护而言，公众参与至关重要。构建适宜我国的湿地保护的公众参与制度，意味着要改变以往我国在湿地保护中政府单独主导的局面，鼓励利益相关者的介入，通过与政府的平等对话，共同解决湿地资源保护中存在的问题，避免利益冲突对湿地资源保护构成阻碍。

由于湿地知识的专业性较强，湿地管理等有关部门要加强对公众湿地知识的传授以使公众在听证会等活动中可以充分参与、发表意见，避免专家、学者“唱独角戏”；有关部门要注重在“湿地日”对公众进行宣传；湿地管理部门还要在当地高等院校、科研院所等机构培养专门致力于湿地保护和研究领域的人员；由于现在很多人热衷于网络游戏，国家可以开发关于湿地相关信息的游戏软件供民众下载安装，游戏玩家在娱乐的同时也学到了知识；国家还可以播放湿地的纪录片、电影等供观众欣赏以普及湿地知识。通过鼓励公众参与协商、制订共管计划、监测评价等计划，在选择投资项目时让社区群众广泛地参与，充分地发表意见，并尊重当地的乡规民约，能使湿地资源的保护符合民之所想，更好地推进我国湿地资源保护事业的整体发展。

---

① 吕忠梅：《环境法新视野》，中国政法大学出版社2000年版，第257页。

第四节　湿地生态补偿法律机制

一、湿地生态补偿概述

（一）“湿地生态补偿”的内涵

湿地生态补偿是湿地生态保护与经济调节手段相结合的一项制度创新。对于“湿地”的概念，国际上已作出明确规定。① 我国对湿地的重视和研究比较落后，1992 年加入《湿地公约》以后才开展全面的湿地研究，全国湿地保护中心在 1998 年才成立，主管湿地保护工作。2013 年 3 月 28 日国家林业局令第 32 号公布的《湿地保护管理规定》② 首次在政府文件中明确了“湿地”的概念。我国的地域比较辽阔，气候条件又复杂多变，导致湿地的类型比较复杂，不仅包含了《湿地公约》的 12 类沿海和海岸湿地、14 类内陆湿地和 9 类人工湿地，还有世界特有的青藏高原湿地。我国在界定湿地的概念和湿地的生态价值方面存在比较大的困难，关于湿地资源的权属难以确定，在管理上存在部门间职能重合和管理漏洞的问题。

湿地生态补偿是一种应用于湿地保护和恢复的经济手段，其实质就是当开发或利用湿地资源的过程中发生了政府支配控制失灵、

---

① 《关于特别是作为水禽栖息地的国际重要湿地公约》（以下简称《湿地公约》）第 1 条第 1 款规定：“为本公约之目的，湿地系指天然或人造、永久或暂时之死水或流水、淡水、微咸或咸水沼泽地、泥炭地或水域，包括低潮时水深不超过 6 米的海水区。”中国于 1992 年加入《湿地公约》。

② 《湿地保护管理规定》第 2 条规定：“本规定所称湿地，是指常年或者季节性积水地带、水域和低潮时水深不超过 6 米的海域，包括沼泽湿地、湖泊湿地、河流湿地、滨海湿地等自然湿地，以及重点保护野生动物栖息地或者重点保护野生植物的原生地等人工湿地。”该规定于 2013 年 5 月 1 日生效，2017 年 12 月 5 日修改了部分条文。

资源配置无效的情况时，能够引入一定的市场机制和经济手段，采取一些纠正策略来消除外部影响，实现资源的最优利用。从生态补偿的内涵来看，湿地生态补偿应该包括以下几种补偿：一是补偿湿地生态系统本身进行自我修复的成本；二是对个人、组织或地区因保护湿地生态环境，而自愿放弃发展机会的成本进行经济补偿；三是对湿地自然保护区或湿地工程的建设进行保护性投入。湿地生态补偿还是一项利益协调机制，促进湿地生态系统服务功能的实现和区域生态经济的可持续发展。除了上述论及的几种补偿之外，还应该包括对湿地利用开发者和破坏者征收的一定的生态补偿税费，资金专项用于修护和治理湿地生态系统。

（二）湿地生态补偿法律机制的必要性和可行性

法律制度作为调节社会关系的手段，主要是依靠国家强制力使人与人之间的利益得到最大的平衡，实现最大限度的公平和正义。我国虽然在湿地补偿和管理方面已经进行了很多探索，但是在立法方面还存在很多缺陷，因此湿地生态补偿机制的建立不仅有利于湿地经济价值和生态价值的平衡，还有利于实现使用者和受益者之间的正义，具有一定的必要性和可行性。

1. 湿地生态补偿法律机制的必要性

首先，随着城市化和围垦的推进以及近海和湿地工业污染的加剧，湿地经济价值与生态价值的平衡被打破。建筑开发商填埋滩涂，不断地开发湿地，即使有些湿地并不适合建造商品房，配套设施的利用率也极低。这对于因围填海而被吞噬的高价值的湿地而言，无疑是对自然资源的极大浪费。在工业园区选址时，人们往往考虑建在近海的湿地，因为取水便利，能满足日常生产需要，且远离市区，意味着远离了政府和环保部门的监管，导致监管出现漏洞，容易发生企业偷排漏排的情况，造成“向海要水，向海排污”的恶性后果。例如，黄海湿地和近海近年来的污染日益加剧，对附近居民和近海生物的健康造成极大威胁，沿海渔民的渔获量也大大下降。因此，必须建立一种良性的、有效的湿地保护与管理机制，科学地评价湿地功能和价值，实现市场调节与政府许可的有机结合。湿地生态补偿机制能够为这一模式提供解决途径。

其次，近十年来，我国逐步建立了湿地生态系统保护体系，湿地保护率由30.49%增至44.60%。[①] 但是国家重点湿地保护的空缺还很多，为了响应生态文明建设的总体要求，十八大提出了“扩大湿地面积”的战略部署，以充分发挥湿地在维持气候变化和改善生态环境中的重要作用。就现阶段来看，在传统的管理和保护模式下，要在短期内完成这一目标，任务比较艰巨，因此我们需要探索引进市场机制，利用市场的调节手段来应对湿地保护形势的严峻形势。

最后，我国的湿地生态补偿在国家层面的法律还是空白，虽然已经有26个省、市、自治区陆续出台了地方湿地保护法规，但因湿地资源的分布具有跨区域性，只是在各个省份设立湿地生态补偿标准和条例不具有普适性。虽然由于各省份和地区的经济发展水平和湿地生态保护水平存在客观差别，补偿标准和补偿方式必然也会有差别，但从国家层面确立补偿的原则和方式、确定补偿的主体和客体、明确各管理部门的职责权限和管理模式，仍然十分必要；同时，国家层面出台一部专门的湿地生态补偿的法律，在法律位阶上来看，要高于地方政府颁布的地方性法律，具有普适性和强制性，也更能维护法律的权威。

2. 湿地生态补偿法律机制的可行性

第一，2015年国家通过了《生态文明体制改革总体方案》，将补偿的领域由单领域向多领域综合治理相结合转变、补偿的范围和尺度扩大、首次提出跨省补偿的概念，另外，补偿的方式也由传统

---

① 参见《全国湿地生态“十三五”规划》中“湿地保护管理状况”的相关内容。

单一的资金补偿向多元化方式转变。在通过的方案中，提出了关于湿地、耕地等单领域的生态保护补偿要积极推进，由此可见生态补偿已经成为中国社会各界都积极关注的问题。国家多次颁布文件强调湿地保护工作，如《关于加强湿地保护管理的通知》《中华人民共和国水污染防治法》，标志着湿地生态保护在法律层面逐渐被重视，2016 年国务院办公厅发布《湿地保护修复制度方案》，说明在国家政策层面我国湿地生态补偿机制得到重视和支持，具有实现可能性。

第二，我国虽然没有湿地保护的专项法律和保护条例，但自 1988 年以来，也出台了十几项与湿地资源相关的法律法规或者带有湿地生态补偿性质的规定，对于湿地生态补偿的方式和标准作出了初步的规定。这些法律法规是构建我国湿地生态补偿法律机制的重要保障，但是现阶段的法律规定显得比较杂乱，如渔业法、水法、水污染防治法等法律都涉及湿地生态补偿的问题，然而我们也能发现，这样的法律虽然能够提供很多借鉴和管理经验，却没有具体的实施办法和细则，很难落实到湿地保护领域的实际工作中，所以需要通过不断进行制度创新，出台完善的法律法规，对湿地生态补偿工作进行统一的规划和管理。

第三，随着市场经济的不断完善以及环境问题的日益突出，国家加大了对环保科技的研发力度和环保的资金投入力度，近年来国家环境保护占财政支出的比重也呈缓慢增长态势。特别是十八大以来，建设生态文明的理念提出后，国家更是加大了对生态保护的力度，十九大报告中生态文明建设又得到进一步创新。但是从下表可以看出，虽然国家越来越重视对环保财政投入的增加，但是在财政总支出中所占比重却仍然较低，与世界发达国家相比还有一定的差距，环保投入的增长还有很大的空间。而且目前国家还没有将湿地资源和环境作为单领域生态补偿的对象，只是分散于水资源、草地和森林等资源的投入中，所以从目前的情况来看，进一步加大对湿地生态补偿工作的财政投入是有现实可能性的。

2010—2015 年国家环境保护投入基本情况①

The environment protection investment in China

单位：亿元

年份	国家财政总支出	国家环境保护财政支出	所占比重	中央财政总支出	中央环境保护财政支出	所占比重
2010	89874.16	2441.98	2.71%	15989.73	69.48	0.43%
2011	109247.79	2640.98	2.41%	16514.11	74.19	0.44%
2012	125952.97	2963.46	2.35%	18764.63	63.65	0.33%
2013	140212.10	3435.15	2.45%	20471.76	100.26	0.48%
2014	151785.56	3815.60	2.51%	22570.07	344.74	1.53%
2015	175877.77	4802.89	2.73%	25542.15	400.41	1.57%

第四，目前我国已经初步建立了生态补偿机制，在森林、耕地生态补偿机制上也有了实质性的突破。虽然还没有在国家层面形成针对湿地生态补偿机制的专门的法律制度，但据最新统计，我国已经有 26 个省、市、自治区出台了湿地保护条例（省级），自 2014 年国家出台了湿地生态效益补偿试点和退耕还湿政策以来，湿地生态效益补偿试点工作也在稳步推进，不仅涵盖了青海、西藏和云南等生态环境比较脆弱的部分地区，还有部分重点国家级湿地公园，这些试点工作为构建我国湿地生态补偿机制提供了实践性参考。另外，湿地生态补偿机制在较先进的一些国家和地区的实践经验，也为我们建立更科学合理的、更符合我国实际情况的湿地生态补偿机制提供了思路和办法。

① 来源网址：http：//data. stats. gov. cn/，最后访问日期：2018 年 3 月 24 日。

（三）我国湿地生态保护和补偿现状

我国湿地资源分布广泛，但是各地气候差异较大，导致湿地在全国范围内的分布并不均衡。全国第二次湿地资源调查结果显示，截至2013年，全国湿地总面积5360.26万公顷（不包括3005.70万公顷水稻田面积），湿地率为5.58%，与第一次全国湿地资源调查结果相比增加了1511.71万公顷。其中，自然湿地面积4667.47万公顷，占87.37%；人工湿地面积674.59万公顷，占12.63%。[①] 在这几个主要湿地分布区域中，由于人口分布和经济发展状况的不同，区域间对湿地资源造成的压力有所不同。我国华北地区、长江流域和东南地区人口分布较为密集，经济发展较为迅速，工业生产对资源的需求要远高于西北和西南地区，这就造成各地区间的湿地资源压力的差异。在对湿地资源价值本身进行科学评估时，要考虑到当地的人口和经济发展状况，对于湿地资源保护压力较大的区域要增加保护力度，以实现区域生态发展平衡。

另外，我们还要区分湿地面积与湿地资源的承载量。并不是说湿地面积大，湿地资源就一定丰富。湿地资源不仅具有生态价值，还具有经济价值和社会价值，例如，青藏高原虽然具有十分广阔的湿地面积，但是由于冻土层厚、冰川面积大、生态环境比较脆弱，所以开发难度大，对当地产生的经济价值并不突出，但是一旦被破坏，恢复成本却极高，因此考虑到这些资源的稀缺性和生态价值，也要加强监管和补偿的力度。

总结上述观点和数据，我们在分析我国湿地资源分布现状时，不仅要考虑其地域分布的问题，还要了解湿地资源的发展前景对经济发展和社会发展的影响，从而在建立湿地生态补偿法律机制时，

---

① 来源网址：http：//www.shidi.org/zt/2014xwfbh/，最后访问日期：2017年12月24日。

更加科学地评估湿地资源的价值，有针对性地加大对湿地资源的保护和补偿。

目前我国已经初步形成了比较完善的湿地保护体系，据统计，全国湿地保护面积达到 2324.32 万公顷，占全国湿地总面积的 43.51%，增长率为 13.51%。① 为了更好地利用湿地的生态价值和社会价值，深入贯彻落实加快推进生态文明建设的要求和国家“十三五”规划纲要等精神，我国不断地加大湿地财政投入，扩大湿地保护范围，新增湿地公园，并将湿地公园与湿地自然保护区、野生动植物保护区和湿地多用途管理区共同纳入湿地保护管理体系。截至 2016 年，我国已有 49 处国际重要湿地、602 个湿地自然保护区和 1000 多个湿地公园。“十二五”期间湿地保护投入资金 55 亿元，比“十一五”期间增长 2.4 倍。②

湿地生态工程建设是国家恢复湿地资源，保护湿地生态系统的另一举措。根据《全国湿地保护工程“十二五”实施规划》，“十二五”期间的工程建设预算投入为 129.87 亿元，其中中央投入 55.85 亿元，地方投资 74.02 亿元。通过实施规划，全国恢复退化湿地 16 万公顷，退耕还湿 1.77 万公顷，完成或在建湿地自然保护区管理局 82 处，保护管理站点 444 处，湿地监测站点 445 处，野生动物救护站点 88 处，科普宣教中心 157 处，修建围栏 2353 公里，巡护道路 2681 公里。湿地生态工程建设一方面强化湿地保护的基础设施建设，另一方面对于集中连片的退化湿地开展大规模的修复。经过评估，我国大陆地区国际重要湿地价值为 11.42 万元/年·公顷。2014 年，中央财政将原有的湿地保护补助政策扩大为湿地补贴政策，并开展了湿地生态效益补偿试点、退耕还湿试点和湿地保护奖励试点 3 个

---

① 《第二次全国湿地资源调查结果公布》，载《湿地科学与管理》2014 年第 1 期。

② 《我国湿地保护体系逐步完善》，载《人民日报》2016 年 8 月 26 日，第 23 版。

方案，为湿地保护建立了长远的扶持机制，“十二五”期间共实施1100多项湿地保护工程、中央财政湿地补贴项目，涉及湿地面积1600多万公顷。①

湿地生态保护体系和湿地生态工程建设有效地促进了我国的湿地资源生态保护，但是湿地生态恢复较慢，湿地投入和需求还有很大的差距，现阶段我国的湿地恢复和补偿主要是依靠国家财政支持，群众参与意识不够，对国家财政资金的利用和去向不够透明公开，利用率不高。湿地生态补偿法律机制期待建立的是群众参与、国家财政支持和市场调节共同起作用的科学的补偿和修复机制。

二、我国湿地生态补偿立法现状评析

（一）立法现状

十八大以后，推进生态文明建设的要求不断加强，关于生态保护的呼声越发高涨，对于湿地资源的保护自然要转到湿地生态保护上来，湿地生态补偿是生态补偿机制发展的成果之一。2013年我国第一部全国性的湿地保护行政法规《湿地保护管理规定》（以下简称《规定》）出台，确立了湿地保护的方针，完善了湿地管理体制，《规定》第25条明确提出了湿地生态补偿的概念。

此后，天津、江西、湖北各省市都出台了湿地生态补偿条例，西藏、青海等生态薄弱的地区也先后开展湿地生态效益补偿试点，鄱阳湖作为国际重要湿地，也成为我国首批湿地生态补偿试点的对象。2016年国务院办公厅发布《关于健全生态保护补偿机制的意见》，提出稳步推进退耕还湿试点，适时扩大试点范围，探索建立湿地生态效益补偿制度。

这些规定和意见对我国湿地法律保护有重要影响，但是由于规

① 参见《全国湿地保护“十三五”实施规划》中的相关内容。

定的条文较少，对于在实际操作中可能遇到的问题没有给出解决的途径，另外原《规定》是由原国家林业局制定的部门规章，里面只提出了补偿的大方针，对于如何实施没有具体指导，对于破坏或侵占湿地的行为没有明确法律责任，也没有强调公众参与的方式。

（二）当前湿地生态补偿立法存在的问题

1. 法律机制概念缺失，产权不明确

（1）湿地的所有权

《中华人民共和国宪法》规定，除法律规定属于集体所有外，自然资源属于国家所有。[①]《中华人民共和国水法》规定水资源属于国家所有，但集体经济组织的水塘和修建的水库，归集体经济组织使用。[②] 在《中华人民共和国土地管理法》中，湿地也没有被当作一类特殊的生态用地加以对待，而是被划为荒滩和荒地。从这些法律条文中可以看出，我国的湿地资源归国家所有，由国务院代表国家行使所有权，一些由集体修建的水库和池塘则由集体组织所有。这样的所有权属性使得在保护和修复湿地的实践中，国家的财政资金投入仍然是最主要的来源，但是我国湿地资源分布广阔且分散，国务院在实际行使所有权时往往显得力不从心，必须加强与地方各级政府的通力协作，且当前法律对于所有权的规定只是一个笼统性的概述，各级政府的权限在行使对湿地的管理权力时变得十分模糊，部分偏远地区或者农村的天然小型湖泊和水塘，也由于多种原因实际变成由集体经济组织所有。

① 《中华人民共和国宪法》第 9 条规定："矿藏、水流、森林、山岭、草原、滩涂等自然资源，都属于国家所有，即全民所有；由法律规定属于集体所有的森林和山岭、草原、荒地、滩涂除外。"

② 《中华人民共和国水法》第 3 条规定："水资源属于国家所有。水资源的所有权由国务院代表国家行使。农村集体经济组织的水塘和由农村集体经济组织修建管理的水库中的水，归各该农村集体经济组织使用。"

（2）湿地的使用权和收益权

湿地资源的所有权虽然归国家和集体所有，但是部分湿地因行政管理或历史原因，多被当地政府或者湿地周边的群众所使用。众所周知，湿地不仅具有丰厚的经济价值，而且能够净化空气和水源，为各类野生动植物提供生长和栖息环境，还能进行科研教育，生态价值和社会价值也十分突出。湿地各类资源产生的经济效益主要由地方政府、集体组织及其使用者获得，湿地的生态效益和社会效益则按照其自身辐射的范围，由国家、政府和所有受益群众共同获得。

对比这两个权属的规定，我们可以看出：国家作为湿地资源的所有者并不能完全或者直接获得湿地资源的经济利益，所有权和收益权的行使主体并不对等，而地方政府和集体组织为了追求当地的GDP和经济效益，在利用湿地资源时往往更偏重其经济价值，忽略了对其生态价值和社会价值的保护。在当前的湿地所有权属的模式下，如果仍然单纯依赖国家的宏观管理和资金投入，显然不足以解决现实遇到的困境，因此要探索建立并完善符合市场规则的生态补偿机制。

2. 法律体系不完善

目前我国的湿地生态补偿法律还不完善，远不能满足湿地生态补偿机制建立的要求，主要表现在两个方面。

一方面，我国虽然对于湿地资源的保护和规定有很多，但是至今没有制定专门的湿地保护法，也没有一部统一的生态补偿法，在现阶段，甚至没有形成“生态法律”的概念，对于生态补偿的规定只是零星分散于不同部门法和单行法规、规章中，在需要适用法律对湿地资源进行保护和管理时，需要到其他法律、法规中寻找与湿地有关的条款，比较烦琐；而且有些条文内容本身就存在冲突，上位法和下位法之间的适用问题也存在争议。另外，不同的法律发布主体涉及的主管机构不一样，侧重保护的内容也有所区别，例如，农业法和水污染防治法虽然都对水资源保护和生态补偿方面予以规定，但是农业法提及的是湿地周边农户机会成本的补偿，而水污染防治法只是提到了财政转移支付的生态补偿方式。在落实湿地生态补偿问题的时候往往因缺乏协调而效率低下，根本不能应对当前湿地保护的迫切需求。

另一方面，在生态保护领域关于生态效益补偿的法律规定多停留在精神层面，并非真正意义上的生态补偿法律制度。例如，在森林生态补偿领域就陷入了这样的困境：森林法规定设立森林生态效益补偿基金，且必须专款专用，具体办法由国务院规定，① 但是这一具体办法至今没有出台，使得在该领域实施生态补偿无法可依。再如，有关生态补偿的收费制度和税收制度，都只是停留在了理论上的层面，并没有某一具体的法律规定，另外，对于生态补偿的补偿标准、补偿形式、补偿资金的用途等都缺乏明确的规定，使得生态补偿工作难以开展，给生态补偿制度的建立和实施带来问题。湿地生态补偿法律机制的建立目前也面临着这样的问题，因此必须要加强对生态补偿机制的法律体系构建的重视程度，在立法上完善湿地生态补偿机制，保障湿地生态补偿机制的顺利实施。

3. 法律保护急需制度创新

从已经出台的法律法规和地方管理条例来看，我国的生态补偿的主要方式是国家财政转移支付，资金来源主要有两个方面：一个是通过征收资源增值税，所得的资金用于恢复生态资源和修复生态工程；另一个就是国家或地方政府的财政资金。国家投入的资金中部分是污染或破坏生态资源地企业的罚款，但更多的是广大的消费者上缴的税费，但是在一般情况下，消费者并不是湿地资源的直接受益者或者破坏者，让这一部分人为利用或破坏行为买单本身就是

① 《中华人民共和国森林法》第 8 条规定："……国家设立森林生态效益补偿基金，用于提供生态效益的防护林和特种用途林的森林资源、林木的营造、抚育、保护和管理。森林生态效益补偿基金必须专款专用，不得挪作他用。具体办法由国务院规定。"

不公平的，容易引起社会利益再分配的问题。《生态文明体制改革总体方案》明确指出生态补偿的总原则是“谁受益谁付费，谁破坏谁补偿”，我们在建立湿地生态补偿法律机制时就要转变思想，既要发挥政府的主导作用，同时又要考虑引入符合市场规则的生态补偿机制，将污染付费和使用缴费法制化、规范化，由专门的执法部门进行监督，同时引入公众参与机制，汇集政府、企业和社会公众三方之力共同为实现湿地生态补偿的目标服务。

另外，传统的关于湿地生态保护的法律都只是从湿地的管理和保护出发，考虑的是如何合理地开发利用湿地，没有过多地考虑开发利用行为对于湿地生态系统整体的影响，没有将经济价值与生态价值结合起来。从可持续发展的角度来看，我们也要将“生态优先”的生态理念运用在湿地生态补偿法律机制的建构上，强调湿地本身的生态效益，恢复和提高其综合效益。因此我国在构建湿地生态补偿法律机制的时候，就应当将湿地作为综合的生态服务系统进行科学的全方位评估，充分考虑对湿地生态系统的综合管理，形成基于“生态保护”理念的湿地生态补偿法律机制。

4. 缺乏相应的技术支持

环境法学和生态学都是科学性较强的学科，湿地生态补偿制度不仅仅是政策层面上的东西，其本质是对经济利益的补偿，要将湿地资源的价值化为实实在在的资金利益，这种货币化的过程在实施中会碰到很多技术上的问题。

第一，生态补偿机制的实施需要健全的市场机制作支撑，资源的价值由市场自发形成并随供求等因素上下波动，而我国的环境资源目前在很大程度上还是依赖国家的宏观调控，资源市场机制几乎不存在，我国的环境资源因其公共物品的属性，在产权上很难确定，不可能完全由市场自主确定环境资源的价值和价格，对其货币化和量化则更加困难。湿地资源很多都是横跨几个行政区域，各地区的经济发展水平和资源丰富程度都会对资源的价值产生影响，在对补偿金额进行界定时很难达成统一的标准。我国生态影响的定量评估技术尚未充分建立和普及。

第二，生态系统具有隐藏性和公共性，对于“怎么补偿，补偿多少”的难题，需要通过科学合理的生态补偿评估机制来解决。对生态效益进行补偿就必须弄清楚补偿的是哪一部分的效益，对于湿地生态效益来说，不仅包括其使用价值，还包括非使用价值。一般而言，确定湿地生态环境的保护投入成本和建设成本相对较为容易，但是对因破坏生态环境造成的损害进行修复性投入和建设的成本则难以预计，因为有些生态破坏的影响并不是立即就能检测出来的，而是体现在对未来生态价值造成的影响中，具有极大的不确定性。对于非使用价值的存在价值和遗赠价值，在不同时期的价值认定标准不同，应该补偿的金额更是难以评估和预测。

因此，我们要加快对生态损害鉴定和价值定量化的技术研究和立法过程，完善环境资源评价体系。只有资源损益能够被定量反映时，才能做到准确界定补偿标准，提高生态补偿的科学性和准确性。

三、国内外湿地生态补偿实践借鉴

对我国来说，湿地生态补偿法律机制的研究相对起步较晚，尚处于探索阶段，不能仅依靠国家现有政策的指导，对于国外相关领域的成功经验也有必要关注，对于其中运用的先进技术手段和先进理念可以借鉴；当然，考虑到我国湿地生态环境的独特性，我们更应该关注国内在生态补偿领域取得成功的补偿模式，为湿地生态补偿法律机制的构建提供重要的佐证。

（一）国外湿地生态补偿模式

湿地因其在生态环境系统中的重要性和独特性而备受国际重视，目前国际上对湿地生态补偿的主要方式有三种：湿地开发者自行修复、“湿地缓释银行”和湿地替代费补偿。“湿地缓释银行”是湿地生态补偿的一种运用比较成熟的典型模式，要求开发者或其他经济活动主体在取得开发权时，承诺减缓和/或抵消开发活动对湿地生态系统带来的不良影响，这种机制要求开发者首先减缓不良的影响，然后用其他方式抵消无法避免的对生态造成的不良影响，包括在自己开发区域以外的地块保护或恢复植被，或委托第三方保护或恢复植被，或者以一定的金额购买“保护信用”。在这种生态补偿模式中，所有的交易规则由政府制定，政府规定哪些湿地生态系统服务是可以参与交易的，开发者需要承诺保护和恢复的面积以及其破坏湿地面积的比例，只有达到了这些交易标准，才能得到开发许可证。①

1. 美国的“湿地缓释银行”模式

美国是世界上较早重视并开展湿地保护的国家，“湿地缓释银行”（Wetland Mitigation Banking，以下简称湿地银行）是美国在湿地生态补偿的典型模式。因为湿地开发者自行修复具有诸多弊端，所以 1993 年美国开始探索使用“湿地银行”模式，美国《联邦湿地补偿银行条例》对该补偿机制作了详细的规定，并实现了异地湿地补偿。美国《清洁水法》规定，对湿地进行经济开发活动前，需要得到开发许可证，而要得到这个许可证，开发商需要自证利用这块湿地开展开发项目的必要性，并保证在项目设计时将对湿地的影响降到最小，开发利用者还需要通过恢复受损湿地来恢复其所破坏的湿地。一般而言，政府偏向选择就地治理而非异地治理，但是随着实践发展，政府逐渐允许项目治理从场内转移到场外，这就为湿地银行创造了良好的契机。湿地银行将湿地“保护信用”作为待售商品投入流通市场，开发商可以从湿地银行购买“保护信用”来抵消其项目对湿地的破坏和耗损，同时银行出售在异地的已经修复完成

---

① 秦玉才、汪劲主编：《中国生态补偿立法：路在前方》，北京大学出版社 2013 年版，第 119 ~ 120 页。

的湿地“治理信用”，这样就很好地解决了湿地异地保护与治理的问题。截至2013年8月，已有超过1800个商业性湿地治理银行加入到数据库中。①

湿地银行的构建需要若干条件：良好的市场架构、市场参与群体、完善的信用支付体系。在这一体系中，恰当的市场监管至关重要，政府只是规则的制定者，保障湿地生态系统服务的质量，不参与任何交易；湿地开发者只关心如何取得许可证，不用担心其购买的湿地质量和价值，这对市场机制成熟与否要求很高。在我国，尚没有完全发挥市场机制和竞争机制的作用，而且许多政府调控也存在地域局限。科学的湿地生态补偿机制需要良好的立法、行政和执法能力作支撑。

2. 加拿大的“湿地替代费”模式

加拿大湿地面积位居世界首位，每年因湿地资源创收的价值达几十亿美元，但是不可避免地面临湿地被侵占和逐渐退化的问题，各种人为活动以及污染行为导致湿地面积减少、生态功能退化，对气候影响和环境生态平衡造成极大威胁。加拿大政府为了湿地生态管理和保护开展了较为全面的工作，通过完善湿地管理体制和法律政策体系来应对这个挑战。

加拿大和美国一样，都强调通过定价机制来实现资本市场需求和生态功能保护的平衡，都规定了“湿地功能零净损失”的核心要求，“湿地缓释银行”也是加拿大湿地生态补偿的典型类型之一。但是，同样是通过付费替代实际的恢复责任，加拿大还有另一种模式——“湿地替代费制度”。“替代费”是在无法利用缓释银行实现生态损害补偿时的一种替代手段，具体内容是由开发者向第三方主体付费，第三方主体进行湿地修复工作。“替代费”在下列情况可以

① 来源网址：https：//www. epa. gov/cwa - 404/mitigation - banking - fact-sheet，最后访问日期：2017年12月25日。

适用：一是所占用的湿地所在区域内没有湿地银行；二是所占的湿地所在区域内有湿地银行，但是没有所占湿地的类型，只能由第三方代为进行实物补偿；三是所占用的湿地所在区域的湿地银行只提供现有的湿地产生的信用，无法出售提供湿地恢复、强化或新建某些功能产生的信用。

在管理机构的设置上，加拿大联邦政府的相关机构和各省的环境资源管理部门都积极履行职责，加拿大联邦和省以项目的形式向提供生态服务的主体进行经济补偿，这类项目不一定直接与湿地有关，可能是对土壤、水资源或者野生动植物的保护，但是其终极目标一般都是为湿地生态保护服务的。另外，对于这类项目的资金管理也极为严格，资金的来源既可以是公共资金，也可以是主体自筹，但是对于资金的使用和监管，都由独立的部门进行，以保证资金能够物尽其用。

（二）浙江省湿地生态补偿制度

浙江省在湿地资源保护的立法和实践方面，特别是湿地生态补偿实践上已经建立了较为成熟的体系，浙江省将传统的政府补偿模式与市场补偿模式创新地结合起来，兼顾了市场机制与政府调控的双重手段，其湿地生态补偿的成功经验对于我国湿地生态补偿法律机制的构建具有比较客观的借鉴作用。

2012 年 12 月 1 日《浙江省湿地保护条例》开始实施，使浙江省的湿地保护工作有法可依，创新性地提出了湿地生态效益补偿制度，将湿地生态补偿经费和保护经费都纳入政府财政预算中，建立了财政转移支付和财政预算制度，结合当地的实际情况，实施了资源使用税征收改革，对于异地生态补偿工作也有明确条文规定并取得了成功经验，其中最大的亮点就是将市场机制引入湿地生态补偿，将排污权交易、水权交易、流域上下游补偿等一系列市场手段用于湿地的保护和利用中，这种模式使得湿地的生态补偿不再仅依靠政府单方的财政力量，同时在一定程度上还能创造财政税收。

浙江杭州西溪国家湿地公园是全国第一个国家湿地公园，整个公园被分为湿地生态保护培育区、湿地生态旅游休闲区和湿地生态景观封育区，湿地公园内还能开展众多主题活动，吸引游客前来观赏，旅游带来的门票收入也逐年增加，周围的农户也不会因为湿地保护而影响生产生活，反而因旅游产业的日益发展带来丰厚的收益。在这种模式引导下，进行湿地生态保护的同时还能发展生态旅游产业，取得的部分资金收入又投入湿地生态治理、湿地保护宣传等生态活动中，让美丽的湿地风光唤起人们对于湿地生态保护的意识，自觉加入湿地资源的保护中，形成可持续发展的良性循环，取得经济和生态双赢的成果。

浙江还是我国首个推行跨省流域生态补偿实践的省份，新安江流域生态补偿项目为我国建立跨省流域补偿提供了宝贵的借鉴经验。该项目由中央相关部门牵头并提供3亿元的财政支出，安徽省和浙江省签订协议，新安江上游流域的安徽省负责确保其境内的水源质量，以两省交界处的水质为标准，若水质符合标准，则浙江省向安徽省支付1亿元用于水环境保护、治理工作，补偿因产业调整带来的隐性损失；若水质恶化或上游出现重大污染事故，影响浙江下游水质，则由安徽省向浙江省赔偿1亿元，这项补偿能有效保障下游地区居民的合法权益，同时又能改善水源生态环境。

浙江省湿地生态补偿模式是我国湿地生态补偿实践的成功探索，其经验对于我国构建统一的湿地生态补偿法律机制也有一定的参考意义，特别是异地开发补偿和市场补偿模式的创新。

（三）对构建我国湿地生态补偿机制的启示

从国外的湿地生态补偿实践模式来看，美国的“湿地缓释银行”和加拿大的“湿地替代费”制度都是较为成熟且比较有代表性的，虽然对比我国湿地的权属和国家管理机构性质还是有较大区别，但其中的先进经验对构建湿地生态补偿机制还是有所启示的。

一方面，湿地生态补偿政策必须有完善的法律保障和配套政策的支持，无论哪类模式的实施都离不开政府的财政支持，生态补偿目标并不仅仅是立法或政策就能达到的，管理系统和制度的优化也是至关重要的，完善多部门协商机制，能够加强湿地生态补偿政策的灵活性，这将决定生态补偿能否达到最优结果。

另一方面，国外湿地生态补偿实践并没有完全依赖行政手段，而是将市场手段引入其中，当具有较为明确的利益冲突和法律关系时，可以采用市场化的补偿方式，用市场机制来量化补偿标准，这既能较科学地解决补偿标准的问题，又能提高补偿工作的效率。

我国森林生态补偿效益制度实践表明，政府仍然应该承担相应的监督、评估和监管的主要工作，各级政府积极配合，建立多元投入渠道，在建立湿地生态补偿法律机制时，要注重用立法的方式对补偿的原则和补偿的依据进行详尽说明，而不仅仅是停留于表面，另外，要在国家财政转移支付的基础上，在立法中明确实物补偿或其他方式补偿的具体内容和标准，在确定补偿标准时，要结合当地的实际情况，突出“重点优先”原则，划分不同的补偿标准。只有明确监管制度和后续评估调整机制，逐步有序地引入市场机制和竞争机制，才能在补偿过程中达到预期效果。

在我国，地方层面湿地保护的管理要比国家层面的管理发展更快，在一定程度上推动着国家层面法律法规的完善，优化湿地生态补偿实践。湿地生态补偿是解决现阶段经济发展与湿地自然资源之间矛盾的必然选择，浙江省的相关生态补偿经验也能为国家层面湿地生态补偿的补偿方式和补偿标准提供借鉴，早日建立健全国家湿地生态补偿法律机制。

四、我国湿地生态补偿法律原则

湿地生态系统与陆地、海洋系统共同构成了自然综合体，与人类社会的生存与发展息息相关，湿地作为“地球之肺”，其生态效益自不必多言，然而在近年的经济开发中，对经济效益的过分追求使人们忽略了对生态环境的保护，使得湿地生态急剧退化。建立湿地生态补偿法律机制是将“可持续发展”理念运用到实践中的一种制度尝试，其初衷是为了规范人们无节制利用湿地的行为，平衡资源开发利用和生态保护之间的矛盾，平衡受益者与受损者之间经济利益和环境利益的矛盾，最终实现生态环境与人类的和谐发展，加快生态文明建设进程。为了达到这一目的，我们在构建湿地生态补偿法律机制时，要遵循以下几个原则：

1. 生态保护优先原则：处理好湿地保护与开发利用的关系

湿地既有经济价值，又有生态价值和社会价值，对于具有多重价值的对象，我们应该更注重哪一种价值呢？一方面，人作为利益驱使的群体，会受到现实环境和经济竞争的影响，肯定会优先选择经济价值，所以在开发利用湿地的过程中没有考虑到生态系统的承受力，出现了过度围垦、过度捕捞、工业污染严重的局面。另一方面，由于立法者受到时代局限性影响，在传统的自然资源立法时更重视资源的经济价值，强调发挥自然资源的效用，较少对开发利用行为进行规范，生态价值在法律保护的多重价值中没有得到有效重视，这是导致湿地生态保护存在弊端的重要原因。

要实现自然资源的可持续发展，就必须加强对自然资源的保护性利用，重视生态价值。当生态保护与资源开发发生冲突时，以生态保护为优先原则，这也是实现资源可持续利用的必然要求。生态保护优先的核心是建立生态保护优先于经济发展的观念，追求的是绿色效益最大化，反对传统的以经济建设为中心的发展观。但是这与“发展是第一生产力”的说法并不是绝对对立的，生态保护优先并不是放弃发展，而是改变发展模式，主张全面协调，实现人与自然和谐的可持续发展。

2. “谁保护、谁受益；谁受益、谁付费”原则

作为一项制度的原则，首先需要保障原则本身的公平和正义。法律原则是贯穿法律制度始终的，在湿地生态补偿法律机制的构建中加入“谁保护、谁受益；谁受益、谁付费”的原则实际上是实现法律正义的体现。前半部分指的是生态系统服务的提供者和生态环境的保护者，后半部分指的是生态系统服务的受益者和利用者。生态保护是一种外部性经济行为，如果没有给予足够的经济补偿，会极大地削弱保护者的保护积极性和自主性，同时还会降低利用者损害行为的成本，出现保护不足，引发更严重的恶性循环。对生态保护者提供相应的补贴或者让受益者对提供者给予一定补偿，使生态保护的性质不再仅仅是政府强制行为和社会公益行为，而是一种可以看到收益的绿色投资行为，将环保成果转变为经济效益，能让人们更加自觉地参与到生态环境保护中来。

对湿地资源进行开发利用的企业和个人来说，受益主体是很明确的，对于这种明确的受益者的不经济行为，完全可以采用纯经济手段，如征收资源开发税费等，为湿地环境保护和恢复付费。这样能够直接让受益企业感受到利用湿地资源的行为成本的压力，从而在资源利用时不会滥用自身享有的受益权和使用权。另外，当受益区域和保护主体都比较明确时，还可以在小范围采取一对一的市场化补偿方法。对不同情况采取不同的补偿原则，能够提高补偿资金的到位率和利用率，使湿地生态补偿法律机制活起来。

3. 一般标准与实际情况相结合原则

在确定补偿标准时，我们不仅要按照一般规定的标准进行补偿，还要结合当地湿地保护与恢复的实际情况，采取充分补偿。在当前湿地生态保护制度下，当作为主要经济来源的湿地被划入自然保护区和生态功能区而导致使用权和收益权受损、经济收入和其他发展

机会减少时，如果不能充分补偿其损失，实际上是对其合法权益的侵犯，一般标准是指对附近农户受到的所有损失包括预期发展收入的减少，进行充分的、不低于其损失的补偿。但是我国湿地分布广泛，各地区之间的经济发展水平又不尽相同，湿地利用程度和污染程度也有所差异。有些湿地因为开发较早，破坏程度比较严重，恢复生态功能的成本较高，有些湿地因生态环境本就脆弱，导致单位面积的治理成本较高，加之各地方政府对生态保护投入的财政资金也参差不齐，所以，从可操作性和现实性出发，在确定补偿标准等指标时，还应该结合当地的经济发展和生态环境等情况，不能照搬其他地区的经验和标准，应该具体问题具体分析。今后，随着我国财政对生态环境保护投入的资金越来越多，国民的生态意识越来越强，对于湿地生态保护工作的参与和投入度越来越高，各地区应该适当提高一般补偿标准，使补偿资金能够真正惠及受损民众。

五、湿地生态补偿的法律关系

湿地生态补偿机制是一种自然资源有偿使用机制，指湿地资源使用人或生态受益人在合法利用湿地资源的过程中，对资源所有权人或对生态保护付出代价者支付相应费用的法律制度。在这一法律制度中，需要明确湿地生态补偿的主体、客体和范围等法律要素。

（一）湿地生态补偿的主体

湿地生态补偿法律关系的主体主要包括依照国家法律规定的有能力或有职责推进湿地生态补偿和生态保护工作的国家机关、各级政府、法人和社会组织、个人等。① 国家作为湿地资源的所有权人，

① 湿地生态补偿法律关系的主体应该进一步细化为补偿主体和受偿主体，在某些情况下补偿主体和受偿主体角色是能够互换的。

应该建立宏观的管理使用政策准则，管理和调控湿地生态资源，且生态补偿工程往往需要耗费巨大的人力、物力和财力，也需要国家层面给予权威性支持。法人和其他社会组织是除国家和政府外最常见的补偿主体之一，企业的生产经营活动往往离不开对自然资源的利用，同时其生产过程产生的工业垃圾对生态环境也会造成较大的损害，让企业和社会组织向自然资源所有者和保护者支付相应的费用，避免让普通的社会公众为污染企业和社会组织的行为买单，能够迫使其不得不考虑生产成本的问题，从而提高对生态资源的利用率。生态补偿的受偿主体还应该包括任何从事生态保护工作的公民、法人和社会组织，如植树造林、退耕还林、退牧还草等生态工程的实践者，以及遵守林区禁捕禁猎政策的渔民和牧民、从事环保技术研发的单位和个人等，国家或生态服务受益者应对其进行一定的经济补偿。

湿地生态补偿涉及很多法律关系主体和经济利益关系，由于环境利益以及相关经济利益在保护者、受益者、破坏者之间的不平衡，保护者因保护生态环境遭受的损失得不到应有的经济赔偿，受益者和破坏者不用承担享有环境利益的行为成本和破坏环境的责任及法律成本。这些问题和矛盾需要良好的协调机制来解决，湿地生态补偿法律机制就是为了更好地从法律角度协调各方利益，在这之前我们应该明确利益相关者的法律关系。

不同利益相关者的权利与义务①

利益相关者	权利	义务	实施生态补偿后可能发生的利益变化
湿地保护区周边农户和居民	平等的发展权和受偿权	保护湖区周边生态环境	收入增加，生活水平改善；就业渠道和经济来源多样

① 参见曹明德：《对建立生态补偿法律机制的再思考》，载《中国地质大学学报（社会科学版）》2010 年第 10 期。

续表

利益相关者	权利	义务	实施生态补偿后可能发生的利益变化
进行湿地资源开发利用的企业和个人	湿地资源的使用和收益权	资源有偿使用、合理利用	生产方式转变；资源利用成本提高；责任意识增强
湿地主要管理部门和配合部门	湿地资源的管理权、执法权和部分收益权	湿地资源的恢复和改善	部门间职责分明，利益平衡；办事效率提高
中央和地方政府	湿地资源的管理权、处置权和开发许可权	湿地生态环境保护，为生态建设提供宏观指导和资金支持	财政支出增加；区域生态环境改善；加速推进国家生态文明进程
其他潜在利益相关人	不直接参与生态保护，无明确权利义务，但有参与和监督的权利，对破坏湿地的行为有举报的权利和义务		生态环境改善的间接受益者

湿地生态补偿的利益相关者也是对湿地利用与保护有着直接影响的人，这些相关者因立场和利益取向不同，导致其承担的责任和义务也就不一样，但是在实践中，相关利益者权责不符，有责任而不履行，履行了相应义务而享受不到相应权利的现象十分普遍，从而引起利益失衡。正如前文所言，湿地生态补偿法律机制也是湿地生态利益协调机制，有必要探讨各利益相关者之间的法律关系，为确定湿地生态补偿的主客体提供法律依据。

从上表可以看出各利益相关者权利与义务的应然状态，但是实践中的权利义务关系又如何呢？湿地保护区周边的居民承担了过多的责任，但其合法权益并没有得到充分有效的保障，受偿标准普遍偏低，因此，将这一群体认定为受偿者，确定为湿地生态补偿法律关系的主体是毋庸置疑的。进行湿地资源开发利用的企业和个人因开发湿地资源获得了相应的经济利益或社会效益，但是却只承担了小部分的补偿责任或者根本没有承担责任，针对这类群体应该规定其将获得的超额利润返还，用于湿地恢复和治理的补偿，是湿地生态补偿的补偿主体。各级湿地资源保护管理部门以及政府财政部门的主要责任是加强对湿地资源和生态的科学管理，保障其可持续发展，对违规开发利用湿地的开发者和利用者予以惩处，但是实际上由于制度的不完善，政府在补偿工作中相应的责任还没有完全落实，财政资金的利用和管理也还不规范，因此政府相关责任部门也应该划为湿地生态补偿法律关系的主体。对于预期利益相关者而言，他们在湿地生态补偿法律关系中并没有直接的利益导向，难以确定其在法律关系中的地位，但是这部分人作为湿地生态保护的后备力量，对湿地生态保护能否形成长远机制起着重要的导向作用，例如，相关环保组织和公益组织，可以为湿地生态补偿提供一定的资金支持和技术支持，还能对湿地生态补偿工作实施监督，不仅可以直接减轻财政负担，还能很好地缓解公共利益与个人利益的冲突，所以我们也要重视公众参与的程度，只有这样才能发展为可持续发展的法律机制。

（二）湿地生态补偿的客体

生态补偿是对受损的生态自然资源或者对自然资源保护行为进行一定补偿，可以是直接的经济补偿，也可以是实物或技术奖励。因此生态补偿的客体可以分为两类：一是作为一种资产的自然资源本身或者是生态环境整体；二是保护和治理生态资源的行为。

湿地生态补偿法律关系的客体可以分为两类：一类是具有巨大经济价值和独特的生态价值的湿地资源，如我国的湿地自然保护区、湿地生态功能区以及国家新推行的湿地公园和湿地小区等；另一类是湿地生态区周边农户对湿地生态做出的保护性行为或者牺牲自身利益的行为，以及环保组织和研究人员对湿地生态保护的研究和管理工作。① 对以上两类客体进行补偿的方式可以是直接的经济补偿，如我国现阶段最常用的财政转移支付，也可以是间接的政策补贴和技术补贴，如各类生态优惠政策和税费政策等。

六、湿地生态补偿的范围和方式

湿地生态补偿的方式是湿地生态补偿的重要内容，对完善湿地生态补偿法律机制而言十分重要，一项法律制度能否得到很好的贯彻执行，不仅要有科学的原则和明确的法律关系主客体，还要有明确且具有可操作性的方式。针对上文中已论述的湿地生态补偿的主体和客体，笔者认为湿地生态补偿具体应包含以下几个方面：

（一）经济发展的成本损失的补偿

目前国家初步建成湿地分级管理体系，将湿地保护分类为湿地公园、湿地自然保护区、保护小区、野生动植物保护区和湿地多用途管理区，对这些被划归为生态功能区的周边百姓而言，肯定会因生产、生活资源被占用、征收而丧失很多发展甚至生存权利，法律本着肯定和保护每个人生存权和发展权的宗旨，不会对这部分人的受损利益置之不理，解决这一矛盾最好的途径就是给予直接或间接补偿。直接补偿可以分为资金和实物补偿，资金补偿又包含了税费给付、损失补偿费给付、社会补偿基金捐赠等。实物补偿通常是通过劳动或物质等手段改善补偿对象的生产、生活状况。间接补偿并不是直接发放补给物，而是通过向补偿主体提供技术支持，指导或培养受偿主体的再就业能力，帮助其实现产业转型，或者对湿地管理人员和技术人员提供培训，这种方式的补偿对经济和技术落后地区尤为重要，在很多情况下，加强受偿地区自救能力比直接给予经

① 参见杜群：《生态补偿的法律关系及其发展现状和问题》，载《现代法学》2005 年第 3 期。

济补偿更能促进受偿区的发展，从长远来看，也能减轻国家的财政负担。

（二）湿地生态保护与恢复工程补偿

这一部分补偿是指对具有重大生态价值且受损的湿地进行直接资金投入，加强对湿地保护和恢复工程的补偿。我国目前已有的湿地保护工程有退耕还湿、退耕还湖、退渔还湿，部分长江经济带湿地还实施了退垸还湿等工程。“十二五”以来，累计安排重要投资91.5亿元，实施湿地保护工程、中央财政补贴项目1500多个，开展了湿地生态效益补偿、退耕还湿和湿地保护奖励试点，新增湿地保护面积200多万公顷，恢复湿地16万公顷。① 虽然湿地保护工作已经取得了一些成效，但是我们要认识到湿地保护工作的艰巨性和持久性，我国对于湿地保护的投入资金与其他生态补偿发展较早的国家相比仍显不足，湿地工程的修建和维护需要极大的资金来源，被污染的湿地的治理又是一个缓慢的过程，在过程中还难以保证湿地生态功能的恢复程度和效果，国家财政资金压力较大，而运用湿地生态补偿筹措的资金，可以有效缓解湿地保护和修复工程投入不足的问题，并且可以利用这种制度将湿地生态系统维持在国土安全和湿地面积红线的范围内。

（三）湿地资源异地开发补偿

湿地异地开发补偿大致有两种模式：一种类似于美国“湿地银行”模式，由于开发利用湿地所在区域没有可供“购买”的湿地信用，只能在异地“购买”相应面积的需要被修复的湿地并委托给第三方进行治理和恢复；另一种异地开发补偿模式实质上属于“扶贫

---

① 来源网址：http：//www. shidi. org/zt/2014xwfbh/，最后访问日期：2018年3月20日。

开发补偿”，在我国最原始的范本来源于浙江省的“金磐模式”①。磐安县位于浙江省中部，是浙江省最重要的水源区之一，生态资源丰富，为了保护上游地区水源和环境原生态，地区经济发展受到很大限制，同时交通区位不佳，造成了生态良好却落后贫穷的局面。浙江省政府决定在金华市设立浙江金磐扶贫经济开发区，对该地区经济实行一对一补偿模式，提供政策支持和技术指导，实现了生态旅游和农业综合开发的可持续发展之路。

在湿地生态补偿时，我们也应该要考虑到这一部分的情况：当湿地资源丰富的区域，因生态脆弱或区位劣势，直接给予资金补偿不能改善当地贫穷落后的局面时，可以在需要劳动力发展经济生产的相邻区域设立开发区，实行一对一补偿模式，利用国家财政补贴和技术支持，加快开发区所在地城市建设和经济发展，带动湿地生态功能区旅游业发展，实现生态保护和经济转型。

（四）一般补偿

湿地生态补偿机制的“补偿”责任与民事责任中的“赔偿”最大的不同在于：后者主要强调事后的补救和赔偿，只有损害真实发生了才能享有索赔权利，追究责任人的民事责任，前者的“补偿”则更倾向于事前预防，并不是说只有当生态损害发生了才会给予补偿或救济途径，湿地生态补偿的根本目的也不是对相关利益主体进行处罚或者追责，而是希望通过建立这样一种制度将对生态产生负面影响的不经济行为的成本归入行为本身，以此来激励市场主体最大限度地降低对湿地的利用面积，提高利用效率。因此湿地生态补偿的内容一定还包括在对非自然保护区的湿地开发利用以及没有明确受偿对象的情况下的补偿，这类补偿仅

---

① “金磐”扶贫开发区设立后，不仅摘掉了“贫困县”的帽子，还获得了国家级自然保护区的“金名片”，实现了环境保护与经济社会的协调发展。

针对的是开发利用主体的不经济行为本身，如由税收部门征收湿地资源利用税（费）和湿地征收占用费等；按照一定的利用面积比例缴纳相应的湿地生态修复费用，专门用于补偿生态修复工程的研究和修建工作；在申请开发项目许可证时，缴纳相应面积的使用费等经济措施。

为了发挥事前预防的作用，还可以根据法律规定或者湿地所有权人的意愿，签订湿地管理协议，加强公众参与的力度，让管理机关与湿地生态价值潜在的受偿主体就湿地生态保护与开发引起的经济损失的补偿问题达成协议，明确双方的权利义务和法律责任，这对于湿地生态区的管理和保护工作有很大的积极推动作用。

七、我国湿地生态补偿基础法律制度构想

目前我国在湿地生态补偿方面不仅没有专门的法律机制，而且也没有基础性法律制度的支撑，为了使湿地生态补偿工作有法可依，增强湿地生态补偿法律机制的科学性和可操作性，首要途径就是建立完善、统一的湿地生态补偿基础性法律制度体系，使其制度化、规范化、体系化。

（一）湿地生态补偿监管制度

1. 建立湿地生态补偿考评验收制度

当前我国政府官员政绩考评主要有两个方面的问题：一是将发展简单视为经济数量的增长，GDP 是评价政府政绩的决定性指标，这种片面的政绩观导致发展的片面性，形成了以生态为代价的发展；二是政府官员绩效评价缺乏科学机制，绩效评价应该以成本评价、结果评价为导向。

生态补偿机制运行的有效保障是将环境资源成本纳入国民经济核算体系，建立绿色 GDP 核算标准。湿地生态补偿评价机制就是通过考核政府官员任期内的湿地资源、污染情况和整体的生态变化和

改善与否，让地方政府在发展过程中对今世和后代的生态利益担负更多的责任。2005年，我国北京、辽宁等10个省市开展了绿色GDP核算试点工作，并将湿地资源纳入核算标准，2015年9月《生态文明体制改革总体方案》通过后，提出了要建立健全绩效考核和责任追究等制度，并且创新性地提出了《关于开展领导干部自然资源资产离任审计规定（试行）》和《党政领导干部生态环境损害责任追究办法（试行）》，通过对生态补偿任务完成情况进行考核，对生态补偿工作的开展起到"把关"的作用。另外，对于生态资源和生态环境保护成果较为显著的地区，还可以通过财政转移支付、物质补贴或授予荣誉称号等方式对相关政府部门及其工作人员予以肯定和奖励。

2. 建立健全政府生态责任体系

政府在湿地生态补偿机制中担任的是规则制定者的角色，其责任就是要建立健全环保法律法规，承担环境职权。湿地生态补偿是一项关乎国计民生的社会性工程，需要政府在其中发挥主导作用，只有政府进行灵活、适度的管理，确保政策的制定和实施切实反映当地利益各方的诉求，才能真正推进这项工作的顺利进行，这就决定了完善地方生态责任问责机制的重要性。

政府对生态治理承担着至关重要的作用，政府生态责任实际上也是一种政治责任，我国的行政体系是行政首长负责制，行政首长对本辖区的生态补偿工作承担全面责任，如果在管理过程中出现失误或者有违法犯罪行为，都应该受到相应的责任追究，为了加强湿地生态补偿工作的效率，有必要构建和实施与湿地生态保护目标挂钩的补偿分配体系，明确行政首长和企业法人代表对本辖区、本企业生态补偿任务应该承担的责任，将生态补偿目标当作政府责任"硬指标"，提高行政管理水平。另外，要完善生态责任问责机制，规范政府生态责任问责的主体及权限，建立科学合理的政府生态责任问责程序，实现政府生态责任问责的制度化、体系化和规范化。

在湿地生态补偿过程中，当政府及其工作人员没有尽到湿地生态保护的相关职责、没有履行相应的义务或者违法行使环境职权时，必须承担否定性的法律责任，这样才能让湿地生态补偿制度真正得到政府的重视和支持。

（二）湿地生态补偿标准评估制度

生态补偿标准的确定和评估，是生态补偿法律机制能否得以实施的核心和关键问题，是生态补偿制度顺利开展的前提条件。湿地生态补偿标准评估相关的理论比较复杂，补偿利益相关人所居住的地区经济发展水平有所区别，保护成本和修复成本都难以确定，但是我们仍然要探讨补偿标准确定的一般依据，为湿地生态补偿法律机制具体补偿标准的确立提供指引和借鉴。

1. 补偿标准确定的依据和方法

（1）以提供生态服务使用价值为标准

将湿地生态服务使用价值作为确定补偿标准的前提是科学地估算湿地生态服务的价值。生态服务是指人类直接或间接从生态系统得到的利益，其价值包括使用价值和非使用价值，在目前我国的生态服务评估体系中，生态服务的使用价值是评估的重点，而生态服务的非使用价值也就是隐性的生态价值或者社会价值，多采用间接方法进行评估。对湿地生态服务价值的直接评估有直接市场评价法、意愿调查评估法。直接市场评价法多适用于实物量充足且有可依据的价格标准来核算的湿地生态资源；意愿调查评估法是对有关人群进行调查，通过获取人们对生态环境资源变化的价值来进行评估。

但是目前生态服务价值难以评估，湿地生态服务功能价值化的评估方法还不能直接作为生态补偿的标准应用于生态补偿机制的具体制度的设计中，但随着科学技术的进步和生态补偿工作的推进，湿地生态服务价值的评估也会慢慢在实践中得到更好的运用。①

（2）以生态保护成本与生态功能的价值损益平衡为标准

生态保护成本是指生态保护者直接投入的人力、物力和财力，其中包括自愿放弃的部分发展权。有学者认为，应该将湿地生态保护直接成本与发展成本之和作为湿地生态补偿的最低标准，同时综合考虑周边产业结构和生态变化情况适时调整。"补偿是受益方对受损方所给予的一种利益平衡，其补偿标准取决于受益方所获得的利益多少以及受损方所受损失的大小。补偿标准原则上应该以受损一方的损失为基准，另辅以受益方所获利益进行衡量。"② 用这种方法测算时，需要先计算出受益方的收益总量，再计算出因政策调整以及经济活动受限所导致的受损方的经济损失总量，最后算出两者的差，用以推算受益方应该缴纳的补偿费用。

这种计算方式在理论上能够直接算出补偿的标准，但是在实际实施时，很难计算出保护者因发展权的限制而造成的间接损失。此外，在有些情况中，收益方和损失方会发生重叠，权利和义务范围模糊，有些受益方获得的利益不一定是经济利益，非货币性利益难以量化，使得补偿标准仍然难以界定。

（3）将湿地周边农户和渔民的补偿意愿作为参考

中国现阶段对于生态补偿标准问题的研究还处于探索阶段，忽视了对补偿区周边农户和渔民的补偿意愿的研究。而且生态补偿方面的研究多集中在森林和流域等领域，针对湿地的研究较少，实际上农户、渔民是生态补偿政策重要的核心实施者，无论是森林的生态效益补偿还是耕地的占补平衡补偿，其目标都是为了弥补因生态保护而遭受损失的农户的利益，补偿的对象都是生态区周围从事农

---

① 参见张文娟、白钰、曾辉：《湿地生态系统服务功能评价模式的不足与改进》，载《中国人口·资源与环境》2009 年第 6 期。

② 张建伟：《生态补偿制度构建的若干法律问题研究》，载《甘肃政法学院学报》2006 年总第 88 期。

林业生产的农户，因此，农户的合作与补偿意愿显得尤为重要，对湿地周边农户补偿意愿的研究有助于国家从真正需要补偿和帮助的农户的立场来制定湿地补偿政策和措施，有效改善湿地生态区的生活条件、优化产业结构，转变湿地资源的利用方式，从根本上改变周边农户的贫困现状。

在对湿地周围农户进行补偿意愿调查时，笔者发现影响周边农户补偿意愿的因素多样，包括受教育水平、水域面积占比、生产生活区与湿地保护区的距离、是否以农业种植或渔业养殖为主要收入来源等。在实际的生态补偿过程中，当地政府的补偿标准并没有满足大多数人的补偿期望值，没有完全体现公平原则，而且没有从长远的发展眼光来补偿。针对湿地生态补偿的特殊情况和区域特性，没有专门的补偿条例参照是造成此类尴尬局面的原因之一，政府部门投入不足且管理不到位是另一原因。为更好建立和完善湿地生态补偿的长效法律机制，应该尊重农户的诉求和补偿意愿，保障农户的生存与发展权利，结合湿地生态区周边生产生活的实际情况，共同探索有效的生态补偿制度，解决现实问题，只有这样，才能使农户更乐于接受补偿，自觉加入湿地生态保护的行列。

2. 补偿标准的确定

合理确定补偿标准不仅能够保护为湿地生态做出牺牲和贡献的群众的利益，还不至于增加国家和社会的负担。我们认为，针对不同的补偿对象，应该确定不同的补偿标准，做到“重点补偿”“区别对待”。

对于一般农民、渔民或社区居民的补偿应当遵循补偿费用加上其当前的实际收入不低于当地群众平均收入水平的原则，如果因退耕还湖或减渔还湿等政策导致农民或渔民无法从事之前的农业、渔业生产，无法维持生计的，应该将其转业的机会成本和发展成本也计算在内，使其生活水平达到之前的平均收入水平。对于管理机构和管理人员的补偿，要考虑湿地的重要性，将国际重要湿地、国家

重要湿地、国家湿地公园、湿地自然保护区的生态价值和经济价值区别开来，不能按照单一标准补偿，要同时结合湿地的面积、保护措施的成效等要素，使补偿效果达到预期。

（三）完善生态监测制度

面对社会经济发展所带来的各类生态问题，政府采取了一系列的环境保护措施，目前我国环境保护的指导方针是防治污染和生态保护并重、生态保护和生态建设并重，环保工作已经由单纯的控制污染转向注重生态和实现生态良性循环。湿地生态补偿机制的标准是随着湿地退化现状和污染程度的变化而变化的，因此必须加强对整个生态大环境的监测，实时了解变化趋势，对资源开发情况、水土保持情况、珍稀物种等层面的环境要素进行全面分析，建立一套切实可行的湿地生态的动态定量监测和控制方法。

湿地生态监测的内容具体包括：反映湿地生态保护区域内珍稀的生态类型和珍稀物种的动态变化，以及因人们经济开发活动引起的重要生态问题，包括面积和数量；监测湿地资源开发活动引起的生态功能变化；珍稀濒危动植物的分布及其栖息地的监测，环境污染对湖区、水库和河流等供水功能的影响监测；对被破坏的湿地区域治理过程中的生态恢复情况的监测等。① 湿地生态监测工作应该由专业的环保部门或环保组织开展，对生态监测机构的职责应作出明确的规定，对监测数据的管理和监测报告的发布也要规范化、制度化。在对湿地进行调查和动态监测的基础上建立湿地资料档案和动态监测信息档案，同时做到监测数据的汇总和信息共享，在资源调查和环境评估制度的基础上，设立湿地资源和环境报告制度。目前我国还没有将湿地资源作为独立资源进行监测并出具报告，更没

① 参见任宪友、王学雷、肖飞：《湿地生态环境监测指标体系的探讨》，载《云南林业科技》2003年第4期。

有将湿地资源变化的结果作为补偿标准确立的依据，湿地受损程度和变化趋势难以预估，很难根据湿地现状和当地的实际情况“突出重点”，优先补偿受损严重的生态区的居民和农民，真正让利益受损者感受到生态补偿机制的优势，发挥其正外部性的作用。因此，政府部门应该重视湿地生态监测的结果，并通过官方途径及时进行调查并将结果向社会公告。在发布监测报告时要保证数据的完整性和真实性，以便公众能及时了解湿地资源和环境状况，保障其能为防治具体生态问题提供解决方向，为政府生态管理决策提供数据支持和政策指导。

（四）湿地生态补偿支付制度

1. 财政转移支付

财政转移支付是生态补偿机制中最为直接且最具可操作性的手段，国际生态财政转移支付是指生态产品的消费国将部分财政收入通过国际性组织向生态产品提供国转移，国内生态财政转移支付主要是上级政府对在增加生态效益方面取得实效的下级政府、相关单位和个人进行的财政转移支付。①

财政转移支付的理论基础是外部性。纵向的财政转移支付是指中央或上级政府对下级政府、有关部门或个人进行的财政转移支付，希望通过政府干预的手段来矫正行为的负外部性，对给生态资源造成影响的不经济性行为进行财政补贴，使外部干预内化为行为成本。横向财政转移支付则是同级政府之间的财政转移，用于补偿不同地区因保护湿地资源和发展权受限程度不同而形成的资源成本差异。目前我国在湿地生态补偿的主要支付方式仍然是政府财政转移。

---

① 张锋：《生态补偿法律保障机制研究》，中国环境科学出版社2010年版，第163页。

2. 生态补偿专项基金

湿地生态补偿专项基金也是一种政府主导的生态补偿，是在政府主导下通过市场以及社会公众的共同参与来提供生态补偿效益。国家湿地生态补偿专项基金设立的目的是顺利展开生态补偿工作，专项基金的来源主要有两个方面：一方面要依靠中央的投资资金、资源税费，部分国家还包括对农业、渔业等领域的专项补助金以及国际援助基金；另一方面是在不增加公众负担的情况下扩大新型资金渠道和融资渠道，如国债资金、开发性贷款等新型的板块，努力形成多渠道、多元化的资金格局。

3. 湿地生态税费制度

湿地的威胁主要有两个：一是开发活动导致湿地用途的变更；二是开发利用活动污染了湿地生态环境，减少了湿地面积。这两类社会活动都会造成湿地生态功能的衰减或丧失，因此对造成湿地破坏的社会经济活动征收湿地生态补偿税，是有效解决生态资源物质补偿和价值补偿矛盾的手段之一。

从经济学角度来看，对湿地利用者征收生态补偿税（费）不仅可以加速生态保护目标的实现，而且有利于实现社会公平，在社会资源配置的过程中，只有从中获得利益的人将所获利益拿出来补偿在分配过程中受到损失的人的利益，达到双方都满意的效果，才是有效的资源配置。从一些市场经济发达的国家的实践经验中可以看出，生态税费机制是实现生态保护目标的重要手段，已经形成了一套比较成熟的税收体系。目前我国的生态补偿性质的税费主要有矿产开发、土地开发、旅游开发、自然资源开发、药用植物开发和电力开发六大类，结合造成湿地生态功能降低的两类威胁的性质，湿地生态补偿税费制度应该包含湿地资源利用税和湿地占用补偿费。

湿地资源利用税是指无论是否被开发、被利用，无论是否为人类提供了经济利益，包括沼泽、滩涂等在内的湿地都属于有价资源，可以通过有关部门收取渔业资源保护税、土地使用税、野生动植物资源采集税等实现湿地资源的有偿使用，这样可以提高湿地资源的使用效率。湿地占用补偿费也称为湿地占补平衡费，主要是政府或个人因发展经济建设而需要征占湿地土地或水面，经湿地主管部门审查后，责令其开垦或修复与所占湿地的面积、质量相当的湿地作为补偿，如果无法自行开垦修复性湿地的，则依法缴纳湿地占用补偿费，用于专门保护和管理湿地。由于各地的经济发展水平和湿地开发程度各不相同，确定相同的费率很难，国家应该根据破坏的程度、修复的费用确定一个征收范围，具体的费率基准应该由各区域土地价值的浮动费率来确定。

4. 生态标记制度

目前，我国的生态标记认证在农产品和食品领域已经有了很大的进展，生态标记实质上是对生态环境服务的一种间接支付方式，消费者通过高价购买生态服务友好型的产品，间接向生产者提供的生态环境服务付费。如果生态标记认证体系完善且可靠的话，森林、旅游景区或者生态多样性遗产都可以通过生态标记让普通市场的消费者来消费和支付，对于生态保护区和流域水源保护区来说，是将生态优势转为产业优势的一个制度。

就湿地资源环境而言，天然的水源、水库区域和野生动植物资源的经济价值是不可替代的，这种独特的优势应通过提高市场交易价格来体现。例如，以生态、有机等字眼对湿地资源加以明示，以提高湿地资源的市场交易价格和认可程度。我国正在完善湿地公园、湿地保护区等各类保护管理手段，对于湿地独特的自然风光和“天然氧吧”这样的生态资源，一般消费者对湿地生态做出的保护和管理行为应该给予一定的资金支持。

5. 一对一私人交易

一对一的市场交易是指生态服务的消费者和提供者通过协商，直接进行生态服务的市场交易买卖，但其适用的前提是消费者和提供者的数量少且明确，而且利益关系明确。① 交易的双方除了直接协商，还可以通过独立的中介帮助确定交易的条件和金额，可以是政府部门、非政府组织或者咨询公司。这种交易模式的适用范围主要有辖区内较小流域的上下游之间、城市水源区或产权较明晰的生态系统与其周边受益地区。在湿地生态补偿机制领域，一对一私人交易补偿主要体现在国家通过财政补偿上游提供的生态服务的成本，或者是流域下游受益主体以生态补偿费的方式补偿给流域上游，这也是目前我国地方政府比较认可的一种模式。流域上游地区的居民为了保护湿地水源质量会投入较高的成本，限制有污染的工业企业的发展而使当地的经济发展权受到一定的限制、付出直接或间接成本，这样的成本需要让从中受益的下游居民按照一定的标准和方式予以补偿。

6. 社会补偿

社会补偿是相对于政府补偿以及有责任的补偿而言的一种补偿方式，主要指对生态保护有觉悟的利益相关者进行的某种形式的捐助和资金募集，其主体多为非政府环保组织和公益组织。主要手段有资金补偿、实物补偿或智力补偿等，通过与相关利益方磋商最终实现生态补偿。

与其他生态补偿的方式相比，社会补偿有着效率高、灵活性好、资金来源广等特点，能够在很大程度上减轻政府财政压力。我国最为典型的社会生态补偿案例是世界自然基金会（WWF）长沙项目部在洞庭湖开展的长江项目。在政府环保理念较弱和环保预算投入很少的情况下，提供5万元启动资金，推动各类湿地生态保护工作的开展，包括提供产业转型帮助、退耕还湖、发展有机农业和科学养殖、发展旅游业等，实现了湿地生态保护与湖区发展的和谐共存。此后WWF又将湿地生态保护的关注点扩大到物种的保护，如对麋

---

① 张锋：《生态补偿法律保障机制研究》，中国环境科学出版社2010年版，第167页。

鹿、江豚、冬候鸟等珍稀物种的调查保护工作。

虽然社会补偿是实现生态补偿的有效途径，但由于我国存在环境资源法和生态补偿法律尚不够健全、市场投资环境也不够安全等因素，国内的民间环保组织参与生态补偿的规模小、资金少、积极性不高，只能作为政府补偿和市场补偿的例外模式运用。随着生态保护的宣传力度加大和民众环保意识的觉醒，中国的民间环保组织必将在湿地生态补偿中发挥更加重要的作用。

（五）湿地生态补偿公众参与制度

1. 湿地生态信息公开制度

湿地生态问题关乎整个民族、整个社会的利益，其社会性决定了单纯依靠政府的管理和治理远远不够，还需要引入公众参与的理念与原则。生态信息公开是公众参与生态补偿管理决策的前提和保障。信息公开不仅显示了政府的治理决心和生态自信，而且能在很大程度上决定公众的参与程度。生态信息公开制度是指环保法规定的政府有关部门和企业利用公共媒介（包括电视广播、报纸杂志、互联网等）向社会、公众发布有关生态环境、自然资源的信息、情报、资料、数据等的各种措施、方式和程序的总称。目前我国已经制度化的政府报告环境信息主要有：天气和气象预报；水灾、火灾、旱灾、虫灾、地震、火山、风暴、泥石流等灾情报告；国土资源报告；环境质量状况报告；各种环境资源信息的统计报告等。[①] 该制度的主要功能在于扩大生态信息的公开性和透明性，确保公众自由获取并传播由环境保护行政管理部门掌握的生态信息。内容主要包括生态信息报告制度和公众查询生态信息制度等。

湿地生态信息公开制度意味着国家水利局要对全国的湿地资源

---

① 张锋：《生态补偿法律保障机制研究》，中国环境科学出版社 2010 年版，第 142 页。

进行全局掌控和管理，并及时通过相应的媒介向社会大众公布。各级水利主管部门也要对本行政区内的湿地资源状况作充分细致的勘察和记录，对于湿地的变化情况、污染情况、治理情况以及行政处罚结果等情况都应该以便于公众查询的方式发布出来。现在关于生态问题的管理主要依靠政府，因此政府仍然是信息公开的最大责任人，应该确保信息的准确性、完整性和全面性。

2. 公众参与生态环境影响评估制度

《环境影响评价法》第5条①和第11条②规定了相应的公众参与和环境评估制度，对可能造成不良影响并直接涉及公众环境权益的规划，除国家规定需要保密的外，专项规划的编制机关应当在该规划草案报送审批前，举行论证会、听证会，或者采取其他形式，征求有关单位、专家和公众对环境影响报告书草案的意见。但是在实践中，公众在环境影响评价活动中的法律地位并没有明确，也没有规定具体的程序和实现途径，导致很多听证会实际上并没有很好地实现公众的知情权、质询权和否决权等实体权利。

有鉴于此，我国在湿地生态环境影响评价机制中要引入信息公开及公众参与机制，湿地的开发和建设项目单位以及环保部门应该组织湿地周边农户和可能受影响地区的公众进行生态影响听证会，或者由项目所在地人大、政协或群众团体征求可能受影响地区的公众的意见。在立法中完善公众参与生态环境评价机制的法律地位，明确哪些事项、哪些类型的建设项目需要公众参与、参与的法定程序和参与方式，确保公众参与生态评价的权利。

---

① 《环境影响评价法》第5条规定："国家鼓励有关单位、专家和公众以适当方式参与环境影响评价。"

② 《环境影响评价法》第11条规定："专项规划的编制机关对可能造成不良环境影响并直接涉及公众环境权益的规划，应当在该规划草案报送审批前，举行论证会、听证会，或者采取其他形式，征求有关单位、专家和公众对环境影响报告书草案的意见。但是，国家规定需要保密的情形除外。"

第七章　耕地保护制度

第一节　耕地保护概述

一、耕地的相关概念

（一）概念

耕地一词在英语中通常表述为 farmland 或 cultivated land，前者包括种植农作物的土地、牧地、果园等农业用地，是农场范围的总称，后者所包括的土地有两部分，即 tilled land 和 grass land，tilled land 包括农作物种植、果园、花卉、葡萄园等用地，而 grass land 就是指牧草地。

我国在历次的土地分类中对耕地进行了较为具体的界定。1984 年，全国农业区划委员会制定的《土地利用现状分类及含义》将土地分为 8 个一级类和 46 个二级类。根据该规定，耕地是指种植农作物的土地，包括熟地，新开发、复垦、整理地，休闲地（含轮歇地、轮作地）；以种植农作物（含蔬菜）为主，间有零星果树、桑树或其他树木的土地；平均每年能保证收获一季的已垦滩地和海涂。耕地中包括南方宽度小于 1.0 米、北方宽度小于 2.0 米的固定的沟、渠、路和地坎（埂）；二级分类为水田、水浇地、旱地。1998 年修订实施的《中华人民共和国土地管理法》第 4 条对土地的用途进行了新的规定，“将土地分为农用地、建设用地和未利用地”。2002 年

1月1日起国土资源部颁布实施的《全国土地分类（试行）》将土地分为3个一级类、10个二级类和49个三级类，“耕地”作为“农用地”一级类中的第一个二级类，其5个三级分类未发生变化。这一分类对耕地的界定是“耕地是指种植农作物的土地，包括熟地、新开发复垦整理地、休闲地、轮歇地、草田轮作地；以种植农作物为主，间有零星果树、桑树或者其他树木的土地；平均每年能保证收获一季的已垦滩地和海涂”。2007年8月10日，国家质量监督检疫总局和国家标准化管理委员会联合发布了《土地利用现状分类》，土地资源有了全国统一的国家标准。与《全国土地分类（试行）》相比，这次的国标分类将耕地二级类中原有的“灌溉水田”和“望天田”合并为“水田”，将菜地归并到水浇地之中。2017年11月1日发布了新的《土地利用现状分类》，该标准对耕地的含义做了进一步的补充。

综上所述，耕地是指种植农作物的土地，包括熟地，新开发、复垦、整理地，休闲地（含轮歇地、轮作地）；以种植农作物（含蔬菜）为主，间有零星果树、桑树或其他树木的土地；平均每年能保证收获一季的已垦滩地和海涂；临时种植药材、草皮、花卉、苗木等的耕地，临时种植果树、茶树和林木且耕作层未破坏的耕地，以及其他临时改变用途的耕地。

（二）耕地的价值功能

耕地是十分宝贵的资源，具有非常重要的价值功能。耕地是人类食物的重要“生产基地”，在农业乃至经济社会发展中具有不可替代的基础作用。耕地不仅是广大农民赖以生存的最基本的物质基础，也是国家发展经济的根本所在。如果耕地质量和数量不能得到保证，不仅会影响农业发展和农民增收，动摇农业的基础地位，而且会影响第二、第三产业的发展，进而直接波及整个国民经济的发展。因此，耕地是国民经济的基础，也是社会稳定和国家安全的基础。耕地的价值功能具体体现在如下几个方面：

1. 生产价值

耕地是基本的生产资料和劳动对象，具有生产功能，其内部和上层附着各种有用矿物和营养成分，在一定的光、温、水等自然条件和技术条件下能生产出各种农作物，为人类提供各种食物。耕地是农作物吸取营养的主要源泉，是农作物正常生长发育不可缺少的水分、空气和热量的供应者与调节者。耕地在农业生产中是不可或缺且无法替代的生产资料，生产能力不可估量。随着科学技术的快速发展，耕地的生产能力会得到进一步释放。

2. 生态环境价值

耕地生态价值指耕地及其上的植物构成的生态系统具有的生态价值，包括调节气候、净化与美化环境、维持生物多样性等方面的价值。这一生态系统在供给人类稳定的粮食和其他生物产品的同时又提供了一种新的生物生存环境，形成耕地生态系统特有的生物种群结构和食物链，为生物多样性的存续与发展提供了条件，而且还具有改变空气中的物质构成、净化环境中的有害物质、涵养水源等功能。正是由于这些功能，耕地生态系统成为与城市生态系统在环境质量和景观上完全不同的、城市居民向往的休闲环境。耕地的生态环境价值功能具体表现为：防止土壤侵蚀，如水田经常保持渗水可以防止风蚀及水蚀；涵养水源，包括浅层地下水涵养和深层地下水涵养；改善气候，水田的蒸发散热具有清凉作用，使环境更加舒适，农作物可以吸收空气中的二氧化碳进行光合作用，从而减少温室气体排放，有助于减轻全球性的气温上升；净化水源，去除浮游物质、有机物和污染离子；净化空气，农作物通过光合作用释放氧气，具有净化空气的功效。

3. 社会保障价值

耕地的社会保障价值是耕地对农民所承担的社会保障方面的功能价值。耕地社会保障价值的构成与社会保障价值体系有关。根据现代社会保障制度所包含的业务内容来看，社会保障体系内容包括社会救助、社会保险、社会福利。长期以来，农村的社会保障处于真空状态，农村社会保障的“政府退出”使得耕地承担了农民社会保障方面的功能，而耕地的社会属性为耕地社会保障价值提供了理论基础，作为农村社会保障的替代，耕地具有生活保障价值、失业保障价值、医疗保障价值和养老保障价值。

关于生活保障价值，耕地是农民赖以生存的基础，是农民最后的生活保障。衣食住行，这是人类生活首先要面对的问题，在农村，生活方面的开支都是来源于土地，除居住外，衣、食、行都主要来源于耕地收入。农村耕地满足了农村最低生活保障支出的需求。耕地生活保障价值体现在农民有了耕地就有了劳动的对象、有了收入来源的基础。

关于失业保障价值，农业生产中，无论是种植、畜牧，还是林业、渔业，农民从事农业生产几乎不需要农业技能，人人都可以是农业生产好能手。民以食为天，从古至今，人们日出而作，日落而息，从传统农业到现代农业，只要农民的双手继续勤劳，农民便不会失业。在城市化进程不断推进的今天，从耕地中解放出来的剩余劳动力大量涌入城市，为城市的建设添砖加瓦，做出了积极的贡献。然而，2008 年受全球金融危机影响，我国的经济增速放缓，出口受阻，城市吸纳劳动力的能力大幅下降，从城市中“挤出”的农民工返回农村，继续从事农业生产活动，从而避免了西方国家在经济危机时所出现的大量失业甚至社会不稳定，耕地的失业保障功能也体现在此。归纳起来，耕地的失业保障价值表现在两个方面：一是农民留守农村时，农民可以自由耕种；二是农民离开农村遭遇风险时，仍然可以返回农村务农。

关于医疗保障价值，医疗保险是对法定范围内的劳动者在患病或者非因工伤害时提供保障的社会保险项目。它既包括医疗费用的给付，也包括各种医疗服务。在农村，对大多数农村家庭来说，土地是最基本、最重要的生产资料，土地收益是家庭保障最重要的甚至是唯一的来源。因此耕地对于农民而言具有重要的医疗保障功能，即耕地具有医疗保障价值，农民将耕地产出所获得的收益作为家庭医疗保障的经济基础。

关于养老保险价值，社会基本养老保险，是国家和社会根据一定的法律和法规，为解决劳动者在达到国家规定的解除劳动义务的劳动年龄界限，或因年老丧失劳动能力退出劳动岗位后的基本生活而建立的一种社会保险制度。我国机关事业单位与城镇企业职工均已建立养老保险金制度，而农村养老保险一直比较滞后。同医疗保险类似，土地是农民最基本、最重要的生产资料，土地使用权是农民最重要的财产性权益，土地收益是家庭保障最重要的甚至是唯一的来源。因此耕地对于农民而言具有重要的养老保障功能，即耕地具有养老保障价值。

4. 社会稳定价值

粮食问题是一个关系国计民生的重大战略问题，未来一段时间内，人均耕地面积逐渐减少仍然是我国人地关系的主要矛盾之一。为保障粮食安全而进行的耕地保护一直是国家的工作重点。“无粮则乱”，粮食对于国家和社会稳定起着至关重要的作用。粮食产量取决于单位面积产量和播种面积。在单位面积产量不能有较大突破的前提下，只有保证相当数量与质量的耕地，才能使粮食安全问题得以解决。未来一段时间内耕地总量仍呈现不断下降的趋势，而且短期内影响粮食供给的耕地质量、生产技术不可能有很大提高，严格控制耕地数量仍是保障粮食安全的有效方式。

（三）耕地保护的内涵

在国内，学者们对于耕地保护内涵的认识主要有以下几种观点：第一，耕地保护主要是为了提高地力。耕地保护的实质就是保护农业生产力，努力实现我国 21 世纪养活 16 亿中国人的目标；从理论上讲，保护耕地就是保护耕地的生产能力，使生产能力不要遭到破坏；第二，耕地保护是为了实现代际公平。土地保护是指通过对土地的合理利用和经营，使当代人得到最大的持续效益，并能保持土地的潜力以满足后代的需要；第三，耕地保护主要是为了协调土地供求矛盾、促进经济发展。耕地保护的本质是为了解决耕地供求矛盾，协调经济发展对耕地的需求与为了保障稳定食物供给而保存具有可靠生产能力的耕地之间的矛盾。另外，有些学者并未明确界定耕地保护的定义，而是从耕地的数量、质量、生态、时间、空间等方面详细分析耕地保护。耕地保护的科学内涵要以保障粮食安全为核心，以促进科学发展为宗旨，以保护农民权益为根本。从耕地的价值功能和利用特点来看，耕地保护的内涵体现在三个层面，即数量保护、质量保护及生态保护。①

耕地的数量保护是指国家采取行政、经济、法律、技术等措施和手段，严格控制现有耕地数量不减少，如严格控制建设占用耕地和农业结构调整占用耕地、防止水土流失、减少自然灾害毁坏耕地等。它是耕地保护的基础，其内涵是确保数量不减少，它也是耕地保护工作的刚性指标和耕地保护工作最基本的要求。

耕地数量变化的原因是耕地数量变化与可持续利用研究的核心，受自然、社会、经济、技术和历史等因素的影响，耕地的变化反映了社会经济发展的基本态势。

耕地质量指的是构成耕地的各种自然因素和环境条件状况的总和，表现为耕地生产能力的高低、耕地环境状况的优劣以及耕地产品质量的高低。我国实行耕地保护，确保粮食安全，其中耕地质量是影响粮食安全的内在因素。耕地的质量保护，是指国家采取行政、经济、法律、技术等措施和手段，首先保护高质量的耕地，并改造

① 吴群等：《中国耕地保护的体制与政策研究》，科学出版社 2011 年版，第 5 页。

治理耕地中的限制因素，同时保证耕地在利用过程中质量不下降。

耕地保护实际上在于保护区域耕地的生产力，不仅仅是表面上的面积数量的动态平衡，而且要重视耕地质量保护。不但要提高耕地的物质生产能力，提高土壤肥力，还应包括改善附着在耕地上的设施的状况，如改善水利设施、耕作条件、防护林设施和田间道路等，避免出现耕地水土流失、沙化等土地退化的问题。①

土地是环境的重要组成部分，保护土地尤其是保护耕地是保护环境的重要内容，同时保护耕地生态环境又是保护耕地的前提。耕地环境保护的对象是退化耕地和潜在的退化耕地，其表现形式多种多样。耕地生态保护就是采取行政、法律、经济和科学技术措施，治理那些已经退化的耕地，恢复其功能，防止那些具有潜在风险的耕地发生退化，以防止耕地生态环境污染和破坏，合理利用耕地资源，并保持和发展生态平衡。“保护”包括保存、预防和治理的三重含义。“保存”主要是存在形式的保留，这是对存量耕地中未退化的耕地而言的；“预防”是消除耕地发生退化的可能性和使已退化耕地继续发生退化的各种因素的活动；“治理”是对已退化的耕地所进行的建设性改造，包括对质量较差的耕地（如中低产田）施以改良措施，使其质量不断提高的过程。对未退化的耕地而言，保护的目的是改善其性状并使其具有持续利用的能力。对已退化的耕地而言，耕地生态保护的目的是消除其不良性状，恢复其良好的生产条件和提高生产力和生产潜力。

基于此，我们把耕地保护定义为：以确保粮食安全、协调经济发展与耕地需求的矛盾、保护土地景观生态为目的，采取各种方法在一定时期内保有必要耕地数量、提高耕地生产能力的各项行动的总和。

---

① 赵其国、周炳中、杨浩等：《中国耕地资源安全问题及相关对策思考》，载《土壤》2002 年第 6 期。

二、耕地保护主体

耕地保护主体是保护耕地的责任人，耕地保护主体是否明确、有无保护耕地的积极性是决定耕地保护成功与否的关键性因素。

《国务院关于深化改革严格土地管理的决定》（国发〔2004〕28号）明确了土地管理的权力和责任："保护和合理利用土地的责任在地方各级人民政府，省、自治区、直辖市人民政府应负主要责任。"《国务院关于加强土地调控有关问题的通知》（国发〔2006〕31号）又进一步明确了耕地保护责任人："地方各级人民政府主要负责人应对本行政区域内耕地保有量和基本农田保护面积、土地利用总体规划和年度计划执行情况负总责。"可见，地方各级人民政府是政策规定的耕地保护责任人。

但是，国内学者们对耕地保护主体的认识不同于上述文件的规定。有学者认为，按照"谁受益，谁保护"的原则，国家、集体和农民群众都具有保护耕地的责任。但人民政府是耕地保护的主体，应在保护耕地中承担主要责任。保护耕地的主体不仅仅是土地所有者，更重要的应该是土地使用者。可以说，国内学者认为我国耕地保护主体应包括国家（或政府）、农民集体、农民和其他用地单位。

对于耕地保护主体之一的农户的耕地保护意愿的研究多从实证角度展开。首先，对于农民保护耕地的动机，有观点认为，农民保护耕地的理性行为是源于其满足自身需要的动机；其次，对于影响农户耕地保护积极性的因素，一些学者通过对江西省952户农户问卷调查得出的结论是：越是年轻的农民，耕地保护的意识和积极性就越差，农民文化水平的高低与农民对耕地保护相关政策的了解程度呈正相关；最后，对于如何提高农户耕地保护的积极性，有学者认为，要实现耕地保护目标，就要运用经济手段提高种植业收益，调动农民保护耕地的积极性。周建春认为要从法律上界定农民的土地权利，从经济上实现农民土地权利的价值，让耕地保护成为农民自己的事情，耕地保护才真正落到实处。在国内，地方政府是耕地保护的责任人，但是，实践中，某些地方政府并未履行保护耕地的责任，甚至公然违法用地，导致耕地资源大量流失；耕地保护的另一重要主体——农户则对耕地保护持一种不积极的态度。这使得当前我国的耕地保护陷入困境。

三、耕地保护客体

耕地保护客体是指耕地保护的具体对象。《中华人民共和国土地管理法》《基本农田保护条例》等均明确规定，实行基本农田保护制度，对基本农田进行特殊保护，因此，在我国，耕地保护的客体是基本农田。农用地分等定级工作和农业地质调查可以为划定和保护基本农田提供依据。在我国，农用地分等定级主要有四种应用：为落实严格的基本农田保护制度，实现“分级管理”提供技术基础；为落实严格的耕地占补平衡制度，实现“按等折算”提供技术方法；为落实严格的征地补偿制度，维护农民合法权益提供技术思路；为加强土地开发整理项目设计、实施、验收等环节的质量管理提供技术方法。通过国内外耕地保护客体的比较分析，我们得出的结论是：国外耕地保护客体的范围广，且有完整规范的农用地划分标准来划定农地保护对象；国内的耕地保护客体的范围相对窄，耕地保护的对象仅限于基本农田，而且农用地的划分不够完善。

第二节　国外耕地保护的先进经验及启示

一、美国耕地保护的先进经验

美国的耕地面积占世界耕地面积的13%，是世界上耕地面积最大的国家，一方面是因为美国得天独厚的地理条件，另一方面则得益于美国完善、科学的土地保护制度。

首先，美国的耕地保护法律制度十分完善。美国政府于1930年出台实施的《水土保持和国内生产配给法》是美国最早的一部关于耕地保护的法律，这部法律对耕地的管理和流转也作了相应的规定。此后，美国政府一直致力于建设和完善耕地保护的法律体系，出台的众多相关法律法规中，以20世纪80年代通过的《农地保护政策法》最为具体全面，此法通过经济、政治等手段的法律化保证了基本农田的保护，细致的保护措施的设置消除了农民的顾虑，农民开始积极地保护耕地。

其次，税收政策促进保护耕地。税收政策是政府行之有效的宏观调控手段之一。美国是一个高度市场化的国家，但是在保护耕地的问题上，美国政府却通过税收的优惠、减免、限制性政策，来促进农民保护优质耕地、阻止农民改变耕地用途。

最后，建立土地开发权转让制度。开发权转让制度是美国耕地保护制度中的重要组成部分。开发权转让制度适用并利用了市场机制的特性，以自愿为基础管理土地。① 该制度是指将甲地区的土地开发权永久出让给乙地区，甲乙两地区作为一个整体来统一规划土地开发。此制度的优势有：第一，甲地区的土地具有高农业价值，甲地区的土地开发权的转让为永久性的转让，即不可逆的转让，一经转让，该土地就不可能被任何主体以任何形式进行开发，这样甲地区的高农业价值土地就能得到保护。第二，乙地区由于接受了甲地区开发权的转让，基于甲乙地区这一整体，可开发的建设用地总量恒定，而甲地区永久不得开发，所以乙地区获得两个区建设用地数量之和的指标数，从而更具有开发空间，向着城市方向发展。所以，土地开发权转让制度兼顾了农村耕地保护和城市发展。在我国，土地的所有权和用益物权分别属于不同的主体享有；而开发权转让

---

① 丁成日：《美国土地开发权转让制度及其对中国耕地保护的启示》，载《中国土地科学》2008年第3期。

制度是将土地的开发权单独出让，使其与土地的所有权相分离。因此，将开发权转让制度移植到我国具有可行性。

二、英国耕地保护的先进经验

世界上最早从法律的高度限制土地开发的国家便是英国。虽然绝大多数的英国土地在实际中属于私人所有，但是英国政府却最早在法律中确立了土地规划许可制度。英国《城乡规划法》中规定，英国土地的发展权是属于国家的，任何人开发土地、规划土地都要得到国家的批准和相应的许可，并且要缴纳足额的土地发展价值税。这样，英国政府便通过法律规定国有土地发展权实现了对耕地发展的宏观调控。此外，英国政府还逐渐形成了一套严格的耕地保护法律体系，即以《城乡规划法》为中心，以一系列保护耕地的法规为框架，以分等级的耕地保护为原则的切实保障耕地的法律体系。制度的建设和政策的指引是相得益彰的，农业政策也是保护耕地的重要方式之一。英国在农业政策中大力倡导农业向环保型、集约型发展，加强对耕地的生态效益的保护，注重耕地质量、产量的不断提高。①

三、日本耕地保护的先进经验

日本是发达国家中耕地保护法律制度最为完备的国家之一，其法律制度从涵盖面的广度和保护措施的深度来说都极为完善。建立全面的耕地保护法律制度，日本历届政府都付出了努力，给予了足够的重视。日本关于耕地保护的首部法律制定于明治时期，从这部严格的耕地整理法算起，日本已经出台的土地保护类的法律达百余

---

① 唐顺彦、杨忠学：《英国与日本的土地管制制度》，载《比较世界农业》2001 年第 5 期。

部，数量相当可观。① 完备的法律制度不仅在数量上充实，而且百余部的法律法规也将土地保护的各方面内容尽数涵盖，法律体系在横向和纵向上都得到了充分发展。比较典型的《农地法》《农振法》和《农促法》，实现了对优质耕地的严格管制，使耕地的利用合理化，并且为了促进耕地资源的科学发展，运用法律之外的多样化手段进行保障，灵活利用了经济手段和政策手段。日本通过立法将土地划分为不同的区域，进行分类，对不同类别的土地实行区别的保护措施。因为日本的土地权属有其自身的特性，六成以上的土地为私有土地，其余不足三成的土地为国家和公共所有土地，土地产权权属清晰，所以土地的所有权人基于保护自身利益的立场，十分响应国家的耕地保护政策，积极地落实提高土地利用率和土地质量的相关政策。② 日本法律将保护耕地政策的责任落实到了具体的主体，使得政策得以有效地实施，政府一方面制定政策，引导社会保护耕地，另一方面严格依法落实政策，切实执行保护措施。我国耕地保护法律制度的建设可以借鉴日本的耕地保护法律体系发展经验。

四、韩国耕地保护的先进经验

在“亚洲四小龙”经济腾飞的时代，韩国通过发展劳动密集型的加工产业，在 20 世纪 60 年代起的一段时期内，经济快速发展，短时期内实现了经济高速增长，但与此同时，韩国的耕地遭到了破坏，耕地在数量和质量上均大不如前，持续恶化的耕地健康渐渐发展到了严重影响韩国农业经济的地步。因此，韩国立足本国国情，借鉴外国的先进经验，建立了一套行之有效又适应韩国现状的耕地

① 张宁宁：《日本土地资源管理一瞥》，载《中国土地科学》1999 年第 13 期。

② 蔡运龙、杨容：《日本国土资源管理经验谈》，中国大地出版社 1998 年版，第 35 页。

保护制度。[①] 韩国耕地保护制度的可借鉴之处如下：

首先，通过立法，建立了成熟全面的耕地保护法律体系。制度改革，法律先行。在进行制度改革之前，应当先制定相应的法律，使改革行为既有根据，又有原则可考。韩国政府在建立耕地保护法律体系前，充分研究了发达国家已有的先进经验，“前车之鉴，后事之师”，将符合并适应韩国国情的先进制度进行了移植，立足国情，对发达国家的经验实现了良好的运用和发展。

其次，全面保护耕地。如果耕地保护制度仅仅着眼于耕地本身的话，那么保护制度必然视角狭窄，所以韩国政府在设置耕地保护制度时，对国家未来的发展和耕地对于国家的意义都予以考虑，提出了包括耕地的保护、耕地的利用、耕地的开发等内容的耕地保护制度，并且在实践中逐渐发展，形成了一整套的体系，对耕地实现了全面的保护。

最后，韩国耕地保护的手段新颖，有其独特性。立足于本国的国情，韩国政府在耕地的管理手段上进行了创新，最具特色的为代耕制度和设立农地基金制度。代耕制度是指农民通过履行政府规定的程序，可以转让或取得耕地的短期使用权，以减少农地休耕、弃耕所带来的国家损失，降低农地空置率，提高耕地使用率，充分利用每一寸耕地。农地基金制度的设立具有两个意图：一是积累资金，用来作为开发土地时的补充资金，弥补资金的短缺；二是用来限制农用地用途转变带来的耕地流失。农地基金的缴纳前提是土地利用主体想要变更农用地的用途，即为了得到政府的专门许可，利用主体必须缴纳一定费用，政府通过这一项特殊的收费来减少耕地流失。

① 杨兴权、杨忠学：《韩国的农地保护与开发》，中国农业出版社2004年版，第11页。

五、国外耕地保护先进经验的启示

根据这些国家的耕地立法，其保护措施就内容实质而言可分为五种模式：全部产权模式、部分产权模式、税收模式、土地开发权转让模式和管制与控制模式。对于这些模式的实施效果，有必要进行比较分析，从而可以明确较为有效的耕地保护措施模式。而分析这些措施模式的实施效果，最好的方法是引用经济学分析理论中的“成本和收益”原理。从经济学角度来看，实施任何法律措施的效果都取决于其执行成本和经济收益的大小，执行成本越大，经济收益越小，则效果越差，反之亦然。法律措施的执行成本包括机会成本损失和交易成本。耕地保护措施的机会成本损失是指将土地选择用于耕种时，放弃选择开发建设用途的收益损失。耕地保护措施的交易成本是指政府在耕地保护制度的制定、运行中付出的行政成本，以及农民为转让、获取和保护产权而付出的费用和为保护耕地用途而支付的相关费用。农业应首先看作是一种商业行为，而非单纯的耕种土地，对于耕地的投资需要取得相应回报，因此，无论采用哪种模式，有效的耕地保护措施应通过增加农业收益或降低农地保护措施的执行成本，即增加农业经济可行性来实现，以此增强农民对耕地保护的积极性。

（一）全部产权模式

全部产权模式，包括政府直接购买耕地的行为、对耕地实行国有化、鼓励耕地捐献给政府或非营利组织以换取捐赠者的税收减免等法律措施。为了保护耕地，有些国家采取此类法律措施，有偿取得耕地的所有权，并利用附属政府的公共机构或非营利组织经营耕地，以期把耕地排除在土地交易市场之外，从而防止耕地用途的改变。根据耕地保护措施模式的理论分析，虽然土地所有权转让合同通过标准化制定可以降低一部分的交易成本，但由于该模式需要购买耕地的所有权，政府不得不承担高额的土地销售价格（销售价格既包括土地现有的价值，又包括土地未来进行开发建设的机会成本），这无疑又增加了交易成本。而随着国家经济的发展，土地的稀缺性必将导致其价值不断地提高，因此完全限定耕地用途将导致土地机会成本损失非常之大。更重要的是，根据相关国家的经验与教训，国家的公共机构或非营利组织一般缺乏使国营性的农场盈利的能力，因为它们无法像私营企业那样有效地应对市场需求和激烈的产品竞争。在美国，佛罗里达州通过管理州政府所经营的白考克农场，在某种程度上尝试运用此类模式，但值得怀疑的是，这种努力平衡各方利益的国营企业能否和私营企业一样创造更多的财富价值。① 因此，不高的农业收益性和过高的执行成本，使得该模式农业经济可行性不高。根据经济分析理论，此种保护模式的耕地保护效果并未实现最优。

（二）管制与控制模式

综观各国所实施的耕地保护法律措施，其手段多可归类为管制与控制模式，其中包括编制综合耕地发展规划、农地用途管制、农地和森林保护区划定、农业用地分级管理和设置土地储备项目等。然而，管制与控制模式这种被资本主义国家视为侵犯土地所有者产权的模式，虽是一种最简单、最直接的保护手段，但从其实施效果来看未必是一种最有效的保护方法。该模式的失败在于它错误地将耕地保护手段集中于限定耕地用途，而忽视对农民的机会成本损失给予相应补偿，在农业生产收益不高的背景条件下，该模式会使得农业经济可行性较差。毕竟农业也应是一种商业行为，而商业行为

---

① Cremer J T. Fighting the Lure of the Infinite: Lease Conservation Easements at the Urban fringe. Journal of Environmental Law Report, 2010, 40 (7): pp. 10687 ~ 10695.

不能仅仅依赖于法律规制，而应更多地依靠市场的调节机制。因为缺乏对农民经济利益的激励，所以只能让其被动地保护耕地，从而需要过多的法律政策的监管成本，交易成本又因此增大，最终影响其实施效果。

由于这一模式的局限性，许多国家已经着手对该模式进行适当的调整，通过借助其他手段使其在实施中更多地考虑农民的经济利益与农业经济可行性的实现。这其中，包括加拿大的不列颠哥伦比亚地区所制定的农业土地储备（ALR）项目①：在20世纪70年代，该地区政府制定了最为严格的农地保护措施，以阻止或延缓在耕地上的城市开发。为了保持耕地利用和维护家庭农场，该地区在1977年出台了《农业土地委员会法案》。同时，政府又专门成立了省级土地委员会，创建并管理农业土地储备（ALR）项目。加拿大土地清查机构（CLI）绘制了土地农业能力分布图。根据分布图，凡是认为可耕种的土地将一律归入ALR项目管理中，并将土地限定于耕地用途。但随后，政府发现仅靠严格的限制手段其实施效果欠佳，于是对该项目进行调整。第一，在该项目上设置土地退出机制，以此在一定程度上减少土地机会成本的损失。第二，政府又于1973年开始实行《农场收入保障计划（FIAP）》项目，即加入ALR项目的农民可以获得由政府额外支付的农业补贴，以此增加农民的农业生产收益，使农业生产具有盈利性。由于调整后的项目注重增加耕地上的农业经济可行性，该耕地保护措施为该地区的耕地资源的稳定做出了突出贡献。

（三）部分产权模式

关于部分产权模式，最为典型的法律措施当属在美国大部分州

① Pierce J T., Furuseth O J. Farmland Protection Planning in British Columbia. Journal of Canadian Geographer, 1982, 26（3）: pp. 191 ~206.

所推行的保护地役权。保护地役权，又称为土地发展权征购，是指通过耕地所有者与另一方当事人（通常是政府机构或非营利组织）所签订的协议，耕地所有者同意有偿限制自己对土地所享有的某方面权利，或者有时，承诺将土地限定于有限的用途。① 保护地役权的法理学依据是：在现代产权视角下，所有权是由不同的权利组成的权利束，这些相关权利包括取得收益权、驱逐非法入侵权以及出租或出售权等。这些权利的其中一部分可以转让给他人。保护地役权的核心是将土地的发展权或建设权从所有权的权利束中分离出来，并有偿转让给政府或非营利组织；而土地所有者仍保留所有权中的其他权利，如耕种、出售、遗赠及转让等权利。土地的发展权或建设权一旦被有偿转让，土地所有者将不能在土地上建造任何建筑物，同时有义务阻止土地进行非农业开发。保护地役权根据保护期限可分为永久性保护和有期限性保护，由于美国联邦税法、财政法，以及各州保护地役权的相关立法在内容设定上都鼓励实施永久性保护，因此目前在美国所普遍实施的保护地役权往往是永久性的。

对于保护地役权，根据效果分析理论来看：第一，相较于全部产权模式，部分产权模式只是购买土地权利束中的一种权利，即发展权或建设权，因此相对于全部产权模式，政府支付的价格会更低；而通过对保护地役权协议的标准化制定可以降低双方的谈判成本，也由此可以减少该模式的交易成本。因此，政府可以将有限的资金用于更广泛的耕地保护之中。第二，通过对耕地农民的相应经济补偿，可以有效缓解农民的经济压力，从而阻止耕地用途的改变，因为巨大的经济压力可以迫使一些农民出售他们的土地用于非农业开发，因此该模式既可以减少土地的机会成本损失，又增加了农业生产的收益。同时，保护地役权以农民自愿为实施基础，因此可以有

① Timothy L. A. Tax Guide to Conservation Easements. Washington, D. C.: Island Press, 2008: p. 4.

效减少相关法律政策的监管成本。综上，以保护地役权为代表的部分产权模式，核心在于农民自愿有偿放弃土地开发建设权，该模式通过减少执行成本、增加农业收益使农业具有经济可行性，因此该模式自 1974 年首次在纽约州的索霍尔克县实施以来，已成为美国公认的可以有效保护耕地免遭开发的措施。

（四）税收模式

税收模式也是保护耕地的一种有效法律措施，因而被很多国家如澳大利亚、英国、美国、加拿大、荷兰等广泛采用。以加拿大为例，鉴于耕地保护的需要，该国在土地税收法律措施方面进行了相应的调整与创新：第一，实施各种税收优惠措施，加拿大以税收优惠政策为条件，制订了一系列自愿参与的农地保护方案，如 Greater Golden Horseshoe 计划等，使得土地所有者同意限制其农地使用方式或保护开放空间；第二，对不同的土地流转方式实行差异化税率，如对土地开发征收高额的交易税，以此来抑制人们对耕地的开发，同时不断降低农户之间的耕地交易税，从而在更大程度上保证农地农用，促进农业的规模化发展；第三，通过调整部分农地的税收评估标准，减少农民财产税的支付额度来实现农地保护。①

由上可见，税收模式通过对耕地保留农业用途的税收减免，激发农民保护耕地的积极性，并抑制其将耕地改变为开发建设用地的热情，因此该模式可以有效减少土地机会成本的损失。同时，执行税收的行政资源和系统在各国早已普遍存在，且有着丰富的税收执行经验，因此相比其他较为创新的耕地保护措施，如部分产权模式，其交易成本也会较低，所以税收模式也是实施效果很好的耕地保护措施模式。但值得关注的是，税收模式对于农民的耕地保护行为只

---

① 沈佳音、张茜：《加拿大农地保护机制以及对我国的借鉴意义》，载《中国国土资源经济》2010 年第 12 期。

起诱导性作用，一般没有强制性，因此当耕地转为非农用途可以获得很高收益时，其实际效果很难预测。出于对这一问题的考虑，各国政府在实际操作中往往将这一模式和其他模式结合使用。如在部分产权模式中，美国有些州规定农民通过限制行使耕地开发建设权而获得的补偿金额相当于减免一定比例的农业收入税或不动产财产税。

（五）土地开发权转让模式

土地开发权转让（TDR）模式为美国首创，从20世纪70年代开始实施到现在，美国已有30多个州推广了这一措施，使受保护的耕地、自然保护区和开放空间等多达300000英亩。近年来，欧洲部分国家也开始研究和试图引入这一保护手段。土地开发权转让作为一种自愿的、基于市场机制的土地利用管理机制，其含义是指将一块土地的开发权，有偿转让给另一块土地。[①] 接受转让权利的土地，可以获得比原有土地利用规划所确定的更高的开发强度（包括开发地或其上建筑物的面积、密度、容量和高度），转让权利的土地在出售或转让开发权之后，其开发权将会彻底丧失，永远不能开发。土地开发权转让之所以能够保护耕地是通过土地开发权在两块土地间的交易来实现的：转让权利土地和接受权利土地根据土地利用功能分区（规划）都有明确的地理范围。[②]

土地开发权转让模式的优势在于其运行机制以市场调节机制为基础，它提供的是一种由开发商而非政府支付土地开发转让费的补偿办法，政府除了对土地利用功能分区（规划）进行详细划分之外，

---

① 丁成日：《美国土地开发权转让制度及其对中国耕地保护的启示》，载《中国土地科学》2008年第3期。

② 孙英兰：《中国耕地质量现状调查：污染土壤占五分之一》，载新浪网，http：//news. sina. com. cn/green /2010 - 09 - 20 /094621139404. shtml，最后访问日期：2017年4月20日。

不需要进行任何的行政干预，而这大大降低了政府的行政成本。同时，土地开发权转让以开发商和耕地所有者双方自愿为前提，其结果更容易被他们接受，因此也有效降低了该模式的监管成本。除此之外，通过土地开发权的有偿转让，耕地所有者获得了土地未被开发建设的相应经济补偿，从而减少了土地机会成本的损失。由此可见，该模式可以极大地减少执行成本，并增加一定的农业生产收益，所以土地开发权转让模式也是实施效果较好的耕地保护措施模式。但需要注意的是，该模式以市场为基础，因此其效果也主要依赖于土地开发权转让市场，如果该市场不活跃，则耕地所有者与开发商很难找到适合交易的对象，这将会导致土地发展权很难卖出，势必会影响该模式的实际效果。因此，土地开发权转让模式通过市场调节机制代替行政手段保护耕地，是一种制度创新，但市场的波动性也使其实施效果具有一定的不稳定性。

第三节　我国耕地保护的法律制度

一、我国耕地保护法律制度立法现状

目前，我国没有一部专门的耕地保护法，涉及耕地保护相关法律规定散见于土地管理法之中，我国现行耕地保护法律制度主要由土地用途管制、占用耕地补偿制、土地开发整理复垦制三部分构成。

（一）土地用途管制

《土地管理法》第4条规定了我国实行土地用途管制制度，该制度主要有三方面内容：一是按土地用途将土地划分为农业地、建设用地和未利用地，并对三种用地进行了立法解释，其中农业地解释为任何从事农业耕作的土地，建设用地解释为住宅及其他公益或商业性用地，主要体现为对土地用途的划分及使用条件的规定；二是农

用地转化为建设用地必须经过严格的审批程序，并且控制建设用地的总量，以求在转用审批环节进行严格审批控制达到对耕地的特殊保护；三是通过耕地转用审批、确定批准文件后，开发者必须持批准文件到当地土地行政主管部门耕地登记方可取得对耕地的使用权。

（二）占用耕地补偿制

《土地管理法》第 31 条第 2 款规定了我国实行占用耕地补偿制度，该制度主要有两方面内容：一是经过审批占用耕地的，必须按照“占多少，垦多少”的原则，即占用单位必须开垦出与原耕地数量和质量相当的耕地，若没有达到条件则必须缴纳开垦费；二是地方政府必须制订耕地开垦计划，并且对耕地占用补偿进行监督和验收。

（三）土地开发整理复垦制

国土资源部在 2003 年颁布的《全国土地开发整理规划》中明确将土地整理定义为采用工程、生物等措施，对田、水、路、木、林进行综合整治管理，增加有效耕地面积，提高土地质量和利用效率，改善生产、生活条件和生态的活动；土地复垦是采用工程、生物等措施，对在生产建设中被破坏、废弃的土地进行整治，恢复利用的活动；土地开发是指在防止生态环境破坏的前提下，采用生物、工程技术对未开发土地进行利用的活动。

《土地管理法》第 38 条第 1 款规定了国家鼓励在维护生态环境的前提下开发未利用土地，优先作为农用耕地使用；第 41 条规定了国家鼓励土地整理，通过土地整理增加耕地数量，提高耕地质量；第 42 条明确规定了对被破坏的耕地，用地范围必须进行土地复垦，若复垦没有达到条件则必须缴纳土地复垦费，并指明土地复垦费必须用于土地复垦。

二、我国耕地保护法律存在的问题

（一）土地用途管制问题

1. “公共利益”难以界定

我国《土地管理法》第 2 条第 4 款中规定，为了“公共利益”的需要，可以依法进行土地征收征用。“公共利益”成为征用耕地的唯一标准，地方政府为了拓展建设用地，推动本地区经济发展，以“公共利益”的旗号肆意征地，将耕地征收转换为建设用地用于发展经济，另外，由于我国土地征收是政府强制性的，农民作为耕地使用者及利益相关者没有参与决策的权利。“公共利益”范围得不到明确的界定，并且缺乏公众的直接参与决策，导致耕地被随意占用，面积锐减。

2. 监督管理不到位

地方政府及相关土地管理部门是本行政区域内土地用途的管理者；地方政府对耕地占用负责审批，审批以后，地方政府又对被占耕地用途规划等后续问题进行监督，地方政府又是监督者；地方政府同时又是耕地转用的受益者，当地为了创造更多的经济发展动力，扩大本区域的发展规模，就需要更多的耕地转换为建设用地用于基础设施建设，往往在耕地转用审批上放宽限制，监督上只看重经济效益。政府集管理者、监督者、受益者于一身，为了自身利益对土地用途管制监督管理存在放任态度。因此，土地用途管制虽有法律规定，但并不能有效遏制耕地的肆意占用。

（二）土地开发、整理、复垦问题

1. 土地开发不可持续

我国鼓励土地开发以增加耕地面积，但是我国后备耕地资源严重不足，难以长期通过土地开发的方式增加耕地面积。此外，我国后备耕地资源分布不均匀，西部欠发达地区后备耕地资源相对充足，但是交通环境等因素较差，开发价值不大，并且土地开发成本较高，盲目开发容易造成生态破坏，而东部经济发达地区后备耕地资源匮乏，土地开发的方式已不可取。因此，面对我国后备耕地资源不足、空间分布不均匀的问题，用土地开发方式来增加耕地面积不能长远地达到保护耕地的目的。

2. 土地整理缺乏力度

我国后备耕地资源有限，土地开发方式空间有限，因此通过土地整理方式来增加耕地数量变得尤为重要。土地管理法第 41 条第 1 款中规定，国家鼓励土地整理。县、乡政府负责组织集体经济组织进行土地整理，增加耕地面积。由此可知，土地整理虽然在法律层面有明确规定，但是缺乏强有力的支持。

（三）占用补偿问题

1. 占用补偿立法过于宽泛

土地管理法中确立占补平衡制度是为了对耕地资源实行特殊保护，即按照“占多少，补多少”的原则建设，单位必须补充与原耕地数量和质量相当的新耕地，以保证耕地不减少。但是，我国空间广大，各地耕地资源条件情况具有差异性，此规定没有充分考虑各地经济发展水平和自然条件等现实因素。这就导致两个方面的问题：一方面，我国经济较发达的东部地区城市化率较高，建设用地利用较多，而后备耕地资源较为匮乏，为了保持经济高速发展和实现区域占补平衡的要求，不得不开发大量新土地，而这些土地又不能得到充分利用，导致撂荒，从而浪费了后备耕地资源；另一方面，在我国经济欠发达的西部地区，后备耕地资源相对充裕，生态条件相对脆弱，但是为了发展经济，需要占用大量的耕地用于建设，大量的建设项目需要更多的耕地，盲目开发后备耕地容易造成不可逆转的生态破坏。

2. 执行监督不力

我国土地管理法明确规定占补平衡是数量和质量的平衡，但是缺乏有效的法律依据予以监管，缺乏执行力，这就导致各地执行此制度时，只补充耕地数量，不注重耕地质量，于是我国耕地质量持续下降。由于法律没有明确耕地维护的责任义务主体，而耕地维护又需要大量人力、物力，成本较高，耕地出现水土流失，质量随之下降。

三、我国耕地保护法律制度完善

（一）土地用途管制的完善

首先，明确执法的责任主体，以县级行政区域为划分标准，组织专门的耕地保护执法机构监督耕地保护的落实情况。将耕地保护情况纳入政府年度工作考核，定期对本行政区域内耕地的数量和质量是否达到当地指标、耕地保护的组织、制度、资金是否到位进行检查。设立专门的渠道，接受公众对耕地保护工作的意见和举报信息，采取上下监督、民众对政府执法监督的形式，促使各地推动耕地资源保护工作，一旦发现违反耕地保护法律规定的行为应当立即制止。

（二）占用补偿制的完善

1. 立法确定耕地保护法律制度的基本原则

我国耕地保护法律制度应该以可持续发展原则、因地制宜原则、公众参与原则为基本原则，并在法律规定中有所体现。

第一，可持续发展原则。耕地保护法律制度存在的目的，就是保证国家在经济高速发展的前提下既能保护耕地资源不受破坏，又不是牺牲经济发展保证耕地资源，更不是以耕地资源的破坏为代价发展经济。可持续发展是经济、生态、社会的协调发展，三者并重，互相兼顾。

第二，因地制宜原则。我国地域广大，各地区自然环境、社会环境、经济发展水平存在较大差异，我国目前的耕地保护法律制度仍然是一些笼统的规定，没有充分考虑各地的差异，缺乏灵活性。例如，耕地占补平衡将数量和质量作为评判标准，但是，我国东西部差异较大，西部地区耕地资源较多，土地开发价值较低，东部地区耕地资源匮乏，但要实现耕地占补平衡，就得减缓经济发展速度。

第三，公众参与原则。广大民众才是耕地保护的参与主体，这里的公众参与原则是指在占用耕地时，以听证会的形式组织本区域公众投票参与决策，政府与民众之间平等地探讨，以保证科学地进行决策并且符合民意，从而避免政府对“公共利益”的滥用；同时，在执行耕地保护工作时对政府工作进行监督，保证工作合法性；在维护耕地方面，给予参与民众经济上的鼓励，保证民众参与耕地的有效利用，维护耕地的质量。通过建立一套公民参与机制，保证他们成为耕地保护的主体力量。

2. 严格审批监督程序

在项目建设用地占用审批中，严格执行国家相关法律法规规定，对违规行为严厉打击，情节较轻则采取经济或行政处罚，情节较为严重则对单位和个人追究刑事责任；在建设用地取得审批后，加强对占地单位耕地复垦或占补工作实际履行情况的全方位监督，并将此作为企业信用考核标准纳入全国企业信息或者个人信用系统，保证占地单位和个人耕地保护相关规定的执行效果。

（三）土地开发、整理、复垦制度的完善

1. 确认土地整理为首要法定补充方式

目前，我国土地补充方式为土地开发、土地整理与土地复垦三种方式并行，无先后之分。在现实中，土地开发方式往往作为首选土地补充方式，一者成本低，二者见效快。但是，这种方式并不可持续，长此以往会造成后备耕地资源不足。因此，法律上将土地整

理方式作为首选，其优点有二：一是可以防止空余土地浪费；二是实现土地的反复循环。将其作为法定形式长期施行，符合我国后备耕地不足的现状。

2. 建立追责机制

我国土地管理法鼓励个人和单位进行土地开发和整理。但是这仅仅是鼓励措施，该制度缺乏可操作性。因此，应建立一套追责机制，规定不履行法定义务应承担法律责任，对无法完成法定义务的用地单位进行法律追责以增强该制度的可操作性。土地开发、整理、复垦制度的完善，有利于规范我国耕地补偿的方式，防止土地撂荒浪费，促进集约用地，对我国耕地保护法律制度的构建有重要意义。

第八章　土地盐渍化防治制度

第一节　概　述

土地盐渍化又称土壤盐碱化，是指在自然和人为作用下土壤表层盐分（钾、钠、钙、镁的氯化物、硫酸盐、重碳酸盐等）含量不断增加，以至超过某一限度的地质过程和现象。具体而言，该过程是指土壤中可溶性盐类随水向表层移动并积累下来，而使可溶性盐含量超过0.1%或0.2%的过程。盐渍土是在一定的气候、地形、土地、水文地质等自然条件下形成的。人类活动、历史上的洪、涝、旱灾害、河道变迁以及土地利用、农业、水利技术措施等，又对土壤盐渍化的发生、发展产生重大影响。一般将土壤层0.2米厚度内可溶盐含量大于0.1%的土壤称为盐渍土。土壤盐渍化分盐化与碱化两种类型，故又称为土壤盐碱化。当土壤表层中的中性盐含量超过0.2%时，称为盐化土（盐土）；以碳酸盐为主的盐渍土，土中代换性钠含量大，通常称为碱化土（碱土）。

土壤盐渍化主要发生在干旱与半干旱地区。排水条件不好或缺乏适当的排水措施、灌溉管理不当、过量引水、灌溉水的渗漏引起地下水位升高和强烈蒸发，都可能导致土壤盐渍化。由于灌溉管理不当（人为原因）而产生的土壤盐渍化，称为次生盐碱化。土地盐渍化所造成的土地退化是荒漠化的主要类型之一，因而土地盐渍化被视作一种严重的环境地质问题。土地盐碱化后，土地溶液的渗透压增大，土体通透性、透水性变差，养分有效性降低，植物不能正常生长。盐渍土是一种世界性的地产土壤，甚至是“不毛之地”，但是在很多情况下又兼具地势平坦和灌溉的便利，因而自古以来一直为世人所关切。特别是随着工农业生产的飞速发展、人口的不断增加、粮食需求日益高涨以及耕地资源的日趋贫乏，盐渍土的开垦利用则更被众多国家和地区高度重视，所以盐渍化的土地防治研究历史悠久，而且一直在不断进步与加强。

第二节　土地盐渍化问题现状

一、全球范围内的土地盐渍化

土地盐渍化是世界性的生态和资源问题。根据联合国粮农组织的不完全统计，世界上盐渍化土地面积已高达9.54亿公顷，严重制约了农牧业的可持续发展。① 因土壤盐渍化造成的土地荒漠仅次于风蚀和水蚀，已成为危及人类生活的环境问题。② 目前，世界各地还有相当面积的盐碱地尚未得到改良和利用，而且，随着全球灌溉面积的增加，土壤次生盐渍化有日趋严重的趋势。根据已有的经验，至少有50%的灌溉土壤发生过次生盐碱化。全球各种盐渍土约占全球陆地面积的10%，广泛分布于100多个国家和地区，主要集中在欧亚大陆、非洲和北美西部。盐渍土壤分布面积较大的国家有俄罗斯、澳大利亚、中国、印度等。由于土壤次生盐渍化，世界盐渍土面积还在不断增加。

---

① 杨劲松：《中国盐渍土研究的发展历程与展望》，载《土壤学报》2008年第5期。

② 赵明范：《世界土壤盐渍化现状及研究趋势》，载《世界林业研究》1994年第1期。

二、我国的土地盐渍化现状

我国是一个农业大国，但因山地、丘陵、高原占全国面积的69%，适宜耕作的土地数量不多，根据统计资料，1950年我国人均耕地为2.7亩，20世纪90年代降至1.5亩，2006年降至1.4亩，在耕地严重不足的条件下，为满足人口急剧增长对植物食品的需求，人们不断扩大耕地规模。由于利用和管理不当，土地盐渍化问题日益突出，盐渍化土地的面积以每年近700平方公里的速度扩大。除基本建设和住宅建设平均每年占用耕地约2000万亩外，土地盐渍化的快速发展是可耕地面积不断减少的主要原因之一。

土壤盐渍化造成大面积次生盐渍化的间接原因是当时不顾条件地片面强调“以蓄为主”的方针，到处拦河搭坝蓄水或修筑平原水库，所谓的“一亩地对一亩天”“满天星”“葡萄串”盛行一时。因此各灌区多是蓄水不浅、有灌无排、因灌废排。蓄水越多，蓄水位越高，影响范围越大，土壤盐碱化、沼泽化越严重。这就造成了人为的灾祸，许多低洼平原地区沦为“泽国”。例如，河南省淄阳县因蓄水灌溉和发展航运，拦河梯级搭坝，壅高河道水位，抬高地下水位，县城内曾一度要求船行走，沿岸涝碱为害，房屋倒溺，许多肥沃土地大幅度减产，甚至变为不毛之地。在无排水条件的情况下，大水漫灌，促使土壤积盐。山东的高唐、夏津本是富庶地区，素有“金高唐、银夏津”之称，可是由于盐渍化危害，它们变成了一片灰色荒野，生产力遭受破坏，群众逃荒谋生，沿途所见，触目惊心。由于次生盐渍化的发生和迅速发展，群众对灌溉产生了顾虑，不少人有“宁叫旱死，不叫碱死”的想法。中共中央在1962年下令引黄停灌，经过总结经验教训，采取疏通排水、灌区配套等措施，才使情况逐渐好转，到20世纪60年代末期和70年代逐渐恢复灌溉。例如，鲁西北平原1956年开始引黄灌溉，1962年停灌，1967—1979年复灌。目前每年引黄河水50亿~60亿立方米，抗旱灌溉1000万

~1700万亩，其中引黄灌区800万~900万亩，但小范围的次生盐渍化仍有发生，虽然不像前些年那样严重，却也很值得注意。

近年来，我国土地盐碱化的面积不断扩大，不仅有东进西延的趋势，而且各类盐化碱化的土地面积已经相当于我国现有耕地面积的25%之多，其中重度盐碱化土地面积由原来的6.0%上升到7.4%，制约了农牧业的发展进程。我国的盐渍土分布呈典型的广泛特点，除滨海半湿润地区盐渍土外，大部分分布在沿淮河—秦岭—巴颜喀拉山—唐古拉山一线以北，即北纬33度以北的干旱、半干旱地区。具体而言，中国的盐渍土分布于辽、吉、黑、冀、鲁、豫、晋、新、陕、甘、宁、青、苏、浙、皖、闽、粤、内及藏19个省区，总面积约为81.8万平方公里，占全国面积的8.5%。在编制中国盐渍土分布图时进行粗略计算，现代盐渍土约占45.14%（36.93万平方公里），残余盐渍土（历史上形成的）约占54.85%（44.87万平方公里），另外还有潜在盐渍土（含盐量较高具备形成条件）17.33万平方公里。按自然地理条件及土壤形成过程，划分为滨海湿润—半湿润海浸盐渍区、东北半湿润—半干旱草原—草甸盐渍区、黄淮海半湿润—半干旱旱作草甸盐渍区、甘新漠境盐渍区、青海极漠境盐渍区及西藏高寒漠境盐渍区等8个分区，用于指导生产实践。松嫩平原的盐渍土大多属苏打型，土体总含量不算太高，但碳酸根含量高，对植物的危害大，出现不少斑状光板地。半漠境内陆盐土主要分布于新疆的准噶尔盆地、甘肃河西走廊、宁夏银川平原和内蒙古的河套灌区，连片分布，大部分为氯化物—硫酸盐或硫酸盐—氯化物。漠境盐土分布于新疆塔里木盆地、吐鲁番盆地和青海柴达木盆地。这种类型的盐土面积大，土壤积盐量高，盐分表聚明显，地表会形成厚且硬的盐结壳。

第三节　我国土地盐碱化防治的现状

一、现行法律法规对盐碱地生态保护不足

目前我国只有6部官方文件有明确的关于土壤污染防治的规定，具体分别是《中华人民共和国土壤污染防治法》《中华人民共和国环境保护法》《中华人民共和国农业法》《中华人民共和国土地管理法》《基本农田保护条例》《土壤环境质量标准》。为了防止土地的盐碱化，我国的环境保护法、土地管理法和其他的法规虽明确规定各级政府在开发、利用、调度水资源的时候，应当维持地下水的合理水位，防止过度抽取地下水，进而导致土壤的盐碱化；并要求各级政府采取保护耕地的措施，改良土壤，提高肥力，防止盐碱化，① 但是这些法规对中国土壤的保护与整理只进行了简单的法律规制，并没有将盐碱地生态安全的污染与治理等具体问题列入其中。同时，各法律法规都规定了相应的管理部门，环保、土地管理等部门都有权对土地状况进行管理，造成令出多门、多头管理的现象。

二、法律规定过于原则，缺乏可操作性

我国有关土壤污染防治的法律规定了具体行政部门“应当采取措施，维护排灌工程设施，改良土壤，提高地力，防止土壤荒漠化、盐渍化、水土流失和污染土地”“应采取措施预防土地沙化，治理沙化土地”“县级以上人民政府农业行政主管部门对基本农田环境污染进行监测和评价，并定期向本级人民政府提出环境质量与发展趋势的报告”等，但都未明确具体地规定行政主体应该采取何种措施来

① 周珂等：《环境与资源保护法》，中国人民大学出版社2007年版，第475～476页。

实现其职责，也未规定违反该职责可能承担的法律后果，因而缺乏可操作性。此外，专门或地方性法规缺乏统一的立法规划，专注于较有经济价值的单项自然资源保护，未体现出协调一致性，可操作性差。①

三、缺乏生态环境保护的整体观念

尽管我国的水污染防治法、大气污染防治法等法律中规定了综合治理与总量控制的制度，但并没有将大气循环与水循环可能导致的土壤污染纳入法律规制的范围内。土壤生态安全与生态环境安全、经济安全之间具有互动性，而且常常表现为高度的正相关性，其他安全状态的改进有助于土壤生态安全的提高。正是各种生态环境之间的这种相互联系和作用迫切要求我们对于环境保护必须有一个整体观念。

此外，现行中国农村土地联产承包责任制下土地产权关系不稳定，土地的再分配频繁，严重影响了农户对土地的长期投入，农户不得不进行盐碱化改良。农村实行联产承包责任制后，没有相应的政策与法律法规约束农民利用资源的行为。各承包户以最方便的方式用水，农民滥用水资源，扩大耕地，导致排水设施被破坏，华北和东北平原土地盐碱化的危险性增加。

四、缺乏相应的责任制度

一方面，我国只在环境保护法中有少数的适用于所有污染类型的法律责任规范，没有专门针对土地盐碱化污染的责任制度；另一方面，所有责任制度都是针对污染者的，没有规定政府不履行环境保护职责应承担的责任。而我国目前的情况是一些地方政府为了片

① 李挚萍、陈春生等：《农村环境管制与农民环境权保护》，北京大学出版社2009年版，第92页。

面追求经济增长而忽视环境保护，结果使得土地盐碱化进一步加剧。因此，必须有相应的法律来明确政府不履行环保职责应承担的法律责任。

五、对土壤生态破坏的预防性措施规定不具体

我国《环境保护法》第 33 条规定："各级人民政府应当加强对农业环境的保护，促进农业环境保护新技术的使用，加强对农业污染源的监测预警，统筹有关部门采取措施，防治土壤污染和土地沙化、盐渍化、贫瘠化、石漠化、地面沉降以及防治植被破坏、水土流失、水体富营养化、水源枯竭、种源灭绝等生态失调现象，推广植物病虫害的综合防治。县级、乡级人民政府应当提高农村环境保护公共服务水平，推动农村环境综合整治。"其中提到了土壤保护的要求，但是对如何预防盐碱地的发生和形成等都没有明确的规定，在其他相关的法律规范中也没有具体落实防治盐碱地的预警机制。

第四节　土地盐渍化防治制度的构建

盐碱地问题如果不采取措施进行治理，将会影响我国地方经济发展的速度和质量，进而影响到我国整个经济的发展。法律是人们必须遵守的强制性准则，对盐碱地问题进行立法能为政府进行科学的决策提供指南和依据，也有利于缓解和阻止土壤生态环境恶化的趋势，进而推动可持续发展战略目标的实现。特别地，立法机构有必要从以下几个方面考虑立法的问题。

专门制定防治土地盐渍化的法律，从法律生态化的角度，以代际公平、代内公平、人与自然和谐相处为目的，对土地盐渍化进行立法防治。这也符合国家对生态环境与可持续发展的要求。不过，对土地盐渍化的治理，我国尚处于摸索时期，还没有根治盐渍化的一套有效的方法，很多区域都是在进行小范围内的示范治理。由于

土地盐渍化的成因因地质不同，在表现和治理上也有很大的差异。

值得一提的是，虽然我们面临严重的土地盐渍化问题，急需一部专门的土地盐渍化防治法，但是其危害之严重一点也不亚于土地沙化，在治理方式上比治理土地沙化的方式要复杂，所以在治理方式还没有完善的情况下，对土地盐渍化防治进行立法是不成熟的，可以延后进行。但是，基本法的缺失不意味着不能制定其他法规，解决问题的最好方法是由国务院出台一部针对土地盐渍化治理、将盐碱地生态安全的污染与治理等具体问题列入其中的行政法规，对土壤盐碱化、土壤盐碱化责任主体、归责原则、法律责任等作出全面的规定。同时要明确相应的管理部门的权限和职责，避免令出多门、多头管理的现象。此外，省级人大及常委会可以根据本行政区域的具体情况和实际需要，在不与宪法、法律、行政法规相抵触的前提下，制定关于盐碱地问题的地方性法规。

效率原则应当在立法中充分体现。现在应当遵循这一原则对土地盐渍化进行立法防治。对盐渍化进行立法防治具有紧迫性，已不能等时机成熟再进行。而不进行立法，又不能有效控制石漠化的发展趋势。依法律的特性，两害取其轻是其题中应有之义。对土地盐渍化治理，由国务院出台一部行政法规是当前的适当选择，理由如下：（1）行政法规的效力略低于基本法律，但行政法规的立法成本要比基本法律低，立法周期短，并且在时机成熟之后，可以通过修订升格为基本法律。（2）这样的行政法规出台，可以和现在的国家政策相呼应，频频出台的各项相关政策其实也需要一部行政法规来统一，可以为抽象行政行为提供订立标准，同时直接约束和保证各种合法的治理行为。这样既符合法律的效率原则，又能最大限度地在现实中发挥其效力。

土地盐渍化防治法规立法应当主要包括以下几个方面：在治理原则上，首先要坚持整体性原则，可以完全抛弃过去的立法原则，因为从当前我国的土地法规及其他与土地资源、环境保护相关的法律法规可以看出，对于土壤的保护是以利己主义为中心的，没有突出土壤的环境价值和生态价值。立法应当从维持生态系统平衡的角度出发，由国家制定统一的治理环境标准，即使局部环境得到改善，也要防止生态问题反复出现。在具体规定中要通过科学论证，严禁在土地盐渍化区域进行有损生态环境的行为。土地盐渍化会引发一系列的生态和环境问题，因此，必须在我国有关土壤生态保护法律规范中引入生态协调与整体性的理念，确立生态优先与生态整体观念。其次，以往法律中规定了“保护和恢复植被与合理利用自然资源相结合”的原则，这是环境法律中一项基本原则，而对于严重的环境问题，即使在环境基本恢复之后，合理利用也不应当作为一项原则被适用，如果因循守旧危害也会反复出现。有了前车之鉴，我们以整体性为基础进行立法，去掉“合理利用”，各地不再各自为战，小区域也要服从整体利益，才能真正保护生态环境。没有了合理利用这个发展经济的借口，法规才能真正发挥立法者的目的。坚持修改后的“改善生态环境并坚持恢复原生态”这条原则，是整治土地盐渍化的根本原则。

具体而言，首先，应当建立并完善科学的土壤生态保护监管法律制度。为了有效地保护土壤生态，应建立并完善与土壤生态保护相关的法律制度，这些制度包括土地监察制度、土地监测制度、土地利用制度、土地规划制度、土地调查制度、土壤普查制度等。此外，应加强对现行法律法规中保护土壤生态的法律制度的实施进行监督管理。在现行法律体系下，必须贯彻落实好土地管理法、土地监察条例、水土保持法等规范中保护土壤的内容。其次，应当修改和完善现有的单项资源和环境保护法。对盐碱地而言，应对农田的灌溉方式、盐碱化主体的责任、盐碱地的防治与治理等内容明确加以规范，真正保证有法可依、有法必依。最后，对于保障土壤生态安全，在如何引导农民选择耕作方式、提高农民收入以及如何提高农民对土壤保护的重要性认识方面也要加强。

要规定明确的生态环境补偿机制，对生态环境进行补偿。① 在土地盐渍化严重的区域，有的甚至要进行生态移民，有的治理行为直接影响当地居民的生存问题。如果是符合退耕还林政策的，可以直接适用该条例的规定。其他的如禁植，会影响经济作物的收入，依靠盐渍化区域的自然资源生存的原居民因治理法规的实施而出现生存问题，这些都要有资金来对他们受到的影响进行补偿，在保证其生存的基础上，不能降低其在治理以前的生活水平。这些补偿的形式可以是多种的，如现金补偿、实物补偿、异地安置和帮助其改变生活方式等。有学者认为："在市场经济条件下，生态环境保护和治理，必须有经济上的补偿才能持续。"实施生态补偿机制，可以弥补国家财政拨款的不足，保证对土地盐渍化治理的可持续性。实施生态补偿机制，可以理顺土地盐渍化区域的生态关系和利益关系，加快土地盐渍化区域的发展，减少土地盐渍化灾害造成的影响，促进我国的生态环境保护和耕地质量的发展。

监管主体作为法律责任确认主体是法律责任得以追究的首要因素，是土地盐渍化法律责任规范适用的主体。在土地盐渍化立法与生态保护立法无法衔接而无相关义务指定规定的情况下，可以建立综合的生态监管部门，以实现土地整理生态保护法律责任"义务指定"规范的切实落实。综合的生态监管部门即指已有的生态监管部门的整合。正如前文所言，土地盐渍化保护"义务指定"规范或是缺失的，或是原则性规定而缺少细化规定，此时执法中所依据的生态保护的相关规定散见于土地管理法、环境保护法、水土保持法以及其他规范性文件中，而很多土地管理部门常常适用本部门的规定，使得土地利用中生态环境保护没有有效的监督机制。土地和环境是相互依存的，执法也可建立综合的土地利用、生态监管机构，解决

① 曹明德：《对建立我国生态补偿制度的思考》，载《现代法学》2004 年第 3 期。

各自为政所导致的生态保护责任被弱化的局面，负责对土地与生态在执法主体上环境保护宏观调控和相对统一的集中管理。针对土地盐渍化立法中“义务规定”缺失和难以细化的现状，应当明确综合的土地整理法律责任和生态法律责任的确认主体，以实现在土地盐渍化立法文件中生态保护责任缺失时土地盐渍化法律责任和生态保护法律责任的互联。

在相关立法中应当明确土地盐渍化责任承担方式，其应当以以下几种为主：行政处分，主要是针对土地利用过程中土地监管机构的责任承担方式，具体来说有警告、记过、记大过、降级、撤职和开除六种；行政处罚，主要是针对土地利用过程中的土地实施机构、土地设计机构以及参与的农民违反土地盐渍化立法的行为，具体来说有警告、通报批评、罚款、责令限期改正和拘留等；民事责任主要是针对民事法律关系主体而形成的，具体来说有赔偿损失、责令停止侵害等；刑事责任主要是针对在土地利用过程中涉嫌犯罪的行为，具体来说有罚金、管制、拘役和有期徒刑等。在相关立法中应当协调土地盐渍化立法与刑法之间的责任条款：首先，应当修改已经产生冲突或可能产生冲突的部分；其次，土地盐渍化刑事责任的独特性要求在土地盐渍化刑事责任立法中注意界定清楚“造成严重后果”“导致严重后果”或“重大损失”的情节，作为罪与非罪的标准，有利于土地盐渍化其他责任与刑事责任的衔接；最后，可以“独立散在型立法方式”即“在行政、经济法规中设置独立罪名和法定型的刑法规范”来规制未在刑法规定的土地盐渍化违法行为。

对土地盐渍化进行立法治理，其实质结果是对被破坏的生态环境进行恢复，防止区域内耕地面积的减少和耕地质量的下降。如果耕地面积逐年减少的态势继续保持，就会影响到 13 亿人口的生存问题，在一个国家如果生存问题都无法解决的话，是无从讨论发展问题的。生态环境问题过去是一种先破坏、后治理的方式，而且治理成本和预防成本差距很大，有的生态环境被破坏后永远无法恢复。所以，在法规出台时，就要坚持以生态法的原则为基础，出台一部真正的生态法规，为土地盐渍化的防治提供法律依据。

对土地盐渍化进行立法防治，同时结合有关农业、地质学的科研成果，完全有可能让被盐渍化的土地重新覆盖上绿色，因此，可以考虑增强立法的技术性和标准性。土地盐碱化和土地次生盐碱化问题在世界范围内广泛存在，土地盐碱化是人类面临的一个世界性问题，对盐碱化土地进行开发和治理是世界相关国家和机构非常关注的热点。我国人口众多，人均耕地面积少，在有限的耕地面积越来越少的情况下，研究盐碱地形成的原因和存在的问题，并通过法律手段规范盐碱地，这对于开发低洼盐碱地、变废为宝、扩大耕地面积、提高土地利用率、保障粮食安全，具有重要的战略意义和现实意义。

图书在版编目（CIP）数据

土地保护法研究／王文革主编．—北京：中国法制出版社，2018．11
（上海政法学院学术文库．环境资源法学丛书）
ISBN 978－7－5093－9872－2

Ⅰ．①土… Ⅱ．①王… Ⅲ．①土地保护－土地法－研究－中国 Ⅳ．①D922．304

中国版本图书馆 CIP 数据核字（2018）第 241028 号

责任编辑 陈 兴 赵律玮　　封面设计 杨鑫宇

土地保护法研究
TUDI BAOHUFA YANJIU

主编/王文革
经销/新华书店
印刷/北京京华虎彩印刷有限公司
开本/640 毫米×960 毫米 16 开　　印张／19．25 字数／214 千
版次/2018 年 11 月第 1 版　　2018 年 11 月第 1 次印刷

中国法制出版社出版
书号 ISBN 978－7－5093－9872－2　　定价：69．00 元

北京西单横二条 2 号
邮政编码 100031　　传真：010－66031119
网址：http：//www．zgfzs．com　　**编辑部电话：010－66010405**
市场营销部电话：010－66033393　　**邮购部电话：010－66033288**

（如有印装质量问题，请与本社印务部联系调换。电话：010－66032926）